마케팅의 본질로 돌아가는

마케터 ＿＿＿＿＿＿＿＿＿＿＿만의 질문은 무엇입니까?

＿＿＿＿＿＿＿＿＿＿＿＿＿＿＿＿＿＿＿＿＿＿＿

＿＿＿＿＿＿＿＿＿＿＿＿＿＿＿＿＿＿＿＿＿＿＿

＿＿＿＿＿＿＿＿＿＿＿＿＿＿＿＿＿＿＿＿＿＿＿

마침내 고객을 내 편으로 만드는

마케터의 질문

WOULD YOU DO THAT TO YOUR MOTHER?

마침내 고객을 내 편으로 만드는

마케터의 질문

진 블리스 지음 | 강예진 옮김

더 퀘스트

우리가 가장 훌륭한 모습에 이를 수 있도록

옆구리를 쿡쿡 찔러준

우리 어머니들에게 이 책을 바칩니다.

어머니의 가르침, 그리고
우리의 비즈니스

자신이 가진 것을 마음껏 나눠준다.

뒤에서 지지하고 돕는다.

좋을 때나 나쁠 때나 한결같이 그 자리에 있다.

언제나 자식이 잘되는 것에 관심이 있다.

용감하다…….

우리의 어머니는 그래왔다. 그리고 이것은 어머니를 본보기로 삼아 사업을 성장시키는 기업에 대한 묘사이기도 하다.

어렸을 때 배웠던 가르침은 몸에 배어 있다. 그리고 그 가르침 곳곳에는 어머니의 모습이 담겨 있을 때가 많다. 어머니의 가르침과 원칙, 조언은 지금까지도 우리 머릿속에 남아 있다. 아마 당신도 해야 할 일과 하지 말아야 하는 일을 단순하면서도 명확하게 분별하는 어머니의 방식대로 자라왔을 것이다.

우리는 모래 놀이터에서 다른 사람에게 피해가 되지 않도록 착하게 행동하며, 다른 사람들과 가진 것을 나누고, 서로 신뢰하고, 자신이 대접받고 싶은 대로 남들을 대접하라고 배웠다. 그리고 이런 가르침은 여태까지 받았던 조언 중에서도 최고로 꼽힌다. 게다가 이 조언은 비즈니스 세계에서 어떻게 행동해야 하는지를 알려주는 가장 견고한 조언이기도 하다.

최근 괄목할 만한 성과를 거두고 있는 기업들은 어린 시절 어머니에게 받았던 가르침대로 충실하게 행동하며 성장하고 있다. 이들은 직원이 자율적으로 할 수 있는 고객 관리의 영역을 제한하거나 고객을 양심적으로 대하는 데 제약이 되는 관행들을 없앤다. 서로를 신뢰하고, 올바른 행동을 보이며, 남을 먼저 배려하기 위해 규제와 압박을 벗어버리는 것이다. 회사의 입장만을 생각해 고객을 대하지 않으니 직원들은 어머니의 가르침에 어긋나지 않게 행동할 수 있게 된다. 이런 노력은 의사결정을 할 때 서로를 존중하게 해주고, 고객이나 협력 기업과 균형 잡힌 관계로 만들어준다.

나는 이탈리아인 가정에서 일곱 아이 중 셋째로 자랐다. 우리 가족은 시끄러웠고 정신이 없었다. 수많은 식구가 모여 사는 번잡

함 속에서도 우리를 이끌어주는 행동 양식이 있었는데, 모두 부모님을 보고 배운 것이었다. 부모님의 행동은 말보다 더욱 효과적으로 우리가 따라야 할 길을 보여주었다.

내 삶에서는 특히 어머니들이 활기가 넘쳤다. 나의 어머니인 리디아는 자식들을 위해 핼러윈 의상을 직접 만들거나, 우리 딸들을 위해 자그마한 바비인형 드레스를 손수 만드느라 밤새도록 바느질을 하곤 했다. 아버지의 어머니인 에르멀린다는 직접 만든 식사를 좀처럼 앉아서 드시지 못했다. 할머니는 음식이 담긴 커다란 접시를 들고 식탁 주위를 맴돌며 우리가 원하든 원하지 않든 접시에 음식을 덜어주시고는 "만지아! 만지아^{Mangia! Mangia!}("먹어! 먹어!"의 이탈리아어 – 옮긴이주)"라고 외쳤다.

어머니의 어머니인 버지니아는 매년 크리스마스가 되면 라비올리용 밀가루 반죽을 손수 만들었다. 외할머니는 우리를 위해 만든 라비올리가 완벽하지 않으면 만족하지 못했고, 결국 산더미처럼 쌓인 반죽을 모두 버리기까지 했다. 다시 시작하려면 꽤 오랜 시간이 걸리는 데도 말이다. 할머니와 외할머니는 우리가 떠날 때면 늘 집에 가져갈 수 있도록 식료품 창고에서 꺼낸 먹을거리를 한 짐 챙겨주었다. 할머니들은 헌신적이었다. 할머니들은 우리가 굶지 않도록 챙겼다. 할머니들은 완벽주의자였다. 무엇보다도 할머니들은 우리를 가장 먼저 생각했다.

이와 같은 행동은 나를 비롯한 대부분 사람들에게 어떻게 살아야 하는지 알려주는 기준이 되어 왔다. 사람들은 **어렸을 때 배운 가르침을 은연중에 직장이나 사회생활에서도 적용하곤 한다.** 우리는 직원이자 고객의 입장에서, 오래전 어머니가 가르쳐준 '기본적인' 행동을 장려하고 환영하는 분위기의 기업에 끌린다. 그리고 자연스럽게 그 기업의 편에 서게 된다. 고객을 사로잡고 내 편으로 만드는 기업은 이렇게 탄생한다.

고객을 내 편으로 만드는 기업이 지키고 있는 '기본'은 무엇일까? 이제 이 기업들의 발자취를 살필 것이다. 그 여정에 들어가기 전, 우리는 이 책에 등장하는 모든 기업이 하룻밤에 이런 결과를 달성한 것이 아니라는 사실을 기억해야 한다. 사람들이 본받을 만한 선례가 되려면 한 가지 행동에 이어 다른 행동, 그리고 또 다른 행동이 계속해서 나타나야 한다. 그래서 이 책에서는 일련의 선순환 행동을 이끌어내는 데 도움이 되는 매우 간단한 방법을 알려주고자 한다. **당신의 기업이 결정을 내리는 데 길잡이가 될 관점**을 제시하는 것으로, 의사결정의 마지막 단계에서 특정 인물을 떠올리는 것이다. 그 사람은 바로 어머니다.

66 고객을 어머니라고 생각해보자 99

이 책에서는 당신이 무슨 일을 하고 그 일을 어떻게 하는지 생각해볼 수 있도록, 어머니의 관점에서 '벨벳으로 감싼 듯한 사랑의

매'를 아주 부드럽게 전할 것이다. 행동하거나, 말하거나, 대답하거나, 결정할 때 스스로 이렇게 물어보기 바란다. "이런 경우에 어머니라면 뭐라고 말했을까?", **"지금 생각하고 있는 이 일을 어머니에게도 할 수 있는가?"**

잠시만 시간을 내어 상담 전화를 하는 어머니를 떠올려보자.

어머니는 전화기를 들고 무료 상담 번호로 전화를 걸어 연결되기를 기다리고 있다. 기다림에 지친 어머니는 십수 분만에 전화가 연결되자 기뻐한다. 그러나 대기하면서 이미 눌러 놓았던 숫자와 문의 내용을 다시 말해달라는 요청을 받는다. 그때 어머니의 표정이 어떨지 떠올려보자. 이번에는 자동차 대리점에 있거나, 상점에 들어서는 어머니를 떠올려보자. 혹은 불안하게 병원 진료를 기다리고 있는 어머니를 떠올려보자. 어머니가 휴대전화 설정 방법을 알아내려고 애쓰는 모습을 떠올려도 좋다.

물론 그리 간단하지는 않을 것이다. "그 행동을 어머니에게도 할 수 있는가?"라는 질문을 던지는 것만으로는 눈에 띄는 성과를 낼 수 없다. 기업의 리더는 이런 질문을 기꺼이 환영하고 북돋울 수 있는 조직 환경부터 갖춰야 한다. 직원들은 의사결정 마지막 단계에서 자신이 사랑하는 사람을 떠올려본 후 행동할 수 있어야 한다.

이 질문을 하는 것이 진정으로 가능해지면 조직의 모든 영역에 도움이 된다. 고객을 가장 가까이에서 만나는 직원들은 '어머니의 시선'으로 바라보고 고객에게 전하는 답변과 행동을 다시 조정할 수 있게 된다. 기업 내부와 팀 안에서도 고객 경험을 개선하도록 협업하는 데 이런 시선은 큰 도움이 된다. '어머니의 시선으로 바라보기'는 리더들에게 기업이 성장하기 위해서 어떤 행동을 택하거나 택하지 말아야 할지를 알려주는 리트머스종이가 될 수 있다.

우리는 각자가 고객을 어떻게 대하는지 살펴봐야 한다. 고객을 대하는 태도에 기업과 직원들의 사기를 끌어올릴 단서가 숨어 있기 때문이다. 그리고 단서를 해결책으로 바꾸기 위해서는 의사결정의 마지막 단계에서 이렇게 질문을 던져보면 된다.

> **66** 지금 하고 있는 행동, 어머니에게도 할 건가요? **99**

결정을 내리거나 행동을 취하기 전 잠시 어머니를 생각해보는 것은 고객 경험을 제대로 제공하고 있는지 점검하는 방법이 된다. 당신에게 있어 어머니의 의미와 어머니의 모습, 어머니에게 배운 가르침은 현실을 직시하게 하는 강력하고 즉각적인 수단이 된다. 이를 통해 잠시 멈추고 깊게 생각할 수 있다.

이 책은 기업 안에서 고객과 직원의 관계에 지대한 영향을 끼침에도 불구하고 사소하게 보이는 요소에 관심을 쏟을 수 있도록 만들었다. 고객이 보내는 불편의 신호를 좀 더 잘 알아채 당신의 비즈니스를 발전시키기 위해 마련한 것이다. 각각의 사례 분석은 조직에서 실제로 활용할 수 있도록 정리했다. 리더들이 회의 안건으로 활용하거나, 좀 더 깊이 생각해보기 위해 워크숍 콘텐츠로 활용해도 좋다.

사례 분석은 총 네 개 장에 걸쳐 담겨 있다. 그리고 각 장은 고객을 반드시 내 편으로 만들고 싶은 마케터라면 꼭 떠올려봐야 할 필수적인 질문으로 되어 있다.

첫 번째 질문, "당신에겐 인간미가 있는가?"에서는 직원들이 맞닥뜨리는 다양한 경험을 다루고, 이들의 업무를 향상시키고 격려할 수 있는 기회에 관해 이야기한다. 두 번째 질문, "고객은 언제 화가 날까?"는 고객의 삶을 고통스럽게 만드는 공통된 문제에 초점을 맞추고, 이 문제를 줄이거나 해결하는 방법을 살펴본다. 세 번째 질문, "우리가 존재하는 이유는 무엇인가?"는 기업이 고객에게 무엇을, 어떻게 전달해야 하는지를 재정의하기 위해 필요한 필수 요소를 알려준다. 네 번째 질문, "지금 가는 그 길은 올바른가?"는 성공적으로 고객 경험을 제공한 기업의 특징과 가치를 짚어보며, 이들이 '착한 성장'을 이루기 위해 기존 비즈니스 관행을 뒤집는 어려움을 어떻게 극복해냈는지 들여다본다.

당신은 이 책에서 고객과 사회로부터 칭송받는 자랑스러운 기업들이 그렇게 성장하기 위해 어떤 선택들을 했는지 배우게 될 것이다. 여기서 가장 중요한 것은 이 기업들이 '어떻게' 고객의 지지와 관심을 이끌어낼 수 있었는지 파악하는 것이다. 이 책에서는 고객을 반드시 내 편으로 만드는 기업들의 의사결정과 행동을 먼저 보여줄 것이다. 그리고 직원과 고객 모두의 삶을 향상시키는 의사결정을 할 수 있도록 그 기업 내부 구조를 심층적으로 살펴볼 것이다.

기업을 심층적으로 들여다보기 위해 32개의 사례를 분석했다. 각 사례는 학습하기 쉽도록 친절하게 설명되어 있으며, 현장에서 바로 실천할 수 있는 실용적인 교훈을 담고 있다. 각 사례 연구의 말미에는 앞서 언급했던 '어머니의 시선'으로 바라볼 수 있는 질문을 던짐으로써 당신과 기업의 현재 상황을 점검해볼 수 있게 했다.

마지막 장인 "마케팅은 질문으로 점검하라!"에는 이 책의 핵심 메시지를 담고 있는 질문들과 평가표를 담았다. 이를 통해 당신의 기업이 고객을 내 편으로 만드는 여정에서 어디까지 왔는지 점검해볼 수 있을 것이다.

이 책은 고객 지향으로 마케팅과 서비스를 다듬어 성과를 이뤄 낸 기업과 앞으로 이뤄갈 우리의 성과를 축하하기 위한 책이자 '거짓말 하나 보태지 않고 사실 그대로를 전하는' 책이다. 세상에는 고객이 좌절하는 순간을 바꾸고 다시 디자인해 고객을 완전히 내 편으로 만드는 기업이 아주 많다. 나는 32개의 사례 분석과 책 속에 실린 수많은 일화를 통해 그간 관습적으로 해왔던 행동을 바꾸어 기업과 직원들을 더 높은 수준으로 끌어올린 기업의 활동을 널리 알리고자 한다.

이처럼 훌륭한 순간을 축하하는 것과 더불어, 나는 이탈리아인 우리 할머니들이 해왔던 것처럼 당신에게 확실한 변화를 일으키라고 '옆구리를 쿡쿡 찌를' 것이다. 의도하진 않았겠지만 고객을 힘들게 만드는 "그건 안 될 거예요"와 같은 말들을 개선할 수 있게 할 것이다. 이 같은 상황은 기업 입장에서는 아무 것도 아니지만, 고객은 그 상황 때문에 일상과 삶이 무너져버릴 만큼 고통스러울 수 있다.

"아침 먹고, 점심 먹고, 간식까지 먹느라 몸무게가 7킬로그램이나 늘어도 케이블 TV 수리 기사는 오지 않는구나."

기업을 운영하며 저지르는 사소한 잘못을 간단히 살펴보기 위해 유머러스한 만화를 덧붙인다. 동료로서, 그리고 당신과 똑같은 삶을 살고 있는 사람으로서 전한다. 이 책에 계속 등장하는 이 같은 만화들은 고객의 관점을 나타낸다. 유머야말로 기회를 포착하고 변화를 이끌어 갈 수 있는 위로이자 촉진제라고 믿는 나와 같은 독자를 위해 만화를 내 웹사이트http://www.customerbliss.com에 공유하니 교육자료로 활용할 수 있기를 바란다.

다음은 이 책이 던지는 네 가지 질문의 의미를 요약한 것이다. 필요하지 않은 것들은 넘기고, 가장 중요한 것에만 집중할 수 있도록 갈무리했다.

Q1. 당신에겐 인간미가 있는가?

고객을 내 편으로 만드는 기업들은 직원을 채용하거나 육성할 때 회사가 추구하는 방향과 일치하는 사람인가를 가장 중요하게 생각한다. 그리고 그렇게 채용한 직원들이 자신이 지닌 최고의 모습 그대로 업무에 임할 수 있도록 제도를 정비하고 자율권을 부여한다. 이런 기업들은 업무에서 즐거움과 가치를 찾아낼 줄 아는 직원을 키워낸다. 그리고 그러한 직원들은 자신의 행복한 경험을 고객에게 그대로 전달한다.

Q2. 고객은 언제 화가 날까?

고객을 내 편으로 만드는 기업들은 고객을 화나게 하는 순간을 없애는 데 단호하다. 고객은 기다림이나 복잡함, 불확실성, 때로는 두려움이나 걱정에 이르기까지 힘든 순간을 만날 때 화가 난다. 이 기업들은 고객이 필요한 것을 얻기 위해 지나치게 많은 시간과 노력을 들여야 하는 곳에 친절하게 다가간다. 그리고 고객이 느끼는 고통의 순간을 신뢰와 존중, 보살핌의 순간으로 변화시킨다.

Q3. 우리가 존재하는 이유는 무엇인가?

고객을 내 편으로 만드는 기업들은 고객의 이익을 가장 우선한다는 것을 행동으로 증명한다. 이것은 열렬한 팬을 만들어가며 유기적으로 성장하는 기업의 핵심이다. 자신의 목표를 이루기 위해서는 다른 사람의 목표를 이룰 수 있도록 도와야 한다는 역설적인 현실을 깨닫고 나면 이 원칙에 따라 기업을 운영하는 것이 어렵지 않을 것이다.

성장하기 위해 이런 접근법을 택하면 새로운 방식의 계획과 의사결정에 눈을 뜨게 된다. 문제가 나타났을 때야 해결책을 찾는 '두더지 잡기 게임'식의 방식을 넘어 항상 사람들의 감정을 헤아리고 기업의 영향을 받아 달라질 이들의 삶을 상상하게 될 것이다. 기업은 이를 시작점으로 고객의 삶이 한층 윤택해지는 순간을 만들어낼 수 있게 된다.

Q4. 지금 가는 그 길은 올바른가?

고객을 내 편으로 만드는 기업들은 한쪽에만 유리한 비즈니스의 관행을 뒤엎거나 극복한다. 이들은 고객, 협력사, 그리고 직원과 존중을 기반으로 하는 관계를 다지기 위해 아무도 가지 않은 길을 택한다. 그리고 자신들이 속한 산업에 널리 퍼져 있는 좋지 못한 비즈니스 관행에 용감하게 역행한다. 이 기업들은 양쪽 모두에게 이득이 되는, 고객과 기업이 관계를 맺으면 모두가 잘 되는 균형 잡힌 관계를 확립한다. 이들은 고객을 자산으로 여기고 존중한다. 이들은 "호구 됐다!"의 순간을 "저희가 뒤를 봐 드릴게요"의 순간으로 바꾸기 위해 노력한다. 책임감을 가지고 임하는 태도에 갈채를 보내고, 상호 신뢰를 바탕으로 행동한다. 이들의 목표는 '고객이 잘 되는 것'이다.

자랑스러운 기업으로 거듭나는 7가지 행동

당신은 페이지를 넘길 때마다 내가 발견했던 즐거움을 함께 느끼게 될 것이다. 기업의 고객 이해 수준을 끌어올리고, 직원·고객·기업 간에 서로를 진정으로 아끼는 유대관계를 형성하기 위해, 때로는 용감하게 실행에 옮긴 행동에 대해 배우게 될 것이다.

이 책에서는 한 기업의 행동이 산업 전체의 행동 양식을 바꿔놓은 사례를 여럿 살펴볼 수 있다. 놀랍게도 아주 간단한 행동만으로 기업 문화와 비즈니스에 지속적으로 좋은 영향을 미치는 것을 발견하게 될 것이다. 비즈니스를 실행하고 운영하는 방식을 효과적으로 개선한 기업과 리더에게는 공통적으로 나타나는 일곱 가지 행동이 있다.

❶ 좋은 행동 하나가 궁극적인 성공으로 이어진다.

고객을 내 편으로 만드는 기업들이 하는 행동은 일단 실행에 옮기면 다른 사람들을 움직이게 하는 힘이 있다. 다른 사람들도 올바른 일을 할 수 있게 하는 것이다. 클리블랜드 클리닉Cleveland Clinic은 직원 교육과 커뮤니케이션에 많은 비용을 투자하며 조직 구성원 모두가 '환자 관리자'로서 행동하도록 하는 데 전념했다. 그러고 나서 몇 년 후, 클리블랜드 클리닉은 〈U.S 뉴스 앤 월드 리포트U.S. News &

^{World Report}〉가 선정한 미국 최고의 병원 2위에 올랐다.

❷ 채용 및 육성 방식이 기업의 철학과 일치한다.

고객을 내 편으로 만드는 기업은 자신들의 가치나 태도와 일치하는 사람들을 고용하기 위해 신중하고 꼼꼼하게 준비한다. 테네시주에 26개의 매장을 보유한 드라이브스루 음식점 팰스 서든 서비스^{Pal's Sudden Service}는 음식을 서빙하거나 버거를 만들 청소년들이 회사의 가치를 충분히 이해하고, 속할 팀에 잘 어울리는지 확인하기 위해 60개 문항으로 된 심리 검사를 받게 한다. 그렇게 채용된 이들은 120시간이 넘는 교육과 지속적인 멘토링을 받는다. 이 식당의 이직률은 업계 평균 3분의 1 수준이며, 33년 동안 이곳을 떠난 총지배인은 단 일곱 명뿐이다. 팰스 서든 서비스는 패스트푸드 업계에서 단위 면적당 가장 높은 수익을 자랑한다. 대표이사 톰 크로스비^{Thom Crosby}는 이를 팀 구성과 직원을 채용하고 교육하는 방식 덕택이라고 말한다.

❸ 인간적이고 사려 깊은 행동으로 고객을 감동시킨다.

고객을 내 편으로 만드는 기업은 직원들이 능동적으로 신나게 일할 수 있는 기반을 제공하고, 직원들의 제스처나 태도에는 진정성이 묻어난다. 퍼스트 다이렉트 은행First Direct Bank은 매일 24시간 대면 서비스를 시행했다. 그리고 고객을 가장 가까이에서 대하는 직원이라면 누구나 고객을 위한 행동을 취하는 데 필요한 권한을 갖게 되었다. 즉, 고객의 상황을 개선하기 위해서 담당 직원이 업무 프로세스나 절차, 정책을 바꿀 수 있다. 이 같은 방식 덕분에 퍼스트 다이렉트 은행의 고객 중 92%는 이 은행을 다른 사람에게 추천하겠다고 밝혔다.

❹ 신뢰를 가장 우선한다.

레모네이드 보험Lemonade Insurance(미국의 보험사. 보험 중개 업무를 인공지능으로 대체해 모바일 앱에서 인공지능 직원이 고객 응대를 담당한다. 전용 앱으로 빠르면 90초 만에 보험 가입이 가능하며, 3분 이내 보험금 청구가 가능하다 – 편집자주)은 고객의 보험 청구를 처리할 때 신뢰를 우선으로 한다. 레모네이드 앱에 탑재된 인공지능 로봇인 '짐'은 채팅으로 고객에게 보험 청구 사유를 묻는다. 그 다음 짐은 "정직 서약을 하세요"라고 말한다. 이 서약은 고객 자신이 정직하게 보험을 청구하고 지급받겠다는 의미로 사인하는 약속이다. 레모네이드 보험은 이 서약 하나만 받고 복잡한 보험 청구 절차를 간소화했다. 신뢰를 얻으려면 상대에게 먼저 신뢰를 보여야 한다는 어머니의 가르침대로 고객을 대한다. 고객은 짐을 정면으로 바라보고 보험 청구 사유와 함께 서약 영상을 촬영한 뒤 바로 보험금을 청구하고 지급받을 수 있다. 레모네이드가 자유롭게 성과를 공유하는 '투명성 블로그'를 살펴보면 당시 뉴욕 시장에서 신규 보험 가입자의 27%가 레모네이드에 가입했다고 기록되어 있다. 진실과 신뢰에는 힘이 있다.

❺ 기업의 명확한 목적이 운영 전반에 녹아든다.

아웃도어 용품 유통 기업인 REI(레이)는 대담하게 블랙프라이데이에 매장 문을 닫고 #옵트아웃사이드#OptOutside(블랙프라이데이에 쇼핑 대신 야외 활동을 하자는 캠페인 – 옮긴이주)를 권했다. "우리는 보통 연휴를 어떻게 보내길 바라는가?"라는 단순한 질문에서 시작된 캠페인이었다. 이 덕분에 REI는 무려 67억 회 가량 매체에 노출됐다. 그들의 캠페인은 세상에 널리 알려졌고 고객에게 반향을 일으켰다. 700개이상의 기업이 REI의 캠페인에 동참했고, 수백 개의 주립 공원은 블랙프라이데이에 야외에 나와 활동하는 사람들을 우대했다. REI는 경쟁사들이 고전하고 있는 것과 달리 재정적으로 계속해서 성장하고 있다. REI의 사례는 명확한 목적을 갖고, 그 목적에 맞게 운영되는 기업은 시장에서 350% 이상 성장할 수 있다는 사실을 보여주었다.

❻ 합리적인 정책으로 고객의 선택과 지지를 이끈다.

버진 호텔Virgin Hotels은 호텔에서 옵션 가격을 없애고 '정당하게' 운영하기로 했다. 그들은 와이파이를 무료로 제공하면서 "주파수는 수익원이 아니라 권리"라고 말한다. 룸서비스 수수료나 어떤 추가 서비스 비용도 요구하지 않는다. 이르거나 늦은 체크인에도 수수료를 부과하지 않는다. 여기서 그치지 않는다. 버진 호텔을 정말 유명하게 만든 것은 미니바 운영 정책이다. 버진 호텔의 미니바는 시중 가격으로 운영된다. 객실 안에서도 길거리에 있는 마트 가격으로 상품을 이용할 수 있는 것이다.

대표이사 라울 릴Raul Leal은 고객들이 일반적으로 다른 호텔에 머물면서 불편하다고 느꼈던 비용을 걷어낸 뒤 이렇게 말했다.

"이 정도로 '우리가 고객을 사로잡았다'고 생각해서는 안 되죠."

시카고에 있는 버진 호텔은 문을 연 지 겨우 1년 만에 〈컨데 내스트 트래블러Condé Nast Traveler〉(미국의 여행 잡지 – 옮긴이주) 독자가 선정한 미국 최고 호텔에 이름을 올렸다.

❼ 오래된 관행을 버리면 사랑과 존경, 지지를 얻는다.

콜럼버스 메트로폴리탄 도서관The Columbus Metropolitan Library은 연체료를 없애기로 했다. 매일 10센트씩 발생하는 연체료 걱정 없이 아이들이 여름 방학 독서 목표를 달성할 수 있도록 도우려는 것이다. 콜럼버스 메트로폴리탄 도서관은 미국 최초의 대도시 도서관으로서의 사명을 연체료를 받지 않겠다는 원칙에 투영했다. 대출한 도서를 28일 안에 반납하도록 합리적인 수준에서 관리하고, 반납이 지연되지 않도록 자동으로 대출 기간을 연장해 다시 대출해준다. 이를 비롯한 다양한 제도 개선으로 이 도서관은 미국에서 가장 진보적이고 극찬 받는 도서관으로 손꼽힌다.

우리는 친구로, 파트너로, 고객으로 대우받을 때 그 순간과 직원과 기업을 기억한다. 서로 신뢰하고, 터놓고 솔직하게 이야기하고, 넉넉하게 나누는 것은 가장 의미 있는 관계를 다지는 초석이 된다. 이런 감정은 개인적인 관계나 비즈니스 관계에서나 똑같이 나타난다. **어릴 적 배운 기본적인 행동은 평생 몸에 배어 있다.** 아마도 이것이 관계를 유지하거나 비즈니스를 함께할 기업과 직원들을 평가할 때 행동을 중요하게 여기는 이유일 것이다.

어머니를 떠올려보자.

프롤로그를 마무리하는 지금, 이제 고객이 된 당신의 삶을 떠올려보자. 그런 후 당신의 고객이 자신을 지지하고, 귀중하게 대하며, 약속을 지켜주기를 바라는 모습을 떠올려본다. 고객이 삶에서 그런 순간을 만나면 어떤 생각과 느낌을 갖게 될지도 떠올려보자.

당신은 고객의 삶에 중요한 영향을 끼칠 수 있다. 당신이 고객을 대할 때, 당신이 고객의 서류를 처리하거나 주문을 받을 때, 당신이 리더가 되어 고객을 위한 주요한 결정을 내릴 때, 당신이 어떤 행동을 취하느냐에 따라 고객은 곁에 남기도 하고, 떠나기도 할 것이다.

우리가 내린 결정의 집합체는 고객 각각에게 우리가 누구인지, 우리가 무엇을 중요하게 생각하는지, 그리고 우리가 고객의 삶에서 어떤 역할을 할 것인지를 이야기해준다. 즉, 우리가 얼마나 열심히 품질을 보장하고, 약속을 지키며, 좋은 상품을 만들어내는지 보여주는 것은 우리가 의사결정할 때 얼마나 고객을 생각하는지를 말하는 것이나 다름없다. 이러한 결정과 행동이 모여 비즈니스를 키우고 성장 궤도에 올려놓는 것이다.

당신은 고객의 삶을 개선할 힘을 가지고 있다. 당신은 고객을 위해 언제 어떻게 행동하고, 결정하며, 반응하고 대답할지 선택할 수 있다. 잠시만 멈추고 생각해보자. **어머니에게 절대로 하지 않을 행동을 하거나, 그런 행동을 승인하거나, 혹은 회사가 그런 행동을 하도록 이끌 것인가?** 지금 고객에게 하려는 이 행동을 어머니에게 하겠는가? 생각이 끝났다면 이제부터 이어질 비즈니스의 네 가지 필수 질문에 대해 스스로에게 묻고 답해보자.

당신에겐 인간미가 있는가?

"내가 가진 모든 것은 어머니 덕분이다.
내 삶의 모든 성공은 어머니에게 받은 도덕적, 지적, 신체적 교육 덕분에 가능했다."

| **조지 워싱턴**George Washington |

인드라 누이Indra Nooyi는 펩시코PepsiCo의 대표이사로 선임되고 얼마 후 어머니를 보러 고향 인도를 찾았다. 도착한 다음 날 아침, 사람들은 누이의 어머니 댁으로 구름떼처럼 몰려왔다. 사람들은 누이를 지나쳐 곧장 누이의 어머니에게 다가가 딸의 성공을 축하했다. 이어 대표이사가 된 딸을 길러낸 어머니의 능력을 칭찬했다.

"정말 대단한 어머니예요."

이 광경을 지켜본 누이는 이런 행동이 당연하다는 생각이 들었다. 어머니와 돌아가신 아버지의 가르침은 누이의 미래 모습과 성공에 상당히 기여했기 때문이다. 이 일을 겪은 후 누이는 회사 임원들의 어머니와 아버지도 칭찬을 받아야 한다고 생각했다.

"갑자기 단 한 번도 임원들의 부모님께 재능 있는 자녀를 펩시코에 보내주어 감사하다는 말을 전하지 못했다는 생각이 들었어요."

누이가 어느 인터뷰에서 했던 말이다. 그가 인도에 다녀온 이후 갖게 된 습관이 하나 있는데, 지금까지도 실천하고 있다. 최고위 임원 400명의 부모에게 직접 편지를 써 임원들이 회사에 심어놓은 가치가 펩시코에 얼마나 힘이 되는지 설명하고 **"재능 있는 자녀를 저희 회사에 보내주어 감사합니다"**라고 전하는 것이다.

인드라 누이의 행동, 그리고 모든 고객을 내 편으로 만드는 기업이 지닌 힘은 직원들을 육성하는 방식과 가치관이 회사가 추구하는 방향과 일치하는 데서 온다. 고객을 내 편으로 만드는 기업은 직원들이 그 모습 그대로 업무에 임할 수 있도록 해준다. 누이에게는 기업 가치를 공유하는 리더들을 고용했으니, 이런 감사 편지를 쓰는 것이 당연한 일인 셈이다.

기업의 일원이 되거나, 되지 않을 사람을 선택하는 일은 가장 우선해야 할 일이다. 미국 동부에서 사랑받는 식료품 매장 웨그먼스Wegmans는 기업의 핵심 가치와 잘 맞는 직원을 찾기 위해 성장 속도를 늦추는 것도 감수한다. 〈포춘Fortune〉에서 매년 선정하는 '일하기 좋은 100대 기업' 중 주축을 이루는 수납용품 전문점인 컨테이너 스토어The Container Store는 지원자 중에서 3%만 직원으로 채용한다.

앞서 말했듯 직원들을 채용하고 난 다음에는 그들이 각자 가진 자질을 활용해 회사에서 꽃을 피울 수 있도록 돕는 일에 중점을 두어야 한다. 직원들이 목표를 달성하고, 어린 시절 교육받은 기본을 그대로 실천할 수 있도록 말이다.

"우리는 직원들이 회사에서 일할 때 집에 있을 때와 같은 사람이기를 바랍니다."

사우스웨스트 항공Southwest Airlines의 명예회장 콜린 배렛Colleen Barrett은 이와 관련해 여러 번 이야기했다. 포시즌스 호텔 앤드 리조트Four Seasons Hotels and Resorts의 창업자이자 대표이사인 이저도어 샤프Isadore Sharp는 이렇게 말한다.

"직원에게 목적의식과 자기 자신을 믿을 수 있는 용기를 심어주는 것이 우리의 일입니다."

이런 기업은 직원이 가장 훌륭한 모습으로 업무에 임할 수 있게 해준다. 이 장에서는 고객을 내 편으로 만드는 기업이 직원과 조직을 위해 택한 행동을 살펴보고 널리 알리려고 한다.

66 일할 때 인간미를 드러내라 99

요즘은 여느 때보다도 인간미, 즉 인간다운 면모를 고객에게 보여야 할 필요가 있다. 앱 하나만으로는 모든 문제를 해결할 수 없기 때문이다. 고객을 '관리하기' 위한 하이테크 기술은 엄청나게 늘어났지만, 하이터치(대면 서비스)에 대한 욕구도 함께 상승했다. 고객에게는 하이테크와 하이터치가 골고루 필요하다.

그렇다. 앱은 정비사가 언제쯤 도착할지 알려주지만, 정비사의 내면에 존재하는 따뜻함을 보여주는 것은 그 사람이고, 그 사람의 악수이며, 그 사람이 고객의 집 안으로 들어와 구석구석을 보살피는 태도다. 비행기 표는 온라인으로 예약할 수 있지만, 고객은 자신의 환승을 걱정해주는 검표원에게서 자신이 존중받고 있다는 것을 느낀다. 직원을 만나지 않고 렌터카를 픽업할 수는 있지만, 차 반납을 담당하는 직원의 미소로 고객의 이용 경험은 더 나아질 수 있다. 그리고 고객이 몇 분 정도 늦게 반납했더라도 직원에게 그냥 보내줄 권한이 있다면 고객의 기분은 한결 좋아질 것이다. 사람이 필요 없는 첨단 기술은 고객과의 상호작용을 좀 더 효율적으로 만들어주지만, 고객에게는 적절한 때에 인간미와 보살핌을 경험하게 해주는 직원의 역할도 중요하다.

의료 기술 회사 CEO이자 헬스 케어 분야 전문가인 미셸 채피 Michelle Chaffee는 자신의 블로그에 난소암으로 찾았던 병원에서 '쿨'하게 보이는 첨단 기술을 처음 경험하고 느낌을 적어두었다.

새로운 형태의 병원에 발을 들여놓는 순간, 이곳이 완전히 다른 병원이라는 사실을 깨달았고 이 병원이 시도하려는 것이 무엇인지 알 수 있었다. 병원은 미래 시대와 매우 흡사했고, 〈젯슨 가족〉(100년 후 가족의 일상을 그린 1960년대 미국의 공상과학 만화영화—옮긴이주)을 보는 것 같았다. 손에 전자기기를 들고 서 있는, 대체로 젊은 컨시어지 직원들은 '애플 스타일'로 환자 접수를 도왔다. 여기까지는 좋아보였기에 궁금해진 나머지 이 모험을 계속해보고 싶었다.

그러나 채피는 전자기기를 들고 다니는 컨시어지 직원들의 안내에 따라 몇 시간 동안 메마른 건물 안을 이리저리 헤매다가 결국 이 병원을 떠나는 것으로 경험을 끝내고 만다.

이렇게 외치고 싶었다.
"누구 날 도와줄 사람 없나요? 암이 더 퍼졌을까 걱정돼요!"
그러나 이렇게 외친들 상황이 바뀌지 않으리라는 것을 깨달았다. 문을 나서면서 셔츠에 꽂아두었던 GPS 추적 장치를 빼서 반납하는 곳에 내려놓았다. 나는 이 장치를 효과적으로 사용하지 못했다. 그것은 예약 시간이 되었을 때 이들이 '나를 찾을 수 있도록' 달아놓은 추적 장치에 불과했기 때문이다.

채피의 경험에서 살펴볼 수 있듯이 단지 더 좋은 기술만으로는 고객의 두려움이나 걱정, 염려를 완전히 누그러뜨릴 수 없다.
이 장에서 펼쳐질 내용은 직원이 기업을 번창하도록 만드는 행동에 관한 것이다. 여덟 개의 사례 연구를 통해 인간미가 넘쳐흐르면서도 재정적으로도 번창한 기업의 리더십과 성과를 살펴본다. 직원 채용이라는 가장 중요한 결정을 내린 후, 기업은 직원이 가장 훌륭한 모습으로 업무에 임할 수 있도록 격려하고 돕는다. 이들은 직원에게 멘토링을 하고 스스로 자랑스러워할 만한 결과를 낼 수 있도록 이끌어준다. 또한 기업의 가치를 전하는 데 방해가 되는 것들을 없애고, 직원이 훌륭한 의사결정을 할 수 있도록 권한을 주고 신뢰한다. 직원이 모든 고객을 안내하고 보살필 수 있도록 필요한 도구와 능력을 주고, 직원이 고객과 맺는 관계를 신뢰하는 것이다.

고객 삶의 존엄성을 존중한다

"그들이 내 팔을 바늘로 찌르는 검사를 한 다음 복도로 옮겨놓고… 잊어 버렸다니까요!"

당신은 소중하다. 그런데 가끔 누군가가 당신을 소중하게 여기 지 않는다고 느낄 때가 있다. 이런 상황이 미셸 채피에게 일어났다. 채피가 겪었던 것처럼 절차를 효율적으로 만드는 과정에서 의도치 않게 진정성이 누락된 것이다. 채피가 만났던 '컨시어지' 직원은 고 객을 보살피기보다는 길을 안내하고 절차대로 처리하는 일에만 집 중했다. 때로는 절차에 고객을 보살피는 일이 포함되지 않기도 한 다. 이런 일은 여러 업계에서 다양하게 일어날 수 있다.

당신에겐 인간미가 있는가?

당신이라면 어머니를 병원 복도에 옮겨놓고 거기에 그대로 두겠는가? 당연히 그렇게 하지 않을 것이다. 그러나 직원들은 각자 담당 업무에 매몰돼 있어 이런 일이 가끔 일어난다. 아마 담당한 업무는 제대로 해냈을 것이다. 그러나 각각의 직원이 자신의 업무를 완벽하게 하더라도 어머니는 이동식 침대 위에 누운 채 복도에 홀로 남겨질 수 있다.

직원이 어머니가 검사를 받을 수 있도록 대기시키기 위해 침대를 병실에서 복도로 옮긴다. 다른 직원이 검사를 마치고 누군가가 어머니를 다시 병실로 모실 수 있도록 다시 복도로 옮겨 놓는다. 그래서 어머니는 복도에서 기다리게 된 것이다. 이런 상황은 진료 절차가 효율을 중심으로 만들어졌을 뿐 어머니의 기분이나 존엄성이 고려되지 않았기 때문에 일어난다.

모든 업계에는 환자의 업무를 처리하거나, 전화를 응대하고, 퇴실을 돕는 것처럼 고객을 가장 가까이에서 대하는 직원들이 있다. 그러나 일을 완수하는 것에만 중점을 두게 되면 **업무의 핵심에서 사람을 보살피는 일**이 사라질 수 있다. 직원은 단순히 길을 안내하고 프로세스대로 움직이는 사람들이 아니다. 직원은 환자를 비롯한 고객을 보살피는 사람이다. 여기에 직원에게 고객이 소중하다는 사실을 깨닫게 해줄 커다란 기회가 있다. 바로 고객을 존중하고 아끼는 마음으로 대하게 하기 위해 먼저 직원을 같은 방식으로 대하는 것이다. 고객을 존중하는 마음을 전하기 위해서는 직원들이 먼저 존중을 느끼고 경험해봐야 한다. 그런 다음 고객을 응대할 때 존중하는 마음을 실어서 전할 수 있도록 격려해야 한다.

고객을 내 편으로 만드는 기업들은 고객과 고객의 삶을 보살피는 직원들을 길러낸다. 또한 고객을 대하는 어느 부서건 고객을 보살피는 일이 유기적으로 일관되게 나타날 수 있도록 직원들을 단결시킨다. 부서 이기주의 없이 '하나의 회사'로서 보살핌이 연속성을 가질 수 있게 만드는 것이다.

66 보살피는 사람까지 보살피다 99

어느 곳이든 고객을 가장 가까이에서 만나는 이들은 모두 **작게나마 업무의 고충을 공감해주기를, 숨통이 트이기를 원한다.** 격려의 말이나 제스처, 일시적 휴식이 필요한 것이다. 고객에게 마음의 안정을 찾아주기 위해 자신의 감정을 소비하거나 머리를 쓰느라 지치기 때문이다. 휴식이 잘 이루어지지 않으면 직원들은 고객과의 인간적인 유대관계를 가로막는 장벽을 쌓아올린다.

미국의 여러 병원은 감정 노동이 격해질 때 '라벤더 코드Code Lavender'라는 지원 제도를 실행한다. 하와이에 있는 한 병원에서 고통 받는 환자와 가족을 위해 정서적 지원을 제공하던 것에서 시작했던 이 제도는, 이후 환자를 보살피는 사람들을 보살피는 것으로 확장됐다. 환자를 보살피는 직원이 라벤더 코드를 요청하면 정서적으로 매우 지친 상황을 극복할 수 있도록 긴급하게 정서적 지원을 제공한다. 이 제도의 핵심 성공요인은 직원이 어떤 판단이나 걱정 없이 언제든 직원이 원할 때 라벤더 코드를 요청할 수 있게 하는 것이다. 정서적 지원은 직원이 중요한 업무를 계속해서 이어갈 수 있도록 다시 균형을 찾을 수 있게 해준다. **당신의 기업에서는 고객을 보살피는 직원을 어떻게 보살피고 있는가?**

이런 문화가 기업의 토대가 되면, 당장 혁신을 하지 않을 수 없다. 이런 문화는 조직의 경계를 무너뜨린다. 이런 문화는 회사와 직원을 분리한다. 모든 직원은 고객을 돌볼 수 있도록 권위를 얻어야 한다. 그리고 고객을 응대하는 모든 접점에서 보살핌과 존중의 가치를 함께 전할 수 있도록 직원 모두가 손을 잡아야 한다.

클리블랜드 클리닉이 조직 전체에 '보살핌'이라는 가치를 주입한 사례를 살펴보자. 이 병원은 당신의 어머니가 절대 이동식 침대에 홀로 누운 채 병원 복도나 병실에서 도움을 기다리게 하지 않는다. 이 사례에서 가장 중요한 사실은 구성원의 삶을 존중하고, 그 삶이 더 나아지게 만드는 것을 목표로 삼으면서 직원 모두에게 '환자 관리자'의 역할을 부여한 것이다. 클리블랜드 클리닉 사례를 살펴보면서 당신이 '지나치지 말아야 할 구역'은 무엇인지 생각해보자.

클리블랜드 클리닉은 모든 직원을
'환자 관리자'로 만들기로 결정했다.

결정 의도: 모든 직원이 환자의 존엄성을 존중하도록 한다. 미국 오하이오주 클리블랜드에 있는 종합대학병원인 클리블랜드 클리닉은 '환자 우선' 원칙을 바탕으로 한다. 이 병원은 직원 모두가 환자와 가족을 보살피는 일에 책임감을 느끼고, 말이 아닌 행동을 끌어내기를 원했다. 클리블랜드 클리닉은 환자와 가족들이 건강을 관리하기 위해 여러 측면에서 씨름하며 겪는 부담감을 깨달았다. 그래서 병원에 있는 모든 직원이 단결해 환자가 정서적·신체적·교육적으로 필요로 하는 것과 바라는 것을 제공하기로 했다.

고객을 내 편으로 만드는 행동: 클리블랜드 클리닉은 '지나치지 말아야 할 구역' 규칙을 시행했다. 이 규칙은 판단을 지체할 시간을 주지 않는다. 병실 근처에 있을 때 환자의 호출등이 켜져 있으면, 담당 업무가 무엇이든 상관없이 병실 안으로 들어가 도움이 필요한지 묻는다. 환자를 기다리게 하지 않는다.
어떤 규칙도 기초가 되는 행동과 성공하려는 의지 없이는 자리를 잡을 수 없다. 클리블랜드 클리닉은 5만 1,000명이 넘는 직원을 위해 정서적 교육과 보살핌 경험 교육에 투자한다. 또한 모든 직원에게 환자 관리자라는 직함을 주면서 모든 업무를 융합한다. 예전에는 의사만 책임을 졌지만 이제는 간호사나 물리치료사,

당신에겐 인간미가 있는가?

경비, 미화원, 접수 담당자 등을 포함해 모두가 환자의 삶을 돌볼 책임을 진다. 병실을 청소하는 직원은 인사나 베개 정돈 등의 친절한 행동으로 의학으로 치료하는 의사와 간호사, 물리치료사만큼이나 누군가의 하루에 영향을 미칠 수 있다. 마지막으로 이 병원에서는 환자의 '전반적인 상태'를 보살피기 위해 다양한 분야와 부서에 종사하는 직원들로 이루어진 종합팀이 회진을 한다. 이것을 일명 '360도 관리'라고 부른다. 이 종합팀을 각 교대 근무 시간에 배정해, 환자가 홀로 건강관리를 할 필요가 없게 만드는 것이다. 환자와 보호자들은 이 종합팀이 자신들을 빈틈없이 관리하고 보살핀다는 사실을 알고 신뢰한다.

결과: "환자들은 높은 수준의 보살핌 서비스를 받기 위해 우리를 찾긴 하지만, 그다지 우리를 좋아하지는 않습니다."

2010년 델로스 토비 코스그로브Delos Toby Cosgrove 박사는 대표이사가 되어 보살핌 제도를 시행하면서 이렇게 말했다. 환자들이 병원에 들어서면서 느끼는 의료에 대한 기대감과 부담감을 동시에 짚어낸 말이다. 이제 클리블랜드 클리닉은 가장 훌륭한 환자 중심 병원으로 찬사를 받고 있다. 이 병원은 지속적으로 80% 이상의 추천율을 달성하며, 미국 전 지역을 대상으로 측정한 병원 고객 평가인 HCAHPSHospital Consumer Assessment of Healthcare Providers and Systems의 대상 병원 중 상위 10% 안에 들고 있다. 클리블랜드 클리닉은 개선된 병원 시스템으로 〈U.S. 뉴스 앤 월드 리포트U.S. News & World Report〉에서 미국 최고의 병원 2위로 선정됐다.

어머니의 시선

**직관적이고, 진심 어리며, 혁신적인 사람들이
조직을 개선한다!**

클리블랜드 클리닉은 조직 안에 있는 모든 직원이 환자와 가족을
편안하게 보살피는 데 함께할 수 있도록 권위를 주고 존중하며,
이들을 '환자 관리자'로 격상시킨다. 직원들은 환자 각각의 정서
적·신체적 욕구를 보살피기 위해 단결한다.

**당신의 기업은 '보살피는'
이미지를 갖고 있는가?**

모든 직원이 역할에 관계없이 고객을 보살피기 위해
협력하는가?

당신에겐 인간미가 있는가?

고객을 가장 가까이에서 대하는 직원에게
재량권을 주고 맡긴다

"품질 보증 기간이 끝난 지 3일밖에 안됐다는 게 안타깝네요. 저에게 타임머신이 있다면 품질 보증 기간을 연장하러 과거로 돌아갈 수 있을 텐데 말이죠."

당신이라면 어머니가 3일 전에 만료된 제품의 품질 보증을 요청하는데 거절하겠는가? 그렇지 않을 것이다. 어머니의 고객 기록을 살펴보고 최대한 어머니의 이야기를 들어주려고 할 것이다. 이때 고객을 가장 가까이에서 응대하는 직원은 자신이 직접 적절한 결정을 내릴 수 있도록 기회가 주어지길 바랄 것이다. 직원은 포괄적인 정책을 따르기보다는 고객이 처한 상황을 좀 더 디테일하게 파악해서 결정을 내리고, 회사가 자신을 채용한 이유인 자신의 가치와 공감대, 능력을 기반으로 그 결정을 존중해주기를 원할 것이다.

고객의 요청을 받아주거나 아주 약간의 혜택을 주는 것은 차별화가 된다. 그리고 그 차별화 덕분에 고객은 그 기업을 다시 찾고, 기업에 대한 좋은 평가를 주변에 널리 알릴 것이다. 모든 규정을 아무렇게나 완화해서 기업의 수익을 문밖으로 던져버리라는 이야기가 아니다. 소중한 고객이 어려움에 처했을 때 직원이 적절한 행동을 취할 수 있도록 만들어주라는 이야기다. 렌터카를 몇 시간 늦게 반납할지라도 눈앞에 있는 아주 소중한 고객을 위해 실랑이 없이 그냥 보내주는 것이다. 혹은 품질 보증 기간이 3일 전에 만료된 품질 보증 요청을 받아주는 것이다. 그렇게 하는 것이 옳기 때문이다.

❝ 남에게 대접받고자 하면 남을 먼저 대접해야 한다 ❞

이제 거의 모든 분야에서 고객은 직원을 대면하지 않고도 스스로 문제를 해결할 수 있게 되었다. 때문에 고객이 직원에게 연락할 때는 긴급한 상황일 때가 많다. 따라서 그 상황을 어떻게 대응하느냐가 중요하다. 고객을 가장 가까이에서 응대하는 직원이 고객과 연결됐을 때 내보이는 진정성과 도움을 줄 수 있는 능력, 고객을 존중하는 마음(직원들도 존중을 받기 때문에 고객을 존중하게 된다)이 그 어느 때보다 더욱 중요해진 것이다. **셀프서비스가 늘어가는 세상에서 고객을 직접 응대하는 서비스를 잘 해내는 것**은 기업을 특별하게 만들 것이다.

이런 변화를 만들어내기 위해 노력을 기울이는 기업들은 그만한 보상을 거둬들이고 있다. 예를 들어 미국 메르세데스 벤츠는 고객지원센터의 콜센터 직원이 고객 정보를 바탕으로 일반적인 고객음대 메뉴얼을 융통성 있게 조정할 수 있는 제도를 운용하기 시작했다. 고객의 사정을 좀 더 알아보고 예외적인 상황을 허용해 주자 기업에 호의적인 반응이 늘었고, 더 큰 수익을 안겨주는 고객도 늘었다.

미국의 소비자 분석 기업 C스페이스는 고객지수인 CQ[Customer Quotient]를 측정한다. 이들은 2만 명의 고객을 대상으로 셀프서비스 대신 응대받기를 선택한 경우에 대해 조사했다. 그 결과, 응대받기를 선택할 경우 고객은 자신이 들인 시간만큼 가치 있는 서비스를 제공받기를 원했다. 이는 고객의 욕구를 존중해주는 응대 서비스가 매우 중요하다는 사실을 입증한다. 고객은 정직함과 맞춤 서비스, 공감, 정서적 소통을 원한다. 고객에게 이런 경험을 제공하기 위해서는 직원의 재량권이 필요하다.

대부분의 고객들은 기업으로부터 무언가를 '빼앗아'가겠다는 불순한 의도따윈 갖고 있지 않다. 그저 공평하게 대우받고 싶을 뿐이다. 인정해주기를 바라는 것이다. 불가피하게 머피의 법칙이 치고 들어와 품질 보증 기간이 만료되자마자 컴퓨터의 마더보드가 망가지거나, 자동차 브레이크가 말을 듣지 않을 때, 혹은 얼마 전에 산 청소기가 고장 났을 때 이해받고 싶은 것이다.

고객들은 이럴 때 보통 어쩔 수 없이 나쁜 소식을 전해야 하는 직원을 마주하게 된다. 그리고 이들을 불편하게 만들면서 어디까지 도움을 줄 수 있냐고 요청하며 기다린다. 그러면 직원은 이렇게 전한다.

"죄송합니다. 제가 해드릴 수 있는 게 없네요."

그러나 바로 앞에서 기다리는 고객을 위해 직원이 스스로 판단해 적절한 조치를 취할 수 있도록 적당한 자유 재량권을 준다면 어떨까? 이런 순간에 직원이 고객을 위한 행동을 할 수 있다면 어떨까?

말하기는 쉽지만 행동으로 옮기기는 어렵다. 말을 행동으로 옮기려면 고객이 "이건 말도 안 돼요!"라고 여기는 경험이 무엇인지 파악하고 미리 계획해서 직원에게 재량권을 줘야 한다. 그렇게 하려면 예외적인 상황을 적용해야 하는 고객을 파악할 수 있도록 고객 정보를 주고, 이를 실행하는 데 필요한 교육과 지원을 제공해야한다. 그리고 가장 중요한 것은 직원이 스스로 판단하고 결정할 수 있도록 신뢰하는 것이다. 이것을 잘 보여주는 일화가 하나 있다.

존은 노트북을 사면서 품질 보증 기간을 연장하고 A/S까지 보장해 주는 보증서를 추가로 구입했다. 노트북 때문에 큰돈을 들인 경험이 있어 이번에는 확실히 대비하고 싶었다. 그러나 추가 품질 보증 기간이 만료된 후 정확히 3일이 됐을 때, 노트북 화면에는 흰 가로줄이 위에서 아래로 죽 그어졌다(누구라도 이런 일을 겪어보았다면 존이 얼마나 괴로울지 공감할 것이다).

존은 품질 보증 기간을 연장하고 A/S를 받기 위해 300달러 이상을 지불했지만, 실제로 그 기간 동안에는 컴퓨터를 산 직후에 일어났던 사소한 문제만 해결했을 따름이었다. 존은 컴퓨터 회사가 이 문제를 품질 보증서로 해결해주리라는 희망을 가지고 컴퓨터를 맡기러 갔다. 그리고 이 같은 대답을 들었다.

"보증 기간이 만료되었네요. 이참에 노트북을 바꾸시는 게 어떨까요?"

존은 이에 단념하지 않고 윗사람하고 이야기하고 싶다고 요청했다. 곧 윗사람이라는 직원이 존에게 다가왔다.

"아, 기억납니다. 품질 보증 기간을 연장하셨지요. 하지만 아시다시피 연장한 보증 기간 역시 이미 지났어요."

"3일이 지났을 뿐이라고요. 딱 3일!"

존은 외쳤다. 그러나 직원들은 같은 말만 반복할 뿐이었다.

"해드릴 수 있는 게 아무것도 없네요."

고객을 내 편으로 만드는 기업은 고객을 가장 가까이에서 응대하는 직원이 고객을 위해 타당한 결정을 내릴 수 있도록 미리 준비한다. 데이터와 정보, 교육, 신뢰를 바탕으로 직원이 이런 순간에 현명한 결정을 내릴 수 있게 해준다. 고객을 가장 가까이에서 응대하는 직원이 소중한 고객을 지키기 위해 스스로 판단해 결정할 수 있는 능력을 가지고 있다고 믿기 때문이다. 당신은 직원이 고객을 위해 재량권을 발휘할 수 있도록 교육하고 지침을 전달하는가?

다음에 나오는 사례 분석은 오베로이 호텔Oberoi Hotel에 관한 것이다. 이 호텔에는 직원을 채용하고, 교육하고, 공동체 행동을 이끌어내는 데 지침으로 삼은 문화적인 신념 체계가 있다. 세계에서 가장 훌륭하고 특별한 호텔로 손꼽히는 오베로이 호텔이 고객을 늘리고, 시장에서 위상을 높이며, 고객의 사랑을 받기까지 직원에게 무엇을 제공했고, 어떻게 적절한 도구를 활용해 현명한 결정을 내릴 수 있게 만들었는지 알아보자.

오베로이 그룹은
직원에게 결정권을 주기로 결정했다.

결정 의도: 고객이 기대하는 행동을 한다. 투숙객은 세계에서 가장 훌륭하다고 손꼽히는 인도 오베로이 그룹의 영역에 들어설 때부터, 가령 예약하는 바로 그 순간부터 큰 기대를 품는다. 투숙객은 단순히 서비스를 받는 것이 아니라 대우받고 싶어 한다. 고객의 욕구를 미리 예상하고 준비해주기를 원하는 것이다. 어떤 종류의 상황이 발생하든 이들은 절차가 아니라 '행동'을 기대한다.

고객을 내 편으로 만드는 행동: 직원에게 정서 지능과 신뢰에 대해 교육한다. 오베로이 그룹은 채용할 때 오베로이 윤리 규범인 다르마Dharma의 기준에 따라 가치와 기질이 일치하는 사람들을 선발하는 데 많은 노력을 기울인다. 일단 채용한 후에는, 직원이 개인 행동이나, 투숙객과 동료 직원을 대하는 방식에서 책임지고 그 기질을 유지할 수 있도록 믿고 맡긴다.

오베로이 그룹은 직원이 각 상황을 올바르게 이해하고 판단할 수 있도록 '정서지능Emotional Intelligence(자신과 다른 사람들의 감정을 점검하고 구별하는 능력, 또한 이를 이용해 자신의 사고와 행동을 이끄는 능력—편집자주)' 교육에 투자한다. 지침이나 규범에 따르기보다는 바로 앞에 있는 고객에게 올바른 답변을 줄 수 있도록 지도하고 이끌어주는 데 투자한다. 직원이 지켜야 할 방침을 숙지하게 만드는 대신 올바른 답변을 스스로 결정할 수 있는 능력을 기르도록 교육한다. 이에 따라 직원은 의미 있게 고객을 응대할 수 있으며, 고객을 그저 머물게 하는 데만 만족하지 않는다.

'고객에게 퍼주기만 할 것이다'라는 두려움은 고객을 가장 가까이에서 응대하는 직원이 올바르고 적절한 답변을 하도록 맡기지 못하고 이들의 행동을 가로막을 수 있다. 그러나 직원들이 상황을 읽고 판단할 수 있도록 교육하는 기업에서 직원이 자유를 남용하는 일은 거의 일어나지 않는다.

널리 알려진 사례로는 리츠 칼튼Ritz-Carlton이 있다. 리츠 칼튼은 직원들에게 필요할 때 하루에 최대 2,000달러(약 240만 원)까지 쓸 수 있게 한다. 직원 대부분은 그만큼 쓰지 않지만, 회사가 자신의 행동에 큰 비용을 감당할 만큼 자신을 신뢰한다는 느낌을 받는다. 오베로이도 이 사실을 깨달았다. 신뢰는 직원으로 하여금 마음껏 능력을 발휘하게 하는 힘이 있다. 직원은 계속 이곳에서 일하고 싶어 하고, 고객은 직원을 가깝게 여기게 된다.

결과: 오베로이 그룹은 인도에서 일하기 좋은 직장 8위로 꼽혔다. 최근 직원에게 재량권을 준 오베로이의 사례는 직원을 신뢰하고 맡기는 것이 효과가 있다는 사실을 입증한다. 순추천고객지수Guest Net Promoter Scores(고객 만족도 지표로 어떤 기업의 제품이나 서비스를 경험한 고객이 다른 사람에게 추천할 의향을 측정한 것이다. 0점에서 100점까지 있다—옮긴이주)는 81점에서 86점으로 상승했다. 이 지수는 일단 80점대에 진입하고 나면 더 이상 점수를 올리기가 쉽지 않아 더욱 놀라운 결과가 아닐 수 없다. 직원들은 재량권을 소중히 여긴다. 신뢰받은 사람들은 그 대가로 신뢰를 준다.

당신에겐 인간미가 있는가?

어머니의 시선

직원들이 올바른 행동을 할 수 있도록 신뢰하고 책임감을 부여하라!

오베로이 그룹은 기업의 윤리 규범과 개인의 가치가 일치하는 사람들을 채용한다. 채용한 후에는 직원이 고객을 존중하고 재량권을 발휘하여 올바른 결정을 할 수 있도록 교육하고, 신뢰하고, 뒷받침한다.

> ### 당신은 고객을 가장 가까이에서 응대하는 직원에게 재량권을 주며 신뢰하고 맡기는가?
>
> 대접받기 위해 남을 먼저 대접하는가?

마케터의 질문

보살핌 능력을 가진 사람을 채용한다

주유하고 간식을 먹기 위해 휴게소에 들르는 경험은 그다지 집착할 만한 상황이 아닐지도 모른다. 그러나 퀵트립^{QuikTrip}은 이 경험에 전념한다.

미국 편의점 체인인 퀵트립은 고객에게 관심을 가지고 보살펴주는 '보살핌 능력'을 지닌 사람을 채용하기 위해 지원자 중 단 1%만 선발한다. 직원에게는 커피와 음식이 신선한지, 화장실은 깨끗한지 확인하는 일일 체크리스트를 철저하게 지키도록 가르친다. 그리고 서비스를 하거나 고객을 돌볼 때 고객 개인에게 맞추도록 교육한다. 고객이 아이 셋을 겨우 이끌면서 피곤하게 걸어오면 퀵트립 직원은 문을 열어주고 모두에게 아이스크림을 대접한다. 도움이 간절해 보이기 때문이다. 하지만 현실 속에는 '고객의 처지는 이해하지만 해결책을 찾아본 다음 도와주겠다'고 말하는 곳이 많다. 퀵트립처럼 고객을 내 편으로 만드는 기업들은 고객을 돌볼 줄 아는 사람들로 회사를 채우는 데 집중해 고객을 대할 때 이런 불상사가 일어나지 않도록 노력한다. 이런 기업은 채용을 가장 중요한 결정으로 여긴다.

많은 기업들이 전통적인 방식으로 고객과 소통하는 데 익숙해진 반면, 고객의 눈높이는 극적으로 높아졌다. 그들은 매대의 직원뿐 아니라, 서비스 데스크 맞은편의 직원, 심지어 채팅으로 만나는 직원에게도 의미 있는 서비스를 기대한다. 특히 최근 들어 고객은 자신을 보살피고, 자신에게 맞추고, 자신에게 선택의 여지를 주고, 좀더 신속하게 처리하는 기업을 선택하고 있다. 직원의 공감 능력이나 인간미는 이제 고객을 머물게 하거나 떠나게 하는 주요한 이유가 됐다. 고객과 친밀한 관계를 유지하는 일이 판매를 늘리는 전제 조건이 된 것이다.

고객이 항상 옳은 것은 아니지만, 모든 고객은 자신을 존중하고 품위를 지켜주는 직원에게 보살핌을 받을 자격이 있다. 우리는 소셜미디어에 어떤 기업의 직원이 얼마나 자신의 욕구를 이해해주었는지, 혹은 호구로 보았는지 자신이 겪은 일을 이야기한다. 따라서 어떤 사람을 어떻게 채용할지를 우선순위로 올리는 것은 고객과 더 깊은 관계를 맺거나 혹은 고객을 떠나보내는 결정적인 요인이 된다.

66 채용을 가장 중요한 결정으로 여긴다 99

한 컨퍼런스에서 이퀴녹스 피트니스 클럽Equinox Fitness Clubs의 대표 이사 니키 레온다키스Niki Leondakis는 당신도 한번쯤 겪어봤을 만한, 호텔에서 있었던 일을 이야기했다. 이른 아침 조깅을 하고 호텔로 돌아온 레온다키스는 커피 한 잔이 간절했다. 레스토랑이 열기 전이라 프론트 데스크 직원에게 주방에서 커피 한 잔만 가져다줄 수 있는지 물었다. 프론트 데스크 직원은 레온다키스에게 답했다.

"10분 뒤면 레스토랑이 문을 엽니다."

레온다키스는 참을 수 없었다. 왜 그러지 않았겠는가? 그 호텔 직원은 몇 걸음만 걸으면 주방까지 쉽게 갈 수 있었고, 그 시점이면 분명히 끓고 있을 커피를 한 잔 가져다 줄 수 있었을 것이다. 작지만 친절한 행동에 감동한 레온다키스는 그 직원을 극구 칭찬했을 것이다. 그러나 그 직원의 행동은 컨퍼런스에서, 그리고 이 책에서 사례로 언급된 만큼 아마 소셜미디어 여기저기에도 올라오지 않았을까.

당신의 고객이 도움을 필요로 하거나, 혹은 걱정이나 문제가 있을 때, 보살핌 능력을 높이 사 채용된 직원들은 능력을 발휘한다.

사실 고객이 어떤 기업이나 직원에게 등을 돌리는 이유로 가장 많이 손꼽히는 것은 고객의 상황에 공감하지 못하거나 이를 진지하게 받아들이지 않는 태도다.

보살핌 능력을 가진 사람들을 채용하는 것은 기업의 성장에 연료를 공급하는 일이다. 고객을 내 편으로 만드는 기업은 단순히 적성이나 기술에 관련된 질문을 넘어서는 면접을 준비하기 위해 시간을 들인다. 면접자의 이력서 뒤에 숨겨진 그 사람의 진짜 모습을 알아보려고 한다. 행동을 통해 그 사람이 고객과 동료, 그리고 시장에서 어떤 사람인지 알아보는 것이다.

다음으로 내가 좋아하는 이야기를 하나 전할까 한다. 팀원으로 선발할 사람에 대해 진정으로 알기 위해서 기꺼이 시간을 들이는 어떤 기업에 대한 이야기다. 이 기업은 면접자가 가진 기질이 기업의 문화와 잘 어울리는지 확인하고, 반짝이는 눈을 하고 인간적으로 공감하는지 살핀다. 드라이브스루 패스트푸드점이 그렇게 세심하게 태도와 적성을 검토하면서 직원을 채용하리라고는 상상도 못했겠지만, 팰스 서든 서비스Pal's Sudden Service는 그렇게 한다. 고객이 버거와 감자튀김을 주문하는 그 잠깐 동안에도 보살핌을 받고 있다는 기분이 들도록 큰 노력을 기울인다. **당신의 회사는 고객을 응대하는 직원들을 얼마나 제대로 파악하고 있는가?**

팰스 서든 서비스는 지원자의
성격을 검토하고 채용하기로 했다.

결정 의도: 행복하고 만족감이 높은 청소년을 찾는다. 팰스는 직원 1,000명 중 90% 이상이 파트타임이고 16~18세가 40%에 달한다. 그들은 기업의 얼굴이 될 직원을 훌륭한 성품을 가진 이들로 뽑고 싶어 했다. 또한 모든 일을 번개와 같은 속도로 해낼 수 있는 직원들이 필요했다. 고객을 대면하고 보살필 수 있는 시간이 주문 창구에서는 18초, 픽업 창구에서는 12초밖에 되지 않기 때문이다. 신입 직원을 채용하는 데 가장 많은 노력을 들이는 것, 이것이 팰스의 성공 비법이다.

고객을 내 편으로 만드는 행동: 어렸을 때 배운 태도와 기질을 검토한다. 팰스는 훌륭하게 성장하는 직원을 연구하면서 채용 방법에 대한 교훈을 얻었다. 여기서 관찰된 행동과 성격을 60개 문항으로 된 심리 검사로 변환해 직원 후보가 될 사람이 팰스와 잘 맞는지 확인했다. 보통 기업에서 묻는 평범한 질문과 달리 팰스는 지원자들에게 질문 중 몇 가지에 동의하는지 혹은 동의하지 않는지 묻는다. 다음은 몇 가지 예시다.

- "대체로 나 자신이 마음에 든다."
- "방금 만난 사람들을 신뢰하는 편이 좋다고 생각한다."

당신에겐 인간미가 있는가?

- "목소리를 높이는 것은 다른 사람에게 나의 관점을 받아들이게 하는 한 가지 방법이 될 수 있다."

대표이사 토머스 A. 크로스비Thomas A. Crosby는 경영 전문지 〈하버드 비즈니스 리뷰Harvard Business Review〉에서 이렇게 말했다.

"우리는 유유상종이라는 말을 믿는 사람들이에요. 직원을 제대로 교육하지 않고, 훌륭한 매니저가 많지 않은 상태에서 매장을 운영한다면, 그곳에 지원하는 사람들 역시 비슷한 부류의 사람이겠지요. 우리는 다릅니다."

일단 직원으로 채용되면 이들은 독립적으로 일할 수 있게 될 때까지 120시간의 교육을 받는다. 토머스 크로스비를 비롯한 임원들은 매일 업무 시간의 10%를 할애해 팀원들에게 기술이나 적성에 관해 멘토링을 한다. 팰스는 직원이 프렌치프라이를 훌륭하게 만드는 것뿐만 아니라 훌륭한 사람이 되도록 개발하는 일에도 매일 전념한다.

팰스는 누구를 채용하고, 누구를 채용하지 않을지 매우 명확하게 구분하기 때문에 지점장이 매장을 이끌 준비가 될 때까지는 성장하는 데 속도를 내지 않는다. 크로스비의 말에 따르면 팰스는 성장을 위해 기업 문화를 희생하지 않는다.

영향: 팰스의 이직률은 업계 평균의 3분의 1 수준이다. 33년 동안 총지배인 단 일곱 명이 그만두었을 뿐이다. 팰스는 자신들이 이룬 성공을 근간으로 경영우수성연구소Business Excellence Institute를 설립했으며, 이곳은 음식 서비스 교육 부문에서 리더십과 경영 관리 측면에서 선두를 달리고 있다.

팰스는 체인 음식점으로는 최초로 미국 상무부의 국립표준기술연구소National Institue of Standards and Techonology가 후원하는 말콤 볼드리지 국가품질상Malcolm Baldrige National Quality Award을 수상했다. 〈INC.〉(미국에서 가장 빠르게 성장하는 기업 500위를 발표하는 경영 전문지—편집자주)가 선정한 가장 대담한 기업 25개 목록에 이름을 올리기도 했다.

팰스는 패스트푸드 음식점 업계에서 단위 면적당 가장 높은 매출을 올리고 있으며, 매장 매출은 1995년보다 300% 증가했다.

어머니의 시선

단결된 문화를 만들기 위해 신중하게 채용하라!

팰스 서든 서비스는 채용 과정에서 개인의 적성과 어린 시절 받은 교육과 태도를 확인하면서 기업 문화에 잘 맞는 사람들만 팀원으로 선발한다.

당신의 기업은 채용을 가장 중요한 결정으로 여기는가?

이력서 뒤에 숨겨진 사람을 어떻게 파악하는가?

마케터의 질문

고객만족도 점수를 구걸하지 않는다

"저보고 유방 엑스레이 촬영을 1에서 10점으로 평가하라는 거예요? 저에게 좋은 서비스를 제공하려는 건가요, 아님 고통을 안겨주려는 건가요?"

옛날 옛적 머나먼 은하계에서 고객의 삶을 증진하겠다는 아주 순수하고 단순한 이유로 고객 설문이 시작됐다. 심지어는 성과에 대한 동기를 부여하려는 목적으로 고객 설문 점수를 근거로 급여를 주기 시작했다. 그때부터 고객 설문에 응해달라는 구걸이 시작됐다.

고객은 언제부터 "제게 10점을 주실 수 있나요?"라는 질문을 듣게 되었을까? 설문 점수에 매달리는 문화가 시작된 곳으로는 많은

당신에겐 인간미가 있는가?

이들이 자동차 업계를 가리킨다. 자동차 업계는 설문 결과로 브랜드를 서열화한 최초의 업계로 손꼽힌다. 업체들이 차주에게 딜러가 자동차를 팔거나 서비스를 제공할 때 어땠는지 물어보는 설문을 보내면서 이 같은 문화가 시작됐기 때문이다. 이들은 딜러의 성과를 파악하기 위해 설문 조사에 드는 비용을 부담했다. 그리고 설문 결과를 근거로 실적에 따라 보상하거나 판매 대수를 할당하고, 보너스를 제공했다.

"맞아요, 당신의 솔직한 의견은 저희에게 매우 소중합니다. 그렇지만⋯⋯ 10점을 주시면 좋겠어요! 그러니 10점을 주실 게 아니라면 설문에 응하지 말아주세요."

세계 각지에서 이제 설문 조사는 끝물에 이르렀다. 당신이라면 어머니에게 이렇게 말하며 설문을 구걸하겠는가? 설문 조사 후 결과에 따라 직원에게 보너스를 주거나 보상한다는 의도는 좋다고 치자. 그러나 설문 조사 점수가 얼마나 높은가에 따라 아이들의 치아 교정비를 지불할 능력, 혹은 넓은 집으로 이사할 능력이 결정되는 이상한 일이 벌어진다면 어떻게 해야 할까?

이제 거의 모든 업계에서 고객에게 설문 응답을 요청한다. 호텔에서부터 병원, 보험 회사, 반려동물 관리숍, 항공사 등 끝이 없다. 최근 내 친구는 유방 엑스레이 촬영 경험을 0점에서 10점 중에 평가해달라는 설문지를 받았다. 도대체 이게 무슨 일인가. **당신이라면 어머니를 저녁 식사에 초대한 뒤 식사 점수를 매겨달라고 하**

겠는가?

최고 고객 책임자^{CCO, Chief Customer Officer}로 부임한 초기, 회사에 적응하고 있던 나는 금박 스티커로 "10점을 주세요!"라고 써 붙인 거대한 포스터를 봤다. 나는 포스터를 전부 떼어 던져버렸는데, 당시에는 절대 환영받지 못할 행동이었다.

그러나 설문 조사 점수를 구걸하지 못하게 한 후, 우리는 회사를 개선하는 데 도움이 되는 솔직하고 진정한 의견을 얻을 수 있었고, 당시 내 행동은 결국 옳았던 것으로 판명됐다. "왜 10점을 주실 수 없는지 알려주세요"라는 질문을 "저희가 어떻게 고객님을 도와드려야 할지 알려주세요"로 바꾸고 나니, 의견을 구하는 목적이 달라졌고 마침내 우리는 앞으로 더 나아갈 수 있었다.

정직하고 대담한 의견을 들을 수 있는 기회는 선물과도 같다. 그러나 우리는 높은 점수에 돈을 주고, 성과를 점수 순으로 나열해 경쟁을 붙이면서 설문 조사 과정에 두려움을 주입해 왔다. 이처럼 우리는 점수를 좇느라 고객의 삶을 개선하기 위한 기업 문화를 조성할 기회를 놓쳤다. 그리고 설문 조사로 고객을 괴롭히며 내쫓았다. 실제로 데이터 기반 고객 솔루션을 제안하는 기업인 다이얼로그 다이렉트^{Dialog Direct}의 '고객 분노 연구'에 따르면 "부디 가장 높은 점수를 주세요"라는 말은 기업이 고객을 짜증나게 하는 것 4위로 나타났다.

66 고객의 삶을 개선할 때, 비로소 점수를 얻는다 **99**

나는 당신이 점수가 아니라 고객의 삶에서 이야기를 시작하기를 권한다. 고객 경험을 조정하고 개선할 수 있는 진정한 대화를 시작하는 것이다. 고객 경험에 관해서 어떤 이야기가 오가고 있는가? 직원들은 고객 경험에 집중하고 있는가?

개인과 팀 모두 형식에서 벗어나 진정으로 고객을 관리하는 일에 집중한 행동에 대해 보상하자. 고객을 응대하는 직원들에게 점수를 좇으라는 지시를 거두고, 그 대신 고객의 삶을 개선할 행동을 이끌어내고 동기를 부여해주면 직원의 역할이 격상된다. 역설적이지만 이런 리더의 말과 지시, 그리고 교육이 장기적으로 당신의 점수를 높여줄 것이다(당신이 점수를 구걸해서가 아니라, 올바른 이유 덕분이다).

자동차 유리 교체 업체인 세이프라이트 오토글래스Safelite AutoGlass가 어떻게 품격 있게 고객의 의견을 구하는지 살펴보자. 이들은 고객 의견을 활용해 고객의 욕구와 우선순위 이해도를 높이고, 이를 바탕으로 직원들을 지도해 회사를 더 좋은 방향으로 이끈다.

세이프라이트 오토글래스는
진심어린 행동을 통해 '만점'을 받기로 결정했다.

결정 의도: 고객을 가장 가까이에서 응대하는 직원이 최고의 성과를 낼 수 있게 돕는다. 전화를 받거나, 자동차 앞 유리를 고치거나 교체하며 고객을 응대하는 직원 8,000명은 세이프라이트의 얼굴이자 정신이다. 세이프라이트의 대표이사 톰 피니Tom Feeney는 이 직원들을 영웅으로 여긴다. 피니는 이렇게 말했다. "나머지 직원은 고객을 가장 가까이에서 응대하는 직원을 돕기 위해 존재합니다." 세이프라이트에서는 고객을 가장 가까이에서 응대하는 직원들이 가장 좋은 성과를 낼 수 있도록 힘을 더해줌으로써 업무에 집중할 수 있는 환경을 만들어준다.

고객을 내 편으로 만드는 행동: 점수로 압박하기보다는 '세이프라이트 정신'을 보여주는 행동을 교육한다. 세이프라이트에게 성공이란 "준비된 직원"을 말한다. 이 기업은 서비스 마인드와 '할 수 있다'는 태도, 동료나 고객을 보살피는 마음을 지니고, 고객과 정서적으로 관계를 맺는 사람들을 찾는다. 이런 행동은 인센티브나 표창 프로그램과 연계된다.
세이프라이트의 성과 지표는 행동의 결과다. 세이프라이트는 직원들이 옳은 결정을 내리고, 기본 절차 대신 예외를 적용해야 할 때를 파악할 수 있도록 격려하고 신뢰한다. 리더들은 직원들에게 아주 훌륭하고 기억에 남을 만한 서비스를 제

당신에겐 인간미가 있는가?

공하는 데 필요한 도구와 재량권을 주면서 이들을 도우려고 노력한다. 피니는 이렇게 말했다.

"우리는 지표에 얽매이지 않고, 목적을 중심으로 움직입니다. 직원들이 세이프라이트 정신을 지닐 수 있도록 돕고 지도하는 것이죠."

영향: 피니는 자신이 보기에 세이프라이트 정신에 가장 큰 영향을 준 것은 고객을 가장 가까이에서 대하는 직원의 행동이라고 말했다. 그리고 직원들이 업무를 자신만의 스타일로 바꾸는 방식이나, 정해진 업무 범위 안팎으로 고객 욕구에 대응하는 방식에도 영향을 받았다고 했다.

피니는 이어서 얼마 전에 남편을 잃은 한 여성 고객을 위해 픽업트럭 유리창을 교체해준 세이프라이트 직원에 관해 이야기했다. 그 고객은 남편의 사망으로 경제적으로 어려움을 겪고 있었고, 마당에는 잔디까지 웃자랐고 집은 엉망이 되었다며 부끄러워했다. 그녀가 서비스를 받고 난 그 주 일요일, 차를 정비했던 직원은 다시 고객의 집을 방문해 문을 두드렸다.

"괜찮으시다면, 제가 잔디 깎는 것을 도와드릴게요. 그냥, 돕고 싶어서요."

피니는 이에 대해 이렇게 말했다.

"이런 사례야말로 우리의 행동이 효과가 있다는 것을 증명하는 겁니다! 지표만 살펴보는 방식에서 격려하고 이끌어주는 방식으로 바꾸면서, 세이프라이트 정신이 살아 있는 이야기들이 들리고 있어요. 이런 일은 용기를 불어넣어주는 아주 멋진 행동이고, 일하는 데 즐거움을 가져다주죠."

어머니의 시선

설문 조사 점수가 아니라, 고객의 삶에 집중하라!

세이프라이트 오토글래스는 직원과 고객 모두에게 도움이 되는 행동을 지도하는 데 집중해, 점수를 구걸하지 않고도 정당하게 좋은 결과를 얻을 수 있게 해준다.

당신은(조금은 지나칠 정도로)
설문 조사 점수에 매달리고 있진 않은가?
직원에게 서비스를 향상시킬 시간과 능력을 주고,
적절하게 교육하는가?

당신에겐 인간미가 있는가?

고객의 첫인상에 편견을 갖지 않는다

네, 고객님. 물론 후방카메라도 있습니다.

여성 고객이 물어봤으나, 남성 고객에게 답변을 한다.

    몇 개월 동안 눈여겨보던 명품 구두 매장에 들어선 메리는 그 순간이 굉장하게 느껴졌다. 메리는 두 달 전 아주 비싼 부츠에 푹 빠져버렸다. 그 부츠를 꼭 사겠다는 마음을 먹은 메리는 저금을 시작했고, 마침내 부츠를 살 수 있는 돈을 모았다.

    매장 문을 열고 들어간 메리는 가슴이 뛰어 견딜 수가 없었다. 곧 판매 직원이 활짝 웃으며 다가와 그 아름다운 부츠를 신겨 주리라! 하지만 메리는 깜짝 놀랐다. 아무도 그녀에게 다가오지 않았던 것이다. 매장 안에는 직원이 여럿 있었지만, 이들은 모두 메리가 탐내던 부츠 가격만큼이나 고급스러운 옷차림을 한 여성들에게만 집중하고 있었다.

메리는 단념하지 않고 사려고 마음먹은 부츠를 찾아달라고 부탁했다. 그러자 직원은 맞은편에 전시되어 있는 부츠 코너로 메리를 안내했다. 메리는 다시 반대편으로 걸어가 자신에게 맞는 사이즈를 가져다줄 사람을 찾았고, 직원은 부츠를 가져다주고는 다른 코너로 가버렸다. 메리는 매장 안에 있는 다른 고객들은 직원들이 세심하게 신경 쓰는 가운데 구두를 신어보고 있는데, 자신의 곁에는 아무도 없다는 사실을 깨달았다.

메리는 뒤이어 다시 한번 놀라운 경험을 하게 되었다. 그토록 갖고 싶었던 부츠가 광택을 잃어버린 채 발에 아무렇게나 걸려 있었기 때문이다. 물론 부츠에는 아무 문제가 없었다. 부츠를 향한 반짝이던 메리의 열망이 사라진 것이다. 그제야 메리는 부츠를 갖고 싶었던 마음만큼이나 그 매장의 고객이 되는 경험을 하고 싶었다는 사실을 깨달았다. 메리는 부츠를 두고 매장을 나왔다.

당신이라면 어머니를 대할 때 **나이나 겉모습만으로 판단하겠는가?** 당신은 이미 이 질문에 대한 답을 알고 있을 것이다. 어떤 상황에서도 당신의 매장에 들어선 사람을 성별이나 옷차림, 동행하는 사람 같은 요소로 판단할 수 없다. 고객을 판단하는 순간, 인간미는 자취를 감추고 만다. 매장 입구에서부터 편견을 버리자. 판단하는 일은 그만두자. **필터를 버리고 관계에 투자하자.**

당신도 고객으로서 비슷한 경험을 한 적이 있을 것이다. 그러나 사람들의 행동이나 외모, 전화기 너머 들리는 목소리로 사람의 가치를 구별해내는 것은 불가능하다. 가장 중요한 사실은 모든 고객이 존중과 관심, 환영을 받을 만한 가치가 있다는 것이다.

> **66** 고객을 먼저 존중해야 고객의 존중을 얻는다 **99**

모든 고객은 훌륭한 서비스와 메리가 그렇게 간절히 원했던 약간은 '황홀한' 대접을 받을 자격이 있다. 사실 나는 항상 화장을 하지 않은 맨 얼굴에 청바지와 심플한 블라우스를 입고 스니커즈를 신은 채 명품 매장에 들어간다. 깔끔하고 단정하지만 화려하게 치장하지 않은 차림새는 매장 직원들의 태도를 파악하고 이들이 입구에서 편견을 버리도록 교육받았는지 확인하는 리트머스종이 같은 것이다.

사람들을 편견 없이 대하고 진정으로 듣고 이해하고 욕구를 충족시켜주는 것은 장기적이고 잠재적으로 가치가 높은 관계를 다지는 시작점이 된다. 이것이 바로 존중이다. 그리고 차별하지 않고 존중하는 행동을 기르는 방법이다. 뉴로리더십 연구소NeuroLeadership Institute의 하이디 그랜트햌보르슨Heidi Grant-Halvorson 박사는 다양성을 인정하는 것에만 그치지 말고, 고객에게 더 가까이 다가가야 한다며 이렇게 말한다.

"다양성을 인정하는 것이 파티에 참석해달라는 요청이라면, 차별하지 않고 포용하는 태도는 파티에서 춤을 춰 달라는 요청이다."

다음은 속옷 브랜드인 써드러브ThirdLove가 여성복 업계에 무의식적으로 깔려 있던 편견을 인식하게 된 이야기다. 여러 세대에 걸쳐 여성들은 무의식적으로 특정 의류에서 '누드색'에 대한 편견을 경험해 왔다. 누드색은 특정 피부색을 지닌 여성에만 해당되고, 이를 제외한 나머지를 모두 배제하는 결과를 가져왔다. 써드러브는 이 사실을 깨닫고 모든 피부색을 포괄할 수 있는 색상 팔레트를 만들어 모든 여성의 찬사를 받았다. 당신 기업에도 고객과 직원의 일부를 제외하거나 무심코 빠뜨리는 무의식적인 편견이 존재하진 않는가?

써드러브는 모든 피부색의 여성을 존중하기로 결정했다.

결정 의도: 모든 피부색의 여성을 존중한다. 써드러브의 공동창업자인 하이디 잭^{Heidi Zak}은 어느 날 속옷장에 입기 편한 브라가 하나도 없다는 사실을 발견했다. 하이디 잭은 편안한 브라를 갖고 싶어 남편 데이브^{Dave}와 함께 써드러브를 설립했고, 고객의 구매 습관이나 정서, 욕구를 파악하기 위해 (구글 마케터로 일할 때 얻게 된) 강력한 데이터 과학 기술을 활용했다. 그리고 누드색의 개념을 다양한 색을 받아들이는 것으로 바꿀 기회를 얻었다. 보통은 분홍빛의 베이지색을 누드색이라고 하는데, 이 색은 이와 비슷한 피부색을 가진 여성에게만 해당되는 얘기다. 잭은 자신이 다루는 제품군에서 모든 피부색의 브라를 개발해, 전 세계 여성의 다양한 피부색을 받아들이지 않았던 관행을 바로잡기로 했다.

고객을 내 편으로 만드는 행동: '새로운 누드색'을 개발한다. 써드러브의 기업 이념은 모든 여성을 고객으로 삼는 것이다. 차별 없는 행동이 제품을 디자인하고 비즈니스를 운영하는 밑바탕이 된다. 서드러브는 이념을 달성하기 위해서 여성들의 욕구를 이해하기 위한 시장 조사를 철저히, 지속적으로 한다. 예를 들면 전 세계에 있는 여성 고객 250만 명을 대상으로 사이즈에 관한 데이터 900만 개를 수집했다. 그리고 기존 사이즈가 맞지 않는 여성들을 위해 지금껏 없었던 사이즈

47가지를 더해 사이즈 선택의 폭을 넓혔다. 잭은 한 고객으로부터 이런 말을 듣기도 했다.

"기존의 누드색을 보고 있으면 내 피부색은 표준에서 벗어나 있구나라는 생각을 하게 돼요."

유색 인종인 그녀는 누드색에서 은근한 차별을 느끼게 된다며 강한 어조로 이야기했다. 애초에 누드색 브라는 흰 블라우스처럼 속옷이 비칠 우려가 있는 겉옷을 입을 때 필요한 것이다. 그러나 기존의 누드색 브라는 '누드색'이 아닌 다른 피부색을 가진 고객들에게는 적합하지 않았다. 이 욕구를 해결하기 위해 써드러브는 모든 여성을 포용할 수 있는 다섯 가지 색상 팔레트인 "뉴 네이키드New Nakeds"를 만들었다. 기업을 이끌어가는 결정을 내릴 때 데이터를 활용한다는 써드러브의 원칙을 바탕으로 포커스 그룹과 농축된 데이터에 따라 이 결정과 결과에 이르게 됐다. 여성의 실제 피부색을 나타내기 위해 색 조합과 개발에만 2년이 걸렸다. 그리고 이 다섯 가지 색상 팔레트로 모든 여성이 자신에게 맞는 색을 찾을 수 있게 됐다.

영향: 써드러브는 시장에 새롭게 나타난 혁신 기업이다. 초기부터 이 기업을 지지한 사람들은 물론, 써드러브의 팬들은 이름만 들어도 입이 떡 벌어진다. 2013년에 설립된 이 기업의 투자자로는 스팽스Spanx의 전 대표이사인 로리 앤 골드먼Laurie Ann Goldman과 빅토리아 시크릿Victoria Secret의 전 대표이사인 로리 그릴리Lori Greeley, REI 회장 존 햄린John Hamlin, 스타우드 호텔Starwood Hotels의 창립자 배리 스턴리히트Barry Sternlicht, 아메리칸 익스프레스American Express의 전 부사장이자 투미Tumi의 이사진인 클레어 베넷Claire Bennett이 있다. 써드러브는 컨셉을 증명하는 데 가장 중요한 시기인 2014~2015년 무려 400% 성장을 기록했다.

여성들은 1년에 한 번 새 브라를 구매하지만 써드러브의 고객은 대체로 45일 만에 두 번째 브라를 구매한다.

당신에겐 인간미가 있는가?

어머니의 시선

차별 없이 포용하는 브랜드가 되어라

써드러브는 제품에 모든 피부색을 적용한다. 이 기업은 고객을 존중하는 제품 디자인과 모든 여성을 존중하는 태도를 바탕으로 성장한다.

당신은 편견 없이 관계에 투자하는가?

포용하고 존중하는 행동을 바탕으로 성장하는가?

마케터의 질문

규정에 얽매이느라 고객의 디테일을
놓치지 않는다

당신이라면 어머니가 이해할 수 없는 규정에 얽매여 살아가도록
하겠는가? 물론 그렇지 않을 것이다. 그러나 시간이 흐르면 규정이
비즈니스에 서서히 스며든다. 그리고 직원이 규정에 갇혀 일을 수습
하려고 할 때면 고객은 금세 답답함을 느낀다. 자신이 요구한 것 때
문에 담당자나 전화 상담원이 무엇인가를 찾고 확인하느라 기다리
게 해서 죄송하다고 사과라도 하면 내 마음까지 불편해지곤 한다.

당신 기업에는 고객을 응대하는 직원의 능력을 제약하고 의욕
을 저하시키는 규정이 있는가? 그렇다 하더라도 너무 속상해 하지

당신에겐 인간미가 있는가?

않아도 된다. 모든 기업에는 그런 규정이 있으며, 무슨 이유에서인지 이런 규정은 이름이 긴 편이다. 고객을 내 편으로 만드는 기업은 지속적으로 이런 규정이 있는지 세심하게 살피는데, 이것이 그 기업을 돋보이게 만들어준다.

이런 규정은 계약 기간 종료일에서 3일이 지났다고 취소해주지 않는 것처럼 답답한 것들이 많다. 우수 고객이 마일리지로 구매한 보너스 항공권을 취소할 때 마일리지 반환 수수료를 부과하는 것, 전자 서류와 우편 서류가 모두 도착해야 계좌를 열어주는 것 등이다.

그런데 이처럼 말도 안 되는 규정을 찾아내는 게 왜 어려운 걸까? 그 이유는 아이러니하게도 바로 이런 규정이 너무 많기 때문이다. 이해할 수 없거나, 고객과의 관계를 무너뜨리는 규정을 모두 찾기는 어렵다. 그러나 고객과의 관계를 방해하는 규정을 줄이고, 이런 규정에 대해 고객에게 해명해야 하는 직원의 부담을 덜어주는 것이 기업이 할 일이다.

이런 규정은 모든 유형의 업계에서 나타난다. 소셜미디어 플랫폼 관리 회사인 훗스위트Hootsuite는 불필요한 규정을 몰아내기 위해 "나쁜 시스템의 카이사르"라는 비공식 직함을 만들기까지 했다. 훗스위트는 회사 티셔츠 하나를 선물로 주기 위한 승인 절차에 쓰는 시간과 자원이 비용으로 환산하면 200달러라는 사실을 알게 된 후, 말도 안 되는 규정을 없애기 위한 행동에 돌입했다. 카이사르처럼 호전적으로 개혁을 시도한 것이다. 지금은 없어졌지만, 홋스위트의 티셔츠 승인 절차는 한때는 유용했지만 지금은 그렇지 않은 규정들이 발목을 잡은 완벽한 예시라고 볼 수 있다.

규정이 고객에게 부정적인 영향을 미치면 고객과 직원, 기업의 손익에도 영향을 미친다. 당신 기업의 중요한 고객은 이런 일을 반복적으로 겪으면서 점점 더 격앙된다. 그렇게 되면 고객을 가장 가까이에서 대하는 직원은 예외적으로 처리하거나 다른 해결책을 찾기 위한 노력을 해야 한다. 말도 안 되는 규정 때문에 고객이 비용은 들면서 결과는 알 수 없는 '서비스 룰렛'(당신도 해 봤을 것이다) 게임을 하게 해서는 안 된다. 그 규정을 없앨 수 있거나, 바라는 결과를 쥐어줄 누군가에게 닿을 때까지 고객이 반복적으로 그 기업에 연락을 취하느라 기업의 자원을 잡아먹게 해서도 안 된다.

직원이 기업의 가치를 고객에게 좀 더 쉽게 전할 수 있게 해주면 기회가 생긴다. 당신은 직원에게 "방해물이 무엇인가요?" 혹은 "어떤 멍청한 규정을 없앨 수 있을까요?"와 같은 간단한 질문을 던져 의욕을 끌어올렸던 커머스 은행Commerce Bank(현 TD은행)의 선례를 따를 수도 있을 것이다. 리더들은 자신들이 할 수 있는 한 이런 규정을 없애기 위해 노력했다. 그리고 그런 규정을 찾아낸 직원을 영웅으로 여기며 칭찬했다.

끊임없이 다른 해결책을 찾게 만드는 규정은 계속해서 일을 수습하게 하며 직원을 지치게 한다. 그리고 직원이 고객을 응대할 때 더 많은 노력을 기울여야 한다면 기쁜 마음으로 업무에 임하지 못하고 회사를 떠날 가능성이 더 높다. 매리츠 리서치^{Maritz Research}에 따르면 회사 정책과 절차가 쉽게 고객을 만족시킨다고 생각하는 직원은 8% 정도밖에 되지 않는다고 한다.

다음 사례 분석에서는 조직에서 직원에게 주체의식을 더욱 많이 부여함으로써 의욕을 고취시킨 베일 리조트 기업을 살펴본다. 이곳에는 오랫동안 수많은 규정이 직원을 괴롭히고 있었으나, 직원에게는 고객이 겪는 상황에 대해 진솔하게 얘기할 발언권이 없었다. 그런 베일 리조트^{Vail Resorts}가 어떻게 직원들을 '규정 수호자'로부터 벗어나게 만들었는지 살펴보자. 베일은 고객과 대화를 나눌 때 "저희 회사의 규정은…"이라는 말을 금지했다. 대신 직원이 고객에게 즐거움을 전하는 큐레이터가 될 수 있게 만들었다.

베일 리조트는
"저희 회사의 규정은…"이라는
말을 하지 못하게 했다.

결정 의도: 모든 직원이 "일생에 남는 경험"을 전할 수 있게 한다. 베일 리조트의 목표는 매일 콜로라도에 있는 베일산의 15개 스키 리조트에서 각각의 즐거운 문화를 만들어내는 것이다. 그리고 고객과 직원 모두가 즐거움을 느끼게 만드는 것이다. 베일은 고객을 가장 가까이에서 대하는 직원이 표준화된 서비스 대본이나 허가된 일과 허가되지 않은 일을 정리한 산더미 같은 규정을 따르기를 원하지 않는다. 오히려 즐거움을 전하기 위해 필요하다면 규정을 어기기를 원한다. 베일 리조트에는 스키 패트롤 직원이 넘어지는 사람들이나 나무에 부딪히는 사람들을 어느 시점에 얼마나 자주 구해줘야 하는지, 무료로 스키 초급자 강습을 얼마나 제공해야 하는지 등에 대한 엄격한 지침이 없다. 이 기업은 고객과 직원 누구에게나 "밖으로 나가서 즐기세요"라고 이야기한다. 엄격한 지침이 없으니 직원들은 자기의 본 모습을 드러낼 수 있게 되고 자신만의 즐거움을 고객에게 전한다.

고객을 내 편으로 만드는 행동: 직원이 자신만의 즐거움을 만들어내도록 한다. 베일은 직원들이 주체의식을 갖고 즐거움을 전할 수 있도록 다음과 같은 말을 하지 못하게 했다. "저는 그렇게 할 수 없어요. 저희 회사의 규정은…", "저는 잘 모르겠습니다.", "고객님은 ~하셔야 합니다.", "그건 제 일이 아닙니다…", "다음 분이요."

고객을 가장 가까이에서 대하는 직원은 '즐거움'이라는 의무를 다하기 위해 적절하다고 생각되는 행동을 취할 권한이 있다. 베일은 리프트가 15분 이상 멈췄을 때 무료 리프트권을 준다거나, 배고픔과 추위에 떨고 있는 아이들을 데리고 온 '엄마'에게 따뜻한 코코아와 버거를 주는 등 규정을 어기는 것이지만 허용할 수 있는 행동을 포켓북에 담아 알려준다. 그리고 직원들이 고객들과 자신만의 경험을 만들도록 권장한다. 베일은 규정과 제약을 없애고 직원들에게 행동으로 옮길 수 있는 힘을 주려고 노력한다.

매일 지속적으로 즐거움을 '강화'하도록 격려하고, 현장에서 '이야기epic'를 만들어나갈 수 있도록 경험 핀(베일 리조트는 '에픽믹스EpicMix'라는 앱을 통해 리조트에서 다양한 경험을 할 때마다 얻을 수 있는 디지털 핀을 제공한다—편집자주)을 나눠준다. 직원들을 교육하고 평가할 때는 즐거움을 선사하는 행동을 보여줬는지, 차별 없이 모두를 포용하고, 환영하며, 친절하고, 긍정적인 태도를 갖추었는지에 집중한다.

영향: 베일 리조트는 세계에서 가장 큰 스키 리조트 운영업체로 손꼽히며, 슬로프 안팎에서 일어나는 경험 덕분에 10만 명이 넘는 브랜드 팬을 형성하고 있다. 베일 리조트의 입장료는 업계에서 가장 비싸지만 여전히 가장 인기가 많다. 3만 명이 넘는 직원이 근무하고 있으며, 많은 직원들이 이곳에서 일하는 가장 큰 이유로 "일생에 남는 경험"을 전할 수 있다는 점을 언급한다. 미국 국립 스키 협회 National Ski Areas Association는 베일 리조트 중 하나인 비버 크릭Beaver Creek에 최고 고객 서비스 프로그램상Best Overall Customer Service Program Award을 수여했다.

어머니의 시선

규정보다 목적을 더 높이 두어라!

베일 리조트는 직원들이 회사가 추구하는 목표를 고객에게 잘 전달할 수 있도록 양성하고 자유를 준다. 고객에게 즐거움과 "일생에 남는 경험"을 전할 수 있게 맡김으로써 최고의 기업 자리를 유지한다.

> ## 당신 기업에는 고객을 응대하는 능력을 제약하는 규정이 있는가?
> ### 어떻게 하면 규정 수호자보다는 '영웅'이 될 수 있을까?

당신에겐 인간미가 있는가?

인간미 넘치고 활기찬 직원에게 상을 준다

"그래, 우리 회사는 이런 일에 상을 줘."

블로거 로렌 캐스퍼Lauren Casper와 남편 존John은 동네에 있는 마트인 트레이더 조Trader Joe's를 최선을 다해서 최대한 빨리 둘러보았다. 아이 둘과 함께 장을 보자니 정신이 없었다. 로렌은 왜 그렇게 빨리 장을 보고 매장 밖으로 나올 수밖에 없었는지 이야기했다.

"백인 부모가 흑인 아들과 딸을 데리고 있다는 사실 때문만은 아니었어요."

로렌은 그날을 설명하며 이렇게 덧붙였다.

"우리 아들은 자폐증이 있어서 눈에 띌 정도로 발달이 늦고 조금 다른 행동을 하거든요. 우리 딸은 손가락이 몇 개 없는 데다 물갈퀴 손가락이라 좀 어색한 모습을 하고 있고요."

사람들의 편견어린 시선 때문에 그날의 외출로 울기 직전까지 갔던 로렌은 주차장에서 누군가가 자신을 부르는 것을 들었다. 로렌이 묘사하기로는 자신이 입양한 딸을 닮은, 트레이더 조에서 일하고 있던 젊은 여성이 트레이더 조의 꽃다발을 들고 있었다. 그녀는 꽃다발을 로렌에게 건네며 이렇게 말했다.

"저는 어렸을 때 입양됐는데, 멋진 일이었죠. 우리에겐 당신처럼 가족이 되어줄 사람들이 좀 더 필요해요."

트레이더 조 직원들이 이런 행동을 하는 경우는 흔하다. 트레이더 조의 직원들은 로렌 캐스퍼 가족이 겪었던 것처럼 고객에게 기쁨을 주기 위해 팀이 되어 협력하고, 혁신을 일구며, 솔선수범하는 행동을 바탕으로 채용되고 보상받는다. 병아리콩 통조림을 찾지 못하는 고객을 위해 동행하는 것부터(절대 손가락으로 가리키지 않는다) 통로 한가운데서 일어나는 즉흥적인 댄스 파티에 이르기까지, 이 기업의 직원들은 친절한 행동으로 칭찬을 받는다. 트레이더 조의 직원 이직률이 4%밖에 되지 않는다는 것이 썩 놀랍지 않을 정도다.

❝ 인간미를 지닌 직원을 칭찬하고 보상한다 ❞

당신에겐 인간미가 있는가?

고객을 내 편으로 만드는 기업은 마음(집에서 배웠던 것)과 습관(지속하라고 격려 받은 행동)에서 우러난 행동을 칭찬하는 보상 체계를 만든다. 마음과 습관의 일치는 기업이 추구하는 가치와 맞는 비즈니스 행동을 강화하는 조직을 구축하기 위한 핵심이다.

직원들은 솔선수범하고 고객에게 이득을 주는 행동으로 보상받고 싶어 한다. 그러나 이런 행동은 동기가 바로 서지 않으면 제약을 받을 수도 있다. 예를 들어 트레이더 조의 CEO인 조 쿨롬Joe Coulombe이 과거에 일했던 투자 기업에서는 '고객 중심'이 기업의 핵심 가치였다. 매번 회의 때마다 이 가치가 강조됐다. 고객 서비스에 대한 신조를 벽에 새겨놓기도 했다. 설문 조사 점수도 확인했다. 그러나 늘 거론되는 보상 지표는 판매량과 고객당 평균 매출, 상향 판매(더 높은 마진이 남는 상품을 구입하게 하는 것 – 편집자주)와 같은 것이었다.

투자 자문가를 위한 판매 전략 교육을 받고 고객 수를 할당 받은 후, 매달 연락하고 설득하고 고객을 늘려나간다. 그러나 조는 고객에게 조언할 때 단순한 판매를 넘어 가치를 더하고 싶었다. 조는 고객에게 도움을 주는 데 시간을 더 많이 쓰면서 장기적으로 생산성을 높였지만, 매달 고객에게 연락해야 하는 목표를 달성하지 못한 경우가 많았다. 그럴 때마다 조는 고객을 늘린 성과를 언급하며 자신의 계획과 전략을 계속해서 방어해야만 했다.

회의는 매번 조에게 좋은 결과로 마무리됐지만, 조는 고객에게 보탬이 되는 행동을 한 것에 대해 격려받지 못해 늘 약간 침울해 있었다. 오랫동안 조는 자신이 계획하고 쌓아놓은 관계의 질을 인정받지 못하고, 계속해서 숫자만 강요받다가 결국 이직을 결심했다.

조가 간절히 원했던 것은 독립적으로 훌륭한 결정을 하고, 혁신하고 솔선수범한 행동을 보였을 때 돌아올 보상과 인정이었다. 조만 이런 것들을 바라는 것은 아니다. 시티그룹^{Citi Group}과 링크드인 ^{LinkedIn}은 직장인 1,000명을 대상으로 기여와 보상에 관해 질문했다. 조사 결과 직원들은 일하는 방식을 더욱 많이 통제하고 보상으로 급여를 20% 올려준다면 거절하겠다고 답했다. 경제적 보상보다 기업 이념을 이루는 일원이 되어 결정을 내리고 솔선수범하리라는 신뢰를 받으면 더욱 동기 부여가 되는 것으로 나타났다.

직원들은 솔선수범하게 일한 것을 인정받고 보상받으면 그 기업에 계속 남고 싶어 할 것이다. 직원의 행동과 성과를 칭찬하고 널리 퍼뜨리면, 적극적이고 활발한 직원들은 사기가 높아져 계속해서 가치를 창출하고, 이에 따라 기업과 기업 문화를 한층 선진적으로 끌어올리게 된다.

이제 스스로 질문해보자. **당신의 기업은 인간미를 지니고 활기에 찬 직원을 칭찬하는가?**

다음은 텍사스에 있는 식료품 체인 매장 에이치이비^{H-E-B}에 관한 이야기로, 매장 관리자를 믿고 일을 맡겨 기업을 성장시킨 사례다. 고객과 직원에게 모두 사랑받는 에이치이비는 텍사스에 332개 매장과 9만 명이 넘는 파트너(직원)가 있고, 멕시코 전역에는 56개 매장과 1만 명이 넘는 파트너가 있다. 직원에게 멘토링을 제공하고 도전 의식을 부여하며, 이들을 기업의 가장 큰 자산으로 존중하면서 성장하는 기업이다.

에이치이비는 직원을 기업의 가장 큰 자산으로서 존중하기로 결정했다.

결정 의도: 직원은 기업의 가장 큰 자산이다. 일부 소매 기업은 직원을 엑셀 시트에 '비용'으로 기록하기도 한다. 그러나 에이치이비에서는 직원을 파트너로 부를 정도로, 양성하고 개발하고 보상해야 하는 대상으로 보고 있다. 그들에게 직원은 조직을 개선할 기회를 포착하는 귀중한 자산이다. 사장이자 최고 운영 책임자COO, Chief Operating Officer인 크레이그 보이언Craig Boyan은 〈뉴욕 타임즈〉 인터뷰에서 이렇게 말했다.

"소매업에서는 수많은 기업들이 원가 절감이라는 바닥을 향해 달려가며 경쟁하고 있고, 인건비와 교육비를 가장 높은 비용으로 여깁니다. 그래서 직원을 해고하는 게 타당한 것처럼 보이고, 많은 이들이 그렇게 하고 있지요."

보이언은 말을 이었다.

"우리는 그게 덫이라고 생각합니다. 바닥을 향한 경쟁이 소비 경험의 격을 낮춘다고 믿고 있어요. 그건 기업에게도 나쁜 일이고, 국가적으로도 나쁜 일입니다."

고객을 내 편으로 만드는 행동: 파트너에 투자하고 도전을 장려한다. 2016년 비공개 기업(주식 시장에서 주식 거래를 하지 않고, 주식을 소유한 사람들만 비공개적으로 주식을 거래하는 기업—편집자주)인 에이치이비는 창업자인 버트Butt 가문이 넘겨

당신에겐 인간미가 있는가?

준 지분 15%로 파트너 지주 제도Partner Stock Plan를 시작했고, 이 제도로 이 기업은 마침내 직원들의 소유가 되었다.

지분은 주식 보상제와 성과를 기반으로 한 기여도를 바탕으로 분배된다. 기업의 이윤을 직원들과 나누면서 성장한다는 개념을 굳건한 토대로 삼는 이 제도는 기업과 그곳에서 일하는 사람들의 일하는 동기를 한층 끌어올려주는 요인이다. 에이치이비의 직원들은 가족을 보살피는 일과 고객을 보살피는 일에 열정적이기 때문에 이 제도는 두 가지를 모두 추구할 수 있도록 더욱 큰 동기를 부여한다.

에이치이비는 효율과 비용 절감에 한 걸음 더 다가갈수록 그만큼의 자원을 보상으로 돌려받을 수 있게 한다. 따라서 보이언은 매년 직원들에게 현 상태의 비즈니스 관행에 혁신하는 데 도전해 보상을 얻으라고 일깨운다. 직원들은 고객을 존중하고, 고객 경험을 향상시키며, 기업을 좀 더 순조롭게 운영할 아이디어를 제시하고, 상황에 능숙하게 대처한다. 각 매장과 직원에게 진정으로 결정을 내릴 권한을 주면, 이들은 해당 매장의 경험을 원하는 대로 만들어 나가는 데 주체 의식을 지니고 긍지를 느낀다.

에이치이비는 진정한 협업을 장려하기 위해서 팀과 매장 단위로 성공을 보상하고 인센티브를 주는 데 투자한다. 개인별 인센티브는 주지 않는다. 이는 에이치이비의 핵심 가치인 협업과 파트너십보다 개별 경쟁을 이끌어내기 때문이다.

영향: 에이치이비는 〈포브스〉가 선정한 '일하기 좋은 직장 100'에서 오랫동안 자리를 지킨 기업으로 손꼽힌다. 텍사스에서 가장 큰 비공개 기업인 에이치이비는 10만 명이 넘는 직원들을 존중하며 성장한다. 중부 텍사스 지역의 홍보 디렉터인 파트너 레슬리 스위트Leslie Sweet는 이렇게 정리해 말했다.

"저는 거의 매일 에이치이비의 리더십을 통해 좋은 사람이 되는 방법을 배워요. 마치 인생의 교훈 같달까요. 그리고 더 큰 깨달음도 있어요. 사람들을 신뢰하고 책임감을 부여하며 관용을 베풀면 좋은 결과를 기대할 수 있을 거란 사실이요."

당신에겐 인간미가 있는가?

어머니의 시선

기업이 추구하는 가치와 일관되게 보상하라!

에이치이비는 올바른 일을 하는 훌륭하고, 대담하고, 고결한 직원들을 인정하고 보상한다. 직원은 기업과 고객의 삶에서 그 무엇으로도 대체할 수 없는 존재다.

당신의 기업은 직원이
고객을 내 편으로 만드는 행동이나
태도를 보이면 보상하는가?

직원이 고객을 가족처럼 생각하는 마음과 습관을 보일 때
칭찬하는가?

마케터의 질문

'추억 전문가'를 길러낸다

"오늘은 제가 1년 중 가장 좋아하는 날이에요."

　창문에 빨간 부츠 한 짝이 보였다. 스파이더맨인가? 잠시 후 붉은 망토 끝자락이 슬쩍 보였다. 슈퍼맨인가?! 그리고 보니 둘 다 있었다. 슈퍼맨과 스파이더맨이 병원 유리창 너머에서 창을 닦으며 아래로 내려가고 있었던 것이다.

　매년 병원에 있는 아픈 아이들은 바로 눈앞에서 창을 닦는 슈퍼히어로와 하이파이브하기 위해 침대에서, 검사실에서 뛰쳐나온다. 그러면 슈퍼히어로들은 아이들을 만나 쉽게 잊히지 않는 기억을 선

당신에겐 인간미가 있는가?

사한다. 평범한 사람들이 그날만큼은 아이들의 히어로가 된다.

창문을 닦는 슈퍼히어로는 아픈 아이들 각자에게 추억을 선사하며 정서적 '투자 수익'을 얻는다. 슈퍼히어로들은 이렇게 말한다. "제가 1년 내내 기다리는 일 중 하나예요.", "이 날만큼은 아이들이 왜 병원에 있는지 잊게 되죠.", "아이들이 창가로 달려와요. 슈퍼히어로를 보는 게 그저 즐거운 거예요.", "이 일을 하는 사람들 모두가 슈퍼히어로 의상을 입은 채 기쁨의 눈물을 흘렸어요. 아이들이 얼마나 기뻐하던지, 아주 감동적이고 벅찼거든요."

이런 기분은 이와 같은 일을 할 수 있도록 도움과 격려를 받을 때 직원들이 느끼는 정서적 고양감과 같은 것이다. 고객에게 좋은 추억을 전하며 얻는 정서적 고양감은 다른 사람에게 즐거움과 안도감, 보살핌을 제공한 대가로 받는 보상이다. 그리고 이 기분은 중독성이 있다.

66 당신의 기업은 추억 전문가들을 길러내고 있는가 99

우리는 힘든 상황에 놓인 사람들의 감정을 헤아리고, 이들이 처한 상황을 바꾸기 위한 행동을 해도 좋다는 격려를 받을 때 정서적으로 고양된다. 그리고 그 결과 추억을 만들어준 사람이 받는 보상은 추억을 받은 사람이 느끼는 보상보다 더 크면 컸지, 작지 않다.

'추억 전문가'를 길러내는 일은 고객을 내 편으로 만드는 많은 기업들이 중요하게 여기는 일이다. 단순히 "추억 전문가가 되세요"라는 구호만으로는 이루어질 수 없다. 기업 차원에서 자원과 직원을 투자하겠다는 약속이 기반되어야 가능한 일이다. 예를 들어 리츠칼튼은 직원 4만 명 모두가 추억 전문가가 되기를 바라며 투자한다.

노벨 경제학상 수상자인 대니얼 카너먼Daniel Kahneman 교수는 많은 이들에게 추억 전문가로 알려져 있다. 카너먼은 글이나 연구에서 추억의 중요성을 강조하며 추억을 만드는 일을 중요하게 여기면 왜 기업과 직원이 한층 발전하는지를 밝혔다.

"사람들은 경험을 바탕으로 선택하는 것이 아닙니다. 우리는 경험이 선사한 추억을 가지고 선택합니다."

고객을 내 편으로 만드는 기업은 고객이 기업을 기억하고 다시 찾아올 수 있도록 고객 경험에 대해 고민하기 때문에 눈에 띈다. 이들은 고객이 정서적으로 어디쯤 있는지 이해하기 위해 가던 길을 되돌아가거나 심지어 벗어나기까지 한다. 그리고 직원들이 고객이 느끼는 다양한 감정에 대응할 수 있도록 교육하고, 기회를 주고, 능력을 부여한다.

예를 들어 보험 회사의 어떤 고객이 안타깝게도 보험 청구 건이 거절됐다는 소식을 듣고 정서적으로 격앙된 경우를 떠올려보자. 고객이 발길을 돌리는 이 상황에서 두 가지 유형의 기억이 생길 수 있다.

기억 하나. "고통스러웠어요. 어떻게 제 청구를 거절할 수가 있죠? 그 회사는 저에게 전혀 관심이 없었어요."

기억 둘. "결과가 썩 마음에 들지 않아 실망했지만, 회사는 시간을 들여 이유를 설명해줬어요. 고객을 챙기고 존중한다는 느낌을 받았어요."

후자의 기업은 시작점을 고객으로 두고, 거절당했을 때 어떤 느낌이 들지 신중하게 고민했다. 보험금 청구 건 결과는 같지만, 어떤 기억은 기업과 직원에 대해 긍정적인 추억을 남긴다.

추억 전문가로 가득한 기업을 만드는 것은 매우 즐거운 일이다. 모두가 앞장서서 고객 혹은 동료에게 좋은 추억의 흔적을 남겨주기 때문이다. 직원은 비즈니스 절차를 넘어 추억을 전해주려고 노력할 때 업무에 자부심을 느끼게 된다.

최근에는 고객을 대하거나 추억을 만들어주기 위해 기술에만 지나치게 의존하는 추세도 보인다. 따라서 다음 기업의 사례를 공유할 필요가 있다고 생각했다. 바로 셰이크쉑Shake Shack으로 유명한 유니언 스퀘어 호스피탈리티 그룹USHG, Union Square Hospitality Group 이야기다. 이 그룹의 대표이사인 대니 마이어Danny Meyer는 기술이 사람에게 추억을 만들어 주는 데 도움이 될 수는 있지만, 절대 사람을 대신할 수 없다고 믿는다.

마이어가 직원들이 추억 전문가가 될 수 있도록 어떤 행동을 했는지 살펴보자. 그리고 스스로 질문해보자. **우리는 추억을 만들어 내는 기업이 되기 위해 얼마나 신중하게 계획하고 있는가?**

당신에겐 인간미가 있는가?

대니 마이어는 기술이 아니라
사람을 통해 추억을 전하기로 결정했다.

결정 의도: 사람이 먼저고, 기술은 그 다음이다. 유니언 스퀘어는 고객에게 좋은 경험과 추억을 선물하기 위해 마이어가 개발한 접객지수HQ, Hospitality Quotient를 활용한다. 이를 통해 친절하고 긍정적이며, 지적 호기심이 왕성하고, 올바른 업무 윤리를 지녔으며, 공감하는 데 매우 능숙하고, 스스로를 잘 파악하는 사람들을 뽑는다. 마이어에 따르면, 기술이 영향을 미치는 건 이 조건이 충족되고 난 후에야 가능한 일이다. 마이어의 공식에 따르면 기술을 최대한 유리하게 사용할 수 있는 위치에 사람을 두어, 오히려 대면 서비스를 더욱 늘려야 한다. 마이어는 기술을 "뛰는 심장을 가지고, 더욱 높은 수준으로 만족할 수 있도록 고객을 보살피는 '사람'을 돕기 위한 수단"에 불과하다고 본다.

고객을 내 편으로 만드는 행동: 적절한 기술을 활용하는 친절한 사람은 추억을 창조한다. 유니언 스퀘어 호스피탈리티 그룹은 사람이 먼저이고, 기술은 그 다음이라는 신조를 바탕으로 움직인다. 그리고 이 조합에 따라 직원들을 고객에게 추억을 만들어주는 자리에 배치한다. 초기 이 그룹의 레스토랑인 셰이크쉑이 기술을 더해 어떻게 마법을 만들어냈는지 보여주는 훌륭한 예시가 있다.

많은 미식가들은 "대니의 레스토랑 탐방"(유니언 스퀘어 호스피탈리티 그룹은 13개

브랜드의 레스토랑을 운영하고 있다—편집자주)을 목적으로 휴가 계획을 세운다. 휴가 기간 내내 뉴욕에 있는 마이어의 식당을 모두 돌아본다는 계획이다.

한 커플이 아주 꼼꼼하게 "대니의 레스토랑 탐방" 계획을 세웠다. 그런데 안타깝게도 마지막 장소로 계획했던 JFK 공항의 셰이크쉑 매장이 자신들이 출발하는 터미널에 없다는 사실을 알고 크게 실망했다. 이 커플은 풀이 죽은 채 트위터에 실망했다는 트윗을 올렸다. 그리고 그 트윗을 발견한 추억 전문가가 움직이기 시작했다. 이 트윗을 발견하자마자 셰이크쉑 직원들이 커플을 위한 햄버거를 만들어 이들이 있는 게이트까지 달려간 것이다! 커플은 자신들을 향해 달려오는 사람들을 발견하기도 전에 햄버거 냄새를 맡을 수 있었다. 도움, 희망, 행복에 기술이 더해져 추억이 되는 순간이었다.

영향: 유니언 스퀘어 호스피탈리티 그룹의 레스토랑은 요식업 분야에서 불가능한 일에 계속해서 도전한다. 요식업 매장은 60%가 개업 첫 해에 사라지고, 5년 안에는 80%가 문을 닫는다. 놀라운 수치가 아닐 수 없다. 이 치열한 업계에서 살아남기 위해서는 고객을 다시 찾게 만들어야 한다. 대니 마이어는 고객이 직원으로부터 어떤 느낌을 받는지에 따라 해당 기업을 기억하고 찾는다고 말한다. 그래서 고객에게 색다른 느낌을 제공하는 추억 전문가 양성을 강조하는 것이다. 유니언 스퀘어 호스피탈리티 그룹의 정직원 이직률은 연간 19% 정도로 업계 평균인 27%와 비교된다. 식품 전문 컨설팅 기업인 테크노믹 사Technomic Inc.에 따르면 이 비공개 기업은 연간 2억 5,000만~5억 달러(약 3,000억~6,000억 원)의 매출을 올리며 뉴욕 시에 있는 요식업 중에서 다섯 손가락 안에 들 정도로 성장했다.

당신에겐 인간미가 있는가?

어머니의 시선

추억 전문가를 양성하고 도와라!

유니언 스퀘어 호스피탈리티 그룹은 인간미를 바탕으로 직원을
채용한다. 직원들에게 고객이 자리에 앉을 때 어떤 기분을 느낄
지에 집중하도록 교육하고, 식사가 끝난 후에도 고객의 기억에
오랫동안 남을 추억을 만들어주려고 한다.

당신은 추억 전문가를 양성하는가?

어머니에게도 전하고 싶은 추억을 고객에게
선사하고 있는가?

마케터의 질문

이 장을 마치며

고객을 내 편으로 만드는 기업은 기업이 추구하는 방향과 가치에 일치하는 직원을 채용한다. 그리고 이들이 그 모습 그대로 업무에 임할 수 있도록 돕는다. 기업의 일원이 되거나, 되지 않을 사람을 선택하는 것이야말로 가장 우선해야 할 일이다. 그리고 채용 이후에는 직원들이 각자 가진 자질을 활용해 회사에서 꽃을 피울 수 있게 돕는다. 그 결과 직원들은 만족감을 얻고, 자신의 업무가 가치 있다고 느낀다. 이들에게는 개인의 행동을 초월하는 하나의 목적이 있다. 고객의 삶을 개선하는 것이다. 다음 사항을 신중하게 계획해 행동에 옮기자.

- 고객 삶의 존엄성을 존중한다.
- 직원을 양성하고, 개발하고, 신뢰한다.
- 직원에게 재량권을 주고, 고객에게 즐거움과 추억을 선사할 수 있게 돕는다.
- 직원이 고객을 보살피는 마음과 습관이 들도록 보상하고 개발한다.

#마케터의 질문

이 장에서는 어머니를 고객으로 여겼다. 어머니는 보살핌을 받는다고 느꼈을까? 직원은 어머니의 욕구를 제대로 이해했는가? 어머니는 소중한 고객으로 존중받았는가? 어머니는 판단이나 편견 없이 도움을 받았는가? 어머니의 정서적 욕구는 충족되었는가? 어머니를 대했던 직원들은 자신의 업무에 만족하고 보람을 느꼈는가? 당신의 조직 전체에는 보살핌 문화가 일관되게 나타나고 있는가?

WOULD YOU DO THAT TO
YOUR MOTHER?

고객은 언제 화가 날까?

"우리 어머니는 나 때문에 무척 고생하셨다.
하지만 오히려 그걸 즐기셨던 것 같다."

| **마크 트웨인**Mark Twain |

비누 거품을 물고 입 안을 씻어낸 적이 있거나, 혹은 어머니에게 그런 협박을 받은 적이 있는 사람! 어머니는 우리가 계속해서 숙제를 하지 않거나, 방을 청소하지 않거나, 집안일을 돕지 않는 등 어머니를 화나게 하면 습관을 고쳐주기 위해 비누를 활용했다(과거 미국에서는 아이들이 말썽을 부리면 입에 비누를 물려 혼을 냈다-편집자주). 오늘날에는 이런 훈육 방식을 널리 사용하지 않아 다행이지만, 안타깝게도 우리는 기업을 운영하면서 여전히 어머니를 화나게 하는 일을 종종 저

지른다. 어머니가 우리 입에 비누를 물릴 만한 그런 일 말이다. 이 장에는 비누 거품을 물지 않게 만들어주는 내용을 담았다.

우리는 고객 경험에 끼어들어 의도치 않게 고객을 불안하게 만드는 일을 하지 말아야 한다. 불안한 상황을 겪으면 고객은 자신을 방어하고 호전적인 태도를 취한다. 또한 직원은 기업이 추구하는 가치를 전하는 데 어려움을 느끼게 된다. 대기나 복잡한 절차, 불확실한 상황, 때로는 두려움을 주는 일 등 고객을 힘들게 하는 상황을 없애는 데 기회가 있다. 도움이나 서비스가 필요한 고객이 담당자를 찾으려고 기업의 조직도를 살피기 전, 직원이 먼저 다가가는 것이다. 우리는 고객에게 서비스와 정보를 제공하거나 도움을 주는 과정에서 생기는 마찰을 없애야 한다. 이런 순간을 신뢰와 존중, 보살핌의 순간으로 바꾸는 데서 기회가 생겨난다.

고객을 내 편으로 만드는 기업은 늘 고객이 '비누를 물리고 싶은' 순간을 만들지 않기 위해 세심하게 지켜본다.

예를 들어 미국에서 다섯 번째로 규모가 큰 헬스케어 기업인 디그니티 헬스Dignity Health는 생명을 위협하지는 않지만 긴급 상황을 위해 온라인 응급 대기실을 도입하며 의료업계의 전형적인 '비누를 물리고 싶은' 순간을 없앴다. 환자는 식당 예약 앱과 비슷한 '응급 진료 대기 서비스Emergency Care Waiting Service'라는 앱에 접속해 방문하기 편리한 위치와 시간을 고른다. 이 기업은 이 서비스를 통해 응급실 밖에서 기다리며 겪어야 하는 불편을 걷어냈다. 서비스를 소개하는

페이지에는 다음과 같이 적혀 있다.

"누구도 응급실에 가게 되리라 예견할 수 없습니다. 하지만 환자에게 친절한 태도가 절실한 건 바로 이 때입니다."

이런 행동은 대표이사 로이드 딘Lloyd Dean의 생각이 영향을 미쳤다. 딘은 이렇게 말했다.

"어머니가 말씀하신 것 중에 가장 와 닿고 유용했던 것 세 가지가 있습니다. 첫째, 네가 믿는 것이라면 기꺼이 옹호해라. 때로는 혼자만 지키게 될지 모르지만 쉽지 않더라도 무슨 일이든 자신만의 원칙을 지키는 사람이 되어라. 둘째, 네가 대접받고 싶은 대로 남을 대접해라. 셋째, 네 자신을 자랑스럽게 여겨라."

고객으로서의 당신의 삶을 떠올려보자. 하루 중 기업에 '비누를 물리고 싶은' 순간을 몇 번이나 겪는가? 당신의 고객은 몇 번이나 겪을까? 당신의 고객은 매끄럽고, 평온하게, 예측할 수 있는 경험을 하고 있는가?

매끄럽지 않고, 평온하지 않으며, 예측할 수 없는 경험을 고객에게 전할 경우 치러야 할 대가는 엄청나다. 브랜드 컨설팅 기업인 시겔+게일Siegel+Gale에 따르면 구입 절차나 문제 해결 방법을 간단하게 제공하지 않는 브랜드는 탁자에 대략 860억 달러(약 102조 원)를 버리고 떠나는 것과 같다고 한다. 이 비용은 고객이 도움을 요청하는 과정에서 기업에 지불할 용의가 있는 비용을 수치화한 것이다. 놀랍게도 고객의 64%는 일을 더욱 간단하게 처리하는 경험을 위해 돈을 지불할 용의가 있다.

무엇보다 문제가 되는 것은 이처럼 고통스러운 순간은 모두 고객을 가장 가까이에서 대하는 직원들 차지가 된다는 것이다. 고객은 그들에게 이 같은 질문을 던질 게 뻔하기 때문이다. 그게 어디에 있나요? 얼마나 걸릴까요? 왜 15분 동안 저를 기다리게 했나요? 왜 당신은 그렇게 못하죠? 그게 무슨 뜻이에요? 왜 제 기록이 없나요? 제가 왜 이 돈을 내야 하나요? 그거 면제해주실 수 있나요? 정말 저를 도와주실 건가요? 이 계약서에서 저를 좀 구해주실 수 있나요?

시젤+게일에서 했던 조사 결과를 다시 살펴보면 일을 복잡하게 만드는 기업에는 직원 20%가 그 브랜드를 옹호하는 반면, 단순하게 만드는 기업에는 직원 65%가 그 브랜드를 옹호한다.

기업 운영 과정에서 이 같은 '비누 거품'의 순간을 피하는 일은 쉽지 않다. 그러나 고객에게 혼이 나지 않는 방법은 소셜미디어에 올라온 댓글이나 이미지, 고객과의 전화와 대화만 살펴보는 것만으로도 첫발을 뗄 수 있다. 이미 여러 군데에서 비누 거품이 일어나는 게 보인다. 실제로 우리는 이런 경험을 겪으면 이를 기억하고 소셜미디어를 통해 화두를 던진다. 이런 자료는 고객이 느낀 바를 고스란히 보여준다.

이 장에서는 고객이 겪은 '비누를 물리고 싶은' 경험 중에서 가장 흔하게 나타나는 관행 몇 가지를 살펴볼 것이다. 그리고 이런 관행을 바꾸어 고객을 내 편으로 만든 기업의 사례도 소개한다. 아마 이 장의 문을 열자마자, 기업의 잘못된 관행을 개선할 작은 실마리를 얻을 수 있을 것이다.

고객의 시계를 내 시계로 만든다

"아침 먹고, 점심 먹고, 간식까지 먹느라 몸무게가 7킬로그램이나 늘어도 케이블 TV 기사는 오지 않는구나."

고객의 시간을 존중하고, 고객의 긴급한 문제를 당신의 문제처럼 여기면, 걱정과 근심은 오히려 마음의 평화로 바뀐다. 어깨에 긴장감이 풀리면서, 어쩔 줄 몰라 발을 동동 구르며 전화나 이메일을 보내는 일도 없어진다. 앞으로 등장할 특별한 경험들은 어떤 고객에게라도 영향을 미친다. 과연 이 같은 상황을 두고 영향을 받지 않을 사람이 있을까? 그런 사람이 있다면 손 들어보자. 당신이 손을 들었다면 아주 훌륭한 삶을 살아온 것이니 꼭 만나 당신에 대해 좀 더 알고 싶다.

특별한 경험을 시작하는 질문을 먼저 던져본다. **당신이라면 어머니를 찾아갈 때 그녀의 기다림은 아랑곳하지 않고 네 시간 사이에 가겠다고 말하겠는가?** 물론 그러지 않을 것이다. 그러나 서비스를 받을 때면 누구에게나 이런 일이 생긴다. 방문 예상 시간을 네 시간 단위로 알려주면 기업 입장에서는 일정을 더 쉽게 관리할 수 있지만 고객에게는 이렇게 이야기하는 것이나 마찬가지다.

"저희 시간과 우선순위가 고객님의 시간보다 더 중요합니다."

CNN 머니에서 시행했던 설문 조사에 따르면 미국인 58%가 케이블 TV 기사나 집과 관련된 서비스 기사의 방문 약속 때문에 집에서 평균 네 시간에서 네 시간 반을 기다린 적이 있다고 응답했다. 미니애폴리스 병원에서 일하는 메리에게도 이런 일이 일어났다. 집에 있는 냉장고 냉동실이 고장 났는데 서비스 기사가 네 시간 사이에 올 거라고 한 것이다. 메리는 생각했다.

'그래, 운이 좋으면 한 시간 안에 올 거야.'

그러나 그럴 가능성은 없었을 뿐 아니라 운도 따라주지 않았다. 수리를 받고 회사로 복귀할 시간을 가늠해야 했던 메리는 결국 고객 상담 번호로 전화를 걸었다. 15분을 기다린 후, 상담사로부터 답변을 받았다.

"서비스 기사에게 연락해서 고객님께 문자를 보내라고 할게요. 그러니 희망을 갖고 기다려보세요!"

고객은 언제 화가 날까?

하지만 이후로도 아무런 문자를 받지 못한 메리의 희망은 꺾여
버렸다. 그녀가 할 수 있는 것은 그저 계속해서 기다리는 것뿐이었
다. 결국 서비스 기사는 예상 방문 시간이 끝나기 20분 전에 나타
났다. 가장 빠른 예상 방문 시간에서 3시간 40분이나 흐른 뒤였다.
메리가 물었다.

"알려주신 시간 사이에 수리를 마치는 게 아닌가요?"

서비스 기사는 이렇게 답했다.

"아니요. 약속한 네 시간 안에 제가 도착할 거란 뜻일 뿐이에요."

> **66** 고객의 시간을 지켜준다.
> 고객의 시계를 당신의 시계로 만든다 **99**

입으로만 하는 약속이 아닌, 행동만이 성실과 존중의 척도다. 집
으로 방문하는 서비스에서 고객을 기다리게 만들면, 운이 나빴던
기억으로 남는 것은 물론 소셜미디어에 회자되는 결과를 낳는다.
앞에서 언급했던 CNN 머니의 설문 조사에서 방문 서비스를 받기
위해 기다렸던 많은 이들은 서비스를 받기 위해 대기하느라 임금
손실을 겪었다는 사실이 밝혀졌다. 응답자의 절반은 서비스 기사를
기다리기 위해 병가나 휴가를 써야 했다. 이처럼 고객이 불합리하
게 기다려야 하는 일은 케이블 TV 기사뿐만 아니라 거의 모든 업
계에서 일어나고 있다.

이스라엘에서는 서비스 기사가 기다리고 있는 고객을 존중하도록 국회인 크네세트^{Knesset}에서 '서비스 기사법'을 통과시키려는 노력을 기울이고 있다. 이 법이 통과되면 서비스 기사가 약속한 시간보다 한 시간 이상 늦게 도착할 경우 그 기업에 벌금을 부과하게 된다. 이처럼 전 세계의 고객들은 서비스를 받기 위해 귀한 시간을 써가며 기다리고 있다.

고객을 내 편으로 만드는 기업은 고객의 시간을 존중하며 운영 계획을 세운다. 고객이 직원의 시간에 맞추게 하지 않는다. 아마존 프라임$^{Amzaon\ Prime}$의 리더인 스테프니 랜드리$^{Stephenie\ Landry}$는 전반적인 고객 경험을 설계할 때 다음의 두 가지 질문에 집중해 답한다.

"내가 원하는 걸 팔고, 내가 필요할 때 가져다줄 수 있는가?"

최근 여러 케이블 TV 기업은 방문 예상 시간의 범위를 짧게 잡고, 고객의 문의에 책임감 있게 대응하면서 고객의 시간을 존중하는 흐름을 따르기 시작했다. 잘된 일이다! 고객의 시간을 존중하고, 고객이 묻기 전에 먼저 어디에 있고, 언제 도착할 예정이며, 얼마나 기다려야 하는지를 알려주며 고객 응대에 책임감을 갖는 것이 우리에게 기회가 된다. 당신의 기업은 고객의 시간과 고객의 시계를 존중하고 있는가?

다음에 나오는 사례 연구는 앞에서 말한 것과 다른 유형의 기다림으로, 서비스를 받기 위해 줄을 서는 것에 관한 내용이다. 이 이야기는 고객에게 빠르게 샐러드를 내주면서도 적절한 인간미까지 보여주는 스위트그린 레스토랑Sweetgreen Restaurants의 참신한 방법이다. 스위트그린은 침착하고 독특하면서도 품격 있는 방식으로 고객이 서서 기다리는 경험을 개선하기 위해 노력했다. 그리고 고객을 내 편으로 만드는 다른 기업과 마찬가지로 기업과 직원, 고객을 연결하기 위해 사람을 대신할 수 있는 기술 대신 오히려 사람에 기술을 더해 경험을 향상시켰다.

스위트그린은 고객에게 10분 안에 샐러드를 전달하기로 결정했다.

결정 의도: 사람들이 패스트푸드와 건강한 식단 사이에서 고민하지 않게 한다. 스위트그린은 맛있고 건강한 음식을 합리적인 가격과 빠른 서비스로 제공한다는 이념을 가진 패스트 캐주얼 식당이다. 스위트그린의 목표는 "우리의 고객은 줄을 서는 것보다 더 의미 있는 시간을 보내야 하기" 때문에 "건강과 편리함 사이의 간극을 메우는 것"이다. 스위트그린은 지역 농장과 협력해 샐러드와 랩 샌드위치 재료를 계절에 따라 지속적으로 바꾸고 있다. 스위트그린은 빠르게 식사를 하면서도 건강한 식단을 포기하고 싶지 않은 사람들에게 해결책이 된다. 스위트그린의 운영 체계는 음식이나 서비스의 질을 떨어뜨리지 않고도 고객의 시간을 지켜준다.

고객을 내 편으로 만드는 행동: 친밀함 전략!—빠른 서비스에 인간적인 유대감을 더하다. 스위트그린은 기계적인 주문 라인을 이용하는 전형적인 패스트푸드 식당이 되지 않기를 바랐다. 고객과 직원은 고객의 한 끼를 준비하며 인간적인 유대관계를 맺는다. 직원 교육과 설비, 절차에 투자해 각 고객이 자신만을 위한 경험을 신속하게 누릴 수 있게 한다. 초기 목표는 고객이 주문하고 식사를 시작하기까지 10분 안에 끝내는 것이었고, 지금은 8분이 목표다.

고객은 언제 화가 날까?

스위트그린은 이를 달성하기 위해서 고객이 미리 주문할 수 있는 휴대전화 앱을 만들었다. 덕분에 고객은 주문 라인에 서지 않아도 스위트그린의 인간적인 서비스 경험을 할 수 있다. 스위트그린 앱은 직관적이고 인간적으로 구성되어 있다. 고객이 매장에서 친절하고 세심하게 안내받는 것처럼 앱에서도 영양가 있는 식사를 하도록 안내해 고객이 꿈꾸던 샐러드를 만들 수 있게 해준다. 고객은 좋아하는 선택지를 저장하고 이어서 다섯 번만 터치하면 같은 메뉴를 주문할 수 있다. 현금이 필요 없는 주문으로 속도는 더욱 빨라진다. 그리고 스위트그린은 '최대한 빠른 주문'이라는 서비스를 만들어 고객에게 실시간으로 샐러드가 빈 그릇에서 한 끼 식사로 만들어지는 과정을 애니메이션으로 보여주고, 언제 찾아갈 수 있는지 알려준다. 스위트그린은 어떤 방법으로 주문하든 늘 적절한 양만큼의 인간미를 함께 전할 수 있도록 노력한다.

영향: 2007년에 조지타운 대학교 학생들이 직접 창업한 스위트그린은 매장 수 72개, 직원 1,700명으로 이루어진 기업으로 매우 빠르게 성장했다. 아직 스타트업 단계에 있는 스위트그린은 장래성을 인정받아 벤처캐피털에서 1억 달러(약 1,200억 원) 가까이 투자를 받았다. 스위트그린은 직원들이 인간적인 경험을 전하는 데 중점을 두면서 자녀가 있는 직원들에게 유급 육아휴직을 제공하고, '임팩트 아워'라는 유급 휴가를 최대 5시간까지 주어, 지역 행사에 참여하거나 자원봉사를 하거나, 농장에서 시간을 보낼 수 있게 한다.

어머니의 시선

고객의 시간과 일정을 존중하라!

스위트그린의 목표는 몸에 좋은 음식을 신속하게, 하지만 적절한 인간미를 가미해서 전달하는 것이다. 고객을 아끼는 마음으로 서비스를 제공하지만 빠른 서비스를 추구하는 것은 고객의 시간을 존중하는 마음과 패스트푸드라고 해서 건강한 식사를 놓치는 것은 아니라는 의지에서 비롯된 것이다.

당신은 고객의 시간을 존중하는가?
당신의 기업은 고객의 시간을 기준으로 운영되는가?

고객은 언제 화가 날까?

고객의 등에 매달린 짐 덩어리를 없애준다

"잃어버린 수화물을 확인하시려면 저희에게 계속 연락을 주십시오. 그리고 그동안 월급으로 휴가 기간에 입을 옷을 모두 새로 구매하시기 바랍니다."

일이 잘 풀리지 않고 도움이 필요할 때, 때로는 스스로 해결하려는 불굴의 용기가 결과를 좌우하기도 한다. 열정적으로 전화하고, 또 전화하고, 찾아보고, 탐정처럼 조사하고, 조각을 끼워 맞추고, 사본을 만들고, 정리한 파일을 보내고, 영수증을 다시 찾아 챙기는 등 '특별히 노력하는 고객'이 벌레를 잡는다. 우리는 스스로 이룬 결과에 기뻐하지만, 이 과정을 다시 해낼 수 있을지 자신이 없다.

이때 고객의 등에 매달린 짐 덩어리는 점점 크고 무거워진다. 서비스를 받기 위한 피로, 일명 '서비스 피로'가 가중되는 것이다. 고객이 지원이나 정보, 도움을 요청하기 위해 정해진 절차(짐 덩어리)에 따라 어떤 일을 하거나, 기다리거나, 계속해서 확인해야 할 때 이런 일이 일어난다. 그리고 계속 다시 전화를 걸 수 없거나 해결책을 찾지 못하는 고객은 '특별히 노력하는 고객'만큼이나 지쳐버린다. 마이크로소프트의 2017년 글로벌 고객 서비스 리포트 현황에 따르면 전 세계 응답자의 56%가 형편없는 서비스 경험을 제공하는 기업과 거래를 그만두었다. 대신해주면 쉽게 끝낼 수 있는 일인데 어머니가 좋은 서비스를 받기 위해 고생하게 둘 것인가?

66 서비스 피로를 없앤다 99

고객을 내 편으로 만드는 기업은 고객이 기업과 소통할 때 겪는 모든 단계와 절차, 만나는 모든 직원을 고려한다. 그리고 고객이 기나긴 단계를 층층이 겪지 않도록 조정한다. **이들은 고객의 등에서 짐 덩어리를 없앤다.**

의료업계는 특히 짐 덩어리가 엄청나게 많았던 분야다. 우리는 종종 다른 병원에 갈 때마다 의료 기록이 제대로 적혀 있는지 확인을 요구받는다. 메이요 클리닉Mayo Clinic은 이것을 '치료의 짐'이라고 부른다. 기록을 보존하는 시스템이 아직 병원마다 전부 연결되어 있지 않기 때문에 환자들은 엑스레이 사진이나 검사 결과를 들고 다니거나, 한 병원에 있는 자료를 다른 병원으로 옮기기 위해 수많은 양식을 직접 채워 넣어야 한다. 복용해야 할 약이 여러 가지라면 미로는 더 복잡해진다. 환자는 다른 의사가 처방해 준 약이 서로 부작용을 일으키지 않는지 하나씩 확인해야 한다.

이 같은 불편을 해소하기 위해 '약국을 집으로 프로젝트Pharmacy Home Project'는 복용할 약이 복잡한 노인들을 지원한다. 노스캐롤라이나 커뮤니티 케어Community Care of North Carolina가 운영하는 이 서비스는 환자가 처방받은 약을 관리할 수 있도록 돕는다. 직접 환자 집까지 동행해 약 상자에 어떤 약이 들어 있는지 확인하고, 약의 과용이나 부작용을 방지하기 위해 서로 다른 의사가 처방한 약의 복잡한 미로를 헤쳐 나갈 수 있도록 돕는다.

의료 업계처럼 복잡한 분야에 '짐 덩어리'가 많은 거라는 건 쉽게 예상할 수 있지만, 예측하지 못했던 곳이나 해결책이 아주 간단해 보이는 곳에서 이런 짐 덩어리를 마주하면 깜짝 놀란다.

스티븐의 새 손목시계는 착용한 지 2주 만에 시곗줄이 끊어져 버렸다. 스티븐은 수리를 받기 위해 구입한 매장에 전화를 걸었다. 그러자 매장에서는 확실하지는 않지만 본사에 가서 요청 양식을 쓰고 복사한 후 스캔해 보내보라고 답했다. 스티븐은 그대로 하긴 했지만, 그는 왜 이런 일을 해야 했을까? 왜 매장은 스티븐을 대신해서 할 수 없었을까?

이후 일주일이 지나도 매장에서 아무런 연락이 없자 스티븐은 요청한 내용이 어떻게 진행되는지 확인하기 위해 다시 전화를 걸었다. 매장에서는 스티븐이 보낸 양식을 찾지 못했으니, 다시 보내달라고 했다. 그리고 이렇게 말했다.

"일주일 뒤에 다시 연락드릴게요."

이들은 스티븐에게 같은 일을 반복하게 만들었다. 일주일이 지난 후에도 매장에서 연락이 없자 스티븐은 다시 전화해 매장 관리자를 바꿔달라고 했고, 매장 관리자는 이 요청 건을 확인해보겠다고 했다. 이미 예상했을지도 모르지만 스티븐은 역시나 관리자로부터 연락을 받지 못했다. 매장에 다시 전화를 걸지 말지는 스티븐에게 달려 있었다. 짐 덩어리가 아직 더 매달려 있는 셈이었다.

마침내 3주 뒤 스티븐은 매장 직원의 연락을 받았고, 시계를 수리할 수 있는 업체 이름을 안내받았다. 수선비는 100달러였고, 매장은 그 비용이 스티븐의 몫이라고 했다.

"차라리 시계를 반품하겠어요!"

"죄송하지만 저희 매장에서는 반품을 처리할 수 없습니다. 반품을 원하시면 고객센터 전화번호를 알려드릴게요."

스티븐이 경험했던 이 과정, 즉 고객의 요구나 요청사항을 전하기 위해 스스로 처리해야만 했던 일련의 행동은 서비스 피로를 만드는 원인이다. 스티븐이 질문을 던질 때마다 그 질문은 결국 스스로 처리해야 하는 짐이 되고 말았다. 그리고 일을 처리할 때마다 그 다음 단계의 짐이 처리됐는지 확인하기 위해 후속 조치가 필요했다. 심지어는 마지막 결과조차 스티븐이 스스로 처리해야 했다. **여기에 짐 덩어리가 몇 개나 있는지 세어봤는가?**

고객을 내 편으로 만드는 기업은 고객과 거래할 때 어떻게 하면 고객에게 미루는 일을 없앨 수 있을지 여러 번 고민한다. 이들은 고객의 등에 짐 덩어리를 더 많이 매달수록 고객이 그 경험에 대해 더 많은 이야기를 퍼뜨린다는 사실을 알고 있다. 물론 즐거운 경험이 아니라, 직원 대신 고객이 스스로 처리해야만 했던 끔찍한 일에 대해서 이야기하는 것이다.

스티븐의 이야기를 떠올리며 당신의 기업이 제공하는 고객 경험을 생각해보자. 고객 등에서 어떤 짐 덩어리를 없애주었는가? 아직 남아 있는 짐 덩어리가 있는가?

다음은 시애틀에 있는 버지니아 메이슨 메디컬 센터Virginia Mason Medical Center에 관한 이야기다. 이 병원은 허리 통증 환자들에게서 '치료의 짐'을 없앴다. 그전에는 환자들이 서로 다른 진료 예약과 검사, 간병인 일정 등을 스스로 조정해야 하는 부담이 있었다. 이 과정을 새롭게 구성해 간병인과 검사, 진단, 치료를 매끄럽게 하나로 조정했다. 서비스를 재구성하는 것의 목표는 허리를 치료하는 것뿐 아니라 이들의 등에 매달린 짐 덩어리를 떼어내는 것이다(양해 바란다. 이 말을 하지 않고는 배길 수가 없었다).

버지니아 메이슨은 의료업계의 짐 덩어리를
고객의 등에서 없애주기로 결정했다.

결정 의도: 환자들의 치료 부담을 덜어준다. 의료업계는 우리 등에 아주 많은 짐 덩어리를 매달아 놓는다. 환자이자 고객들은 주치의나 전문의, 보험 회사를 위해 각자가 원하는 모든 서류를 준비해야 한다. 이런저런 서류를 준비하고, 이런저런 승인을 받아야 하는 것이다. C 의사를 만나기 전에 A 의사를 만나고, D 의사는 만나지 않는다. 어떻게 해서든 필요한 서류를 모으고, 적절한 의사에게 진료를 받고, 가능하다면 보험비를 청구할지 스스로 알아봐야 한다. 의료업계가 주로 진료 과목이 다른 전문의나 병원이 서로 통합되지 않은 채 비효율적이고 수직적인 조직으로 구성돼 있기 때문에 이런 현상이 일어난다. 치료를 위해 짐을 부담하는 것은 환자다. 환자의 욕구를 진정으로 충족하기 위해서는, 환자가 여러 가지 절차를 하나로 모으는 대신, 의료업계가 환자의 문제를 해결해줄 수 있도록 하나가 되어야 한다.

고객을 내 편으로 만드는 행동: 206-41-SPINE(척추). 허리가 아프다면 이 번호로 전화를 걸면 된다. 전화는 바로 시애틀에 있는 버지니아 메이슨 메디컬 센터에 연결된다. 조직도보다는 질병을 먼저 생각하는 이 병원은 환자, 즉 '고객' 이 여러 장소를 돌아다니지 않고 한 곳에서 치료를 받을 수 있도록 전문가 팀을 구성한다. 환자는 기존의 병원과는 완전히 다르게, 자신을 중심으로 펼쳐지는 고객 응대를 경험한다. 버지니아 메이슨의 운영자들은 시간을 들여 허리가 아픈 환자가 일반적으로 겪어야 하는 복잡한 절차를 모두 파악했고 그 절차를 모두 없애버렸다.

시애틀 버지니아 메이슨의 통합된 운영 조직은 환자와 환자의 아픈 곳을 중심으로 구성된다. 병원에 처음 방문하거나 전화를 걸면 척추팀이라고 부르는 사람들을 만나게 된다. 이 팀은 물리치료사와 의사가 협력하는 팀으로, 환자 치료에 곧바로 임하고 대개 그날 바로 치료가 시작된다. 환자를 쫓아내는 일도, 다시 예약을 잡는 일도 없다. 짐 덩어리는 없다. 통증이 더욱 심한 사람들은 좀 더 높은 수준의 관리를 받을 수 있도록 협력 병원을 연결해준다. 고객이 스스로 문제를 해결하도록 방치하지 않는다.

버지니아 메이슨은 치료 절차를 원점에서부터 다시 살펴보고, 그간 불필요하게 처방됐던 MRI 촬영을 없앴다. 이제 이들은 MRI가 필요한 환자만 신속하게 파악해, MRI 촬영과 확인 시간이 길어져 물리치료를 받지 못하고 회사로 돌아가야만 했던 대부분의 환자가 바로 치료를 받을 수 있게 돕는다.

영향: 최근 데이터를 살펴보면 버지니아 메이슨 척추 클리닉의 환자들은 지역 평균과 비교해 업무 시간을 적게 할애하며(지역 평균 9일, 버지니아 메이슨 4.3일), 물리치료를 위해 병원에 가는 횟수(지역 평균 8.8회, 버지니아 메이슨 4.4회)도 절반 수준으로 적다. 2005년에 척추 클리닉이 생긴 이후 허리 통증을 파악하기 위한 MRI 촬영도 23% 감소했다.

이처럼 더욱 효율적인 치료 모델 덕분에 생산성이 증가하고 불필요한 지출과 수수료, 일 처리가 줄어들면서 매출도 증가한다. 미국 전역에 있는 병원들은 버지니아 메이슨의 시스템을 본보기로 삼고 있다.

어머니의 시선

고객에게 마찰이 되는 요소를 제거하라!

버지니아 메이슨 척추 클리닉은 고객을 대신해 필요한 것들을 한데 모은다. 병원은 의료인과 치료, 의료 기록을 통합하는 일을 떠맡는다.

고객 등에서 짐 덩어리를 없애주었는가?

서비스 피로를 줄일 수 있는가?

고객은 언제 화가 날까?

고객을 어둠 속에 남겨두지 않는다

"우와! 컴퓨터 바이러스도 없고, 팝업 광고도, 스팸 메일도 없어. 전기가 나갔거든."

고객이 당신을 필요로 할 때, 당신은 그곳에 있는가? 당신은 예상하지 못했던 일로 전원이 꺼지고, 비행편이 취소되고, 예약을 다시 잡아야 할 때, 혹은 배송이 늦어질 때 적극적으로 소통하고 있는가? 당신은 서비스에 문제가 생겼을 때 먼저 나서서 고객에게 연락하는가? 고객이 트위터나 전화로 도움을 요청하기 전에 고객에게 먼저 다가가는가?

사람들은 완벽하지 않기 때문에, 사람이 많이 모인 기업에서도 문제가 생기기 마련이다. 고객도 그 사실을 알고 있다. 고객이 필요로 하는 것은 당신이 고객의 존재를 잊지 않으리라는 확신이다. 고객을 내 편으로 만드는 기업은 이런 순간에 자신들이 고객이 처한 상황을 직접 살펴보고 있다는 사실을 고객에게 알린다. 이런 기업은 고객의 입장에서 생각하고, 고객에게 일어난 일을 자신에게 일어난 것처럼 여긴다.

지난 3월(늘 3월이었다!) 올해의 마지막 눈보라 때문에 정전을 겪은 오하이오 주의 캐런 가족은 자신들의 존재가 잊혀졌다는 기분이 들었다. 캐런의 가족은 전기 회사 웹사이트에서 전기가 나갔다는 사실을 접수하고 그 회사의 자동응답 시스템에 메시지를 남겼지만, 연락을 받지 못했다. 이틀 후에도 여전히 전기는 들어오지 않았고, 무슨 일이 일어났는지 한마디 말도 없었다. 다음 날 오후, 어떤 안내나 연락 하나 없이 전기가 다시 들어왔다. 캐런의 가족은 아무런 안내를 받지 못한 채 춥고 어두운 밤을 3일이나 보냈고, 냉장고와 냉동고에 있는 음식을 모두 버려야 했다.

당신이라면 어머니의 집이 정전되었을 때, 아무 말도 없이 어둠 속에 어머니를 내버려두겠는가? 물론 그렇지 않을 것이다. 그런데 왜 고객에게는 이런 일이 종종 일어나는 것일까?

고객은 상황이 계획대로 풀리지 않을 때 기업이 고객을 생각하고 있다는 사실을 확인하고 싶어 한다. 진척 상황이나 정보를 알려주지 않은 채 어둠 속에 있는 것, 그리고 외롭게 방치되었다고 느끼는 것만큼 최악의 상황은 없다. 고객은 잊히지 않기를 바란다. 물론 기업이 작정하고 서비스 문제를 일으킨 것은 아니다. 그러나 소수의 기업만 매끄럽게 서비스를 복구하기 위해 해결 방안을 계획하고 실행한다.

66 마음의 평화를 전한다 99

고객을 내 편으로 만드는 기업은 고객이 먼저 말하기 전에 고객에게 무슨 일이 일어나고 있는지 알아보기 위해 매 시간, 매일 낮, 매일 밤에 모인다. 전화를 걸고, 공지사항을 게시하며, 대화를 나누고, 진척 상황이나 관련 정보를 SNS에 올린다. 이들 기업은 고객과 계속해서 연락을 취하며 고객이 어둠 속에서 빠져나올 수 있도록 돕는다. 그리고 고객을 대신해 문제를 해결하기 위해 노력하고 있다는 사실을 알리며 마음을 평화롭게 해준다.

마음의 평화를 전하는 일은 이를 전하는 기업이나 고객 모두에게 도움이 된다. 전 세계 소비자 77%는 기업이 먼저 경고나 공지사항을 보내면 그 기업에 더욱 우호적이게 된다고 답했다. 웹사이트가 먹통이 되거나 택배가 도착하지 않을 때, 갑자기 서비스가 중단될 때와 같은 상황에 대비해 서비스 복구 시스템을 갖추어 놓으면 다른 기업과 차별화된다. 고객을 내 편으로 만드는 기업은 문제가 발생하면 이를 알아차리고, 바로 조치를 취하며 고객과 소통하기 시작한다. 이것이 스트레스 받고, 걱정하고, 두려워하는 고객들 사이에서 열정적인 팬을 형성하는 방법이다. 고객들이 시장에서 이 기업에 대해 이야기하고 열광할 만한 이유가 되는 것이다.

당신은 고객이 겪는 문제를 당신의 문제처럼 여기는가? 당신의 기업은 통합하고, 모여서 소통하고, 조치를 취할 태세를 갖추고 있는가? 당신은 고객이 당신의 도움을 필요로 하는 것을 알고 있는가? 고객에게 당신이 나서서 문제를 해결할 것이라는 확신을 심어주는가? 실제 조사 결과를 살펴보면, 고객을 일부러 구덩이에 빠뜨린 후, 제대로 구출해내면 당신 기업에 더욱더 열광하는 고객이 생길지도 모른다(실제로 실행해보라는 이야기는 아니다).

다음 이야기에서는 휴스턴에 있는 센터포인트 에너지CenterPoint Energy가 고객과 어떻게 소통하는지, 그리고 고객으로부터 감사 인사와 열광적인 지지를 얻어낸 비결은 무엇인지 알아본다. 센터포인트 에너지는 적극적인 태도와 독창적인 방법으로 기술과 소통을 결합해 고객 경험을 재구성하는 훌륭한 사례를 만들었다. 그 결과 센터포인트 에너지는 소통 자체를 고객이 신뢰하는 상품으로 격상시켰다.

센터포인트 에너지는 소통하고, 소통하고, 또 소통하기로 결정했다.

결정 의도: 서비스가 복구되는 동안 고객에게 마음의 평화를 전한다.
"고객에게 정전이 됐다고 알리고 그 이유를 설명하는 것이 우리 '상품' 중에서 가장 높은 평가를 받게 될 줄 누가 상상이나 했겠어요?"
휴스턴에 있는 센터포인트 에너지의 최고 고객 책임자 그레고리 나이트^{Gregory} ^{Knight}는 이런 행동에 전념하면 다른 기업과 차별화하고, 고객과 유대관계를 형성할 수 있다고 말한다.

고객을 내 편으로 만드는 행동: 적극적으로 소통하고, 정보를 '상품'으로 만든다. 센터포인트 에너지는 공감 지도를 만들어 고객과 고객을 가장 가까이에서 응대하는 직원의 정서와 욕구를 파악했다. 그리고 다음과 같은 단순한 사실을 깨닫게 됐다. 사람들은 무슨 일이 일어나고 있는지 알지 못하면 정서적으로 불안해진다. 소통 부족은 고객의 불안과 염려, 두려움의 근원이다. 결국 고객이 알고 싶은 것은 다음과 같다.
"전기가 언제부터 나갔고, 왜 이런 일이 일어났으며, 언제 다시 정상으로 돌아갈 수 있는 건가요?"
센터포인트는 수년 동안 온라인 지도에 정전 정보를 제공했다. 그러나 이제는 더 적극적으로 연락을 취하고 있다. 언제든지 고객은 자동으로 업데이트된 정보를 받아볼 수 있다. 고객을 생각하고 있다는 사실을 알리기 위해 소통을 '상품'으로 만든 것이다. 특별 예산이 투입될 만큼 센터포인트의 소통 상품은 다른 서비스 투자보다 중요하다. 이 상품은 특히 '나쁜' 일이 발생할 때 신뢰를 높여준다. 예를 들어 전기가 나가면, 고객은 전화나 문자, 이메일로 다음의 정보를 받는다.

- 정전 사실을 알리는 메시지와 복구 계획, 안전하게 기다리기 위한 행동 요령
- 복구 예상 시간과 함께 진척 상황을 알리는 후속 메시지
- 전기가 다시 들어오고 복구가 되었음을 알리는 메시지
- 여러 곳에 정전이 되어 곤경에 빠진 고객에게 고객이 어떤 일을 겪고 있는지 잘 알고 있다는 사실을 전하는 추가 메시지와 고객이 도움을 요청할 수 있는 연락처, 그리고 언제 문제가 해결될지 혹은 해결되었는지에 대한 안내

영향: "단순히 고객을 만족시키는 기업을 넘어 고객의 충성도를 높이고 고객이 아끼고 신뢰하는 기업으로 우뚝 서려면, 고객을 보살피고 관심을 보이며 좋은 해결책을 제안하는 기업이 되어야 합니다."
그레고리 나이트는 이렇게 말했다. 센터포인트의 노력은 이미 그 자리로 이끌어 준 것으로 보인다. 정전 안내 서비스에 등록한 고객의 만족도는 91%다. 그리고 공익 설비 사업에 관한 최대 규모의 벤치마킹 연구원인 코젠트 리포트Cogent Reports는 계속해서 센터포인트 에너지를 브랜드 신뢰도와 지역 참여도에서 최고로 꼽는다.

고객은 언제 화가 날까?

어머니의 시선

**고객에게 계속해서 정보를 주고 어둠에서
빠져나올 수 있도록 도움을 주어라!**

센터포인트 에너지는 정전이 되었을 때 적극적으로 고객과 소통
한다. 이들은 아무 것도 모르는 상태에서 비롯되는 정서적 불안
감을 없애고, 정보를 전하고 소통하며 돕는다.

**당신은 고객의 삶에 일어난 문제를
자신의 문제처럼 여기는가?**

어떻게 고객에게 계속해서 알림을 전하고
마음의 평화를 줄 수 있을까?

마케터의 질문

아름답게 떠나보내면 결국 돌아온다

"아니요. 끈질긴 여자친구와 헤어지겠다는 얘기가 아니고요. 휴대전화 약정을 해지하려는 거예요."

"저희 자전거를 50일만 타 보십시오. 만약 저희 자전거가 마음에 안 드신다면 반품하셔도 됩니다. 어떤 질문도 하지 않겠습니다."

"면도날 구독을 해지하셔도 됩니다. 저희는 이해하니까 그러셔도 괜찮습니다."

"며칠만 저희 은행을 이용해 보십시오. 그리고 저희가 도와드리는 방식이 마음에 들지 않는다면 100파운드를 보내드리겠습니다. 저희가 고객님을 다시 모실 수 있을 때 찾아주십시오. 감사합니다."

고객은 언제 화가 날까?

여기에 쓰인 세 종류의 정직하고, 단순하고, 쉬운 마케팅 용어는 고객 중심 기업 세 곳에서 쓴 것이다. 첫 번째 롤 바이시클^{Roll bicycles}은 고객에게 자전거를 시운전할 기회를 주고, 자전거를 받아서 조립하고 관리하는 데 도움을 주면서 고객과의 관계를 유지하려 한다. 어떤 계약으로도 이만큼 고객을 쉽게 설득하기는 어려울 것이다. 롤 바이시클의 고객은 50일 동안 자전거를 타보고 결정한 후 간단하게 구입 혹은 반납한다.

두 번째, 달러 셰이브 클럽^{Dollar Shave Club}은 좋은 품질의 면도날과 기발한 행동, 서비스를 핵심으로 정했다. 이들은 계약으로 고객을 붙잡아두려 하지 않는다. 마지막으로 영국의 4대 은행 중 하나인 퍼스트 다이렉트 은행^{First Direct Bank}은 고객이 쉽게 이 은행으로 계좌를 전환할 수 있게 하며, 은행이 고객의 취향과 맞지 않으면 작별 선물로 100파운드를 준다. 이런 기업은 고객을 좁은 공간에 가두려 하지 않는다. 고객에게 가치를 전하는 행동은 이들에게 동기를 부여한다.

고객을 내 편으로 만드는 기업은 **계약 대신 서비스와 가치로 고객과 계속해서 관계를 맺으려 한다.** 이와 반대의 기업들은 그저 고객이 떠나지 않기만 원한다.

케빈은 사용자가 원하면 계약 기간이 끝나고 구독을 중지할 수 있다는 소프트웨어 패키지의 1년 서비스를 구독했다. 그러나 케빈은 자신이 계약 기간을 자동 연장하는 데 동의했다는 사실을 몰랐다. 1년이 지나자 비용은 자동으로 납부되기 시작했다. 당황한 케빈은 다시 서비스 구독 계약을 살펴보았다. 계약서 말미에는 아주 작은 글씨로 이렇게 쓰여 있었다.

'1년 구독 기간 중 1개월 전까지만 구독 중지 가능.'

케빈은 이 내용을 발견하고는 취소를 요청하기 위해 고객센터에 연락했지만, 자동 갱신을 철회할 수 없다는 답변을 들었다. 기업은 케빈에게 한 가지 방법을 제안했다. 자신도 모르게 동의한 새 계약 비용의 50%에 달하는 취소 수수료를 내면 된다는 것이었다. 케빈은 20년 동안 이 기업과 유지했던 관계를 끝냈다.

당신은 어머니가 서비스 구독을 취소한다고 수수료를 물리겠는가? 아니면 어머니가 구독을 취소하는 이유를 고객의 아쉬움을 살펴볼 기회로 삼고, 지금까지 사용해준 것에 감사를 표현할 것인가?

66 아름답게 떠나보내면 결국 돌아오게 되어 있다 99

고객의 삶과 욕구는 바뀌고, 때로는 어떤 것이 더는 필요하지 않기도 하다. 예전에 매달 구독하기로 해놓고 잊고 있다가, 평생 먹을 정도로 쌓인 비타민일 수도 있다(실화다). 아니면 케이블 TV 업체를 바꾸거나 휴대전화 약정을 바꿔야 할 때도 있다. 구독을 해지해야 하기도 한다. 어불성설로 들리겠지만 이런 때 고객을 아름답게 떠날 수 있게 해주면, 고객이 결국 돌아오기도 한다.

고객은 언제 화가 날까?

고객을 응대하면서 취소와 관련된 정책이나, 청구와 관련한 사항, 아주 작은 글씨로 적혀 있는 조항, 어딘가에 도사리고 있다가 고객이 "호구 됐다!" 하고 외칠 법한 순간 등을 먼저 나서서 알려주면, 고객은 당신에게 고마워할 것이다.

주택이나 상점에 보안 서비스를 제공하는 터키 기업인 프로넷 Pronet은 최근에 고객이 떠날 때 겪는 경험을 재구성했다. 기존에는 고객이 떠날 때 네 개의 다른 부서에 이야기해야 했지만, 고객 입장에서 일하는 '슈퍼 에이전트'를 만들어, 떠나는 고객이 한 곳에만 연락하면 되도록 이 과정을 단순화했다. 이전에 프로넷을 떠나본 고객은 프로넷과 다시는 이야기하고 싶지 않았을 테지만, 이 새로운 경험 덕택에 고객이 다시 돌아올 가능성이 열렸다.

최근에 인간관계에서 불화를 겪었던 때를 떠올려보자. 해결이 잘 됐다면 친구로 남을 가능성이 있었을 것이다. 잘 해결되지 않았다면 다툰 경험 때문에 헤어져야 하는 이유가 더욱 확실해지고, 그 상황에서 더 빨리 빠져나가고 싶었을 것이다. 기업을 떠나는 일도 여러모로 이와 비슷한 정서적 영향이 작동한다.

기업을 떠나는 경험이 좋지 않으면 소셜미디어에도 오랫동안 이야기가 오르내리는 경향이 있다. **고객이 어떤 기업과 관계를 끊기 위해 고생했다면, 주변 사람들에게 그 경험에 대해 이야기할 것이다.** 인간관계에서 헤어지는 일과 마찬가지로 기업을 떠나는 일이 힘들수록 고객은 그 경험을 더욱 널리 전파할 것이다. 이에 따라 기업이 부담해야 하는 비용은 크게 증가한다. 기업을 떠나는 과정을 잘 설계하면 고객은 미래에 다시 돌아올 수 있다. 그러나 기업을 떠나는 과정이 힘겹다면 그 가능성을 닫아버리게 된다.

매트리스 판매 기업인 캐스퍼Casper는 고객을 아름답게 떠나보내는 것을 기업 이념으로 한다. 캐스퍼는 고객이 편안하게 쉴 수 있도록 새로운 경험을 만들어 '수면계의 니케(승리의 여신 – 옮긴이주)' 가 되고자 한다. 캐스퍼는 고객을 꽁꽁 묶어두는 규정을 강요하기보다는 가치를 전달하는 데 중점을 둔다. 그래서 고객이 침대를 제대로 경험할 수 있도록 오랫동안 침대를 시험 삼아 써볼 수 있게 한다. 캐스퍼는 고객이 캐스퍼의 매트리스에서 더욱 편안하게 잘 수 있을 때까지만 매트리스를 사용하라고 말한다. 그렇지 않은 경우는 어떨까?

캐스퍼는 고객이 100일 동안 매트리스를 써볼 수 있게 하기로 결정했다.

결정 의도: 침대를 살 때 겪는 복잡한 절차를 걷어낸다. 캐스퍼는 2014년 4월에 단 한 가지 제품만 출시했다. 매트리스 하나였다. 이 기업의 창립자 다섯 명은 제품 개발 전 고객이 경험하는 것처럼 쇼룸을 둘러보고, 다양한 침대 종류를 살펴보고, 구입을 할 때까지 이어지는 직원의 영업과 압박감을 견디며 구매에 이르는 복잡한 과정을 모두 체험했다. 공동 창업자인 닐 패릭Neil Parikh은 이전에 〈INC.〉와의 인터뷰에서 이렇게 말했다.

"영업 사원의 말은 너무 빠르고, 선택의 범위는 너무나도 넓고, 가격은 비쌉니다. 하지만 모두가 매트리스를 원하죠. 매트리스를 고르고 사는 건 어쩌면 중고차를 사는 것보다도 더 힘듭니다."

필립 크림Philip Krim과 제프 체이픈Jeff Chapin, 닐 패릭, 루크 셔윈Luke Sherwin, 개브리얼 플레이트맨Gabriel Flateman은 '수면 관련 산업을 뒤흔들기' 위해 뭉쳤다. 이들은 한 발 더 나아가서 수면 관련 산업 전체를 새롭게 만들어내기를 바랐다. 목표는 '수면계의 니케'가 되는 것이다. 이들은 침대를 사용해보고, 구매하고, 반품하는 전 과정을 모두 깨부수고 새롭게 만들기로 했다.

고객을 내 편으로 만드는 행동: 매트리스 반품 기간을 100일로 설정했다. 수

년 동안 사용할 물건을 매장에서 2~3분 정도 누워보는 것으로 결정하는 것은 말도 안 된다. 그리고 신발을 신고 누워 있을 때 어떠냐고 계속해서 묻는 영업 사원은 고객으로 하여금 제대로 된 판단을 할 수 없게 만든다.

캐스퍼는 좀 더 인간답게 침대를 구매하자는 운동의 일환으로 고객이 집에서 매트리스를 100일 동안 사용해볼 수 있게 해준다. 그 후 매트리스가 고객에게 맞지 않으면 무료로 되가져간다. 재고 처리 비용을 물지 않을 뿐 아니라 죄책감도 느끼지 않게 한다.

캐스퍼는 매트리스를 1회성 거래로 여기지 않는다. 이들은 관계를 유지하기 위해 고객에게 전화를 걸어 문의 내용을 듣고 충분히 이야기를 나누라고 한다. 그리고 고객의 절반 이상이 매트리스를 구입하기 전에 그렇게 한다. 이들은 고객의 데이터를 계속해서 파악하고 관계를 유지한다. 캐스퍼는 매트리스를 파는 곳이 아니라 고객의 밤을 편안하게 만들어주는 곳이기 때문이다.

영향: 2013년 매출이 0달러였던 캐스퍼는 4년 만에 5억 달러(약 6,000억 원) 이상의 매출을 거둘 정도로 성장했다. 미국에서 열 손가락 안에 드는 큰 종합 유통 업체인 타깃Target은 이 기업을 인수하기 위해 10억 달러(약 1,200억 원)를 제시했다가 인수하는 대신 이 기업에 7,500만 달러(약 900억 원)를 투자하며 파트너가 됐다. 캐스퍼는 2016년에 〈INC.〉에서 선정하는 올해의 기업 2위를 차지했다. 이제 캐스퍼는 가구 숍인 웨스트 엘름West Elm과 타깃 매장에서 판매되고 있으며, 고객은 구매하기 전에 만져보고 느껴보고 잠깐 누워볼 수 있다. 100일 반품 서비스는 여전하다. 캐스퍼는 전 세계의 온라인 매트리스 브랜드 중에서 가장 큰 기업이 됐다. 아무 조건 없는 반품 정책에도 고객의 반품률은 7% 이하로 매우 낮다.

고객은 언제 화가 날까?

어머니의 시선

고객이 아름답게 떠날 수 있게 만들어라!

캐스퍼는 관대하게도 고객이 100일 동안 침대를 써볼 수 있게 하며, 매트리스가 고객에게 맞지 않으면 어려움 없이 품위 있게 반품할 수 있게 해준다.

**당신은 고객이 품위를 잃지 않고
아름답게 떠날 수 있게 해주는가?**

당신의 기업을 떠나는 경험은 고객을 결국
다시 돌아오게 하는가?

언제든지 고객을 도울 수 있게 준비한다

"당신의 전화는 저희에게 매우 중요합니다. 계속해서 더 기다려주세요."

우리는 도움이 필요할 때 시간에 쫓긴다. 도움이 '바로 지금' 필요하기 때문이다. 따라서 따뜻한 '목소리'로 신속하게 도움을 받게 되면(전화나 채팅, 대면 서비스, 공공 서비스 등) 약간 안도감을 느낀다. 고객은 문제가 생기기 전에 하고 있던 일을 하러 돌아갈 수 있다. 여기에 기회가 있다. 고객이 '쉽게' 우리를 찾고 도움을 요청하게 만드는 것이다. 하지만 고객은 때로 격렬한 싸움을 하기도 한다.

수잔은 보험 회사에 아들의 처방전을 승인받기 위해 고객 문의

고객은 언제 화가 날까?

전화번호를 안내받았다. 마침 업무 회의 사이에 15분 정도가 비어서 전화를 걸었다. 신호음이 울리자마자 수잔은 일이 곧 해결되리라는 생각에 안심했다. 그러나 신호음의 끝에 전화를 받은 것은 자동 응답 서비스였다. 응답기의 음성은 수잔에게 보험 정보와 이름을 입력하라고 한 후, 일곱 가지 선택지에서 전화를 건 이유를 선택하라고 했다. 그 후 신호음이 한 번 더 울렸고, 이번에는 직원이 전화를 받았다.

"보험 정보와 성함을 말씀해주세요. 전화를 건 용무는 무엇입니까?"

대기 중 눌렀던 것과 같은 정보였다. 수잔이 다시 그것들을 읊어주자 직원은 수잔의 계정을 살펴볼 테니 6분 동안 기다리라고 했다. 다시 돌아온 직원은 수잔에게 네 가지 질문을 더 했고, 4분을 더 기다리게 했다. 수잔은 매번 기다릴 때마다 신호음 대신 들리는 그 기업의 제품과 서비스 광고를 들어야 했다.

다시 돌아온 직원은 수잔의 일을 처리하기 위해 해당 분야의 또 다른 전문가에게 넘겨야 한다고 말했다. 그렇게 다시 6분을 기다린 후 자동 응답 서비스에 연결됐고, 처음에 입력했던 정보를 모두 다시 입력해야 했다. 수잔은 다음 회의에 들어갈 수 없다는 사실을 깨달았지만, 이 일을 처음부터 다시 하기는 싫었다. 4분 후 전문가에게 연결됐고, 수잔에게 같은 정보를 다시 묻고는 7분 동안 기다리게 했고, 마침내 승인했다.

다이얼로그 다이렉트의 '고객 분노 연구'에 따르면 모든 고객을 화나게 만드는 구절은 다음과 같다.

"당신의 전화는 저희에게 매우 소중합니다. 그러니 조금만 더 기다려주십시오."

흠, 그렇다면 왜 기다려야 하지? 항상 이렇게 자문하지 않는가? "기다리는 동안 늙는다"라는 말이 너무나도 와 닿는다. 그러나 단순히 기다리는 것만이 문제가 아니다. 고객이 기업에 연락하는 시간과 방법의 용이성과 융통성, 그리고 고객의 문제를 처리하는 신속성과 관련된 문제다. 셀프 서비스를 선택하는 고객이 점차 늘어나면서, 역으로 고객이 연락을 했을 때는 바로 응대하고 고객의 문제를 풀어주는 것이 무엇보다 중요해졌다.

66 고객을 생각하는 만큼 서비스 접근성을 높인다 99

고객을 내 편으로 만드는 기업은 고객의 욕구에 서비스 접근성을 맞춰간다. 이들은 융통성이 있고, 언제나 응대가 가능하며, 고객이 원하는 시점에 신속하게 직접 응대하고, 고객에게 필요한 것을 적절하게 제공한다. 고객을 내 편으로 만드는 기업은 모든 분야의 업계에서 고객에게 "저희는 고객을 도울 준비가 되어 있습니다"라는 메시지를 전한다.

미국의 신용카드 회사인 디스커버 카드Discover Card는 최근 고객이 도움을 받기 위해 디스커버 앱에 로그인한 후 대기해야 하는 절차를 없애고, 실시간으로 서비스 담당자에게 문의사항을 보낼 수 있게 했다. 서비스 담당자는 고객이 지금까지 보낸 메시지 전체를 확인할 수 있다.

뉴올리언스에 있는 옥슈너 메디컬 센터Ochsner Medical Center는 전자 의료 기록 시스템을 구축해 환자의 걸음 수와 수면 같은 행동이나 검사 결과를 바로 의료 기록으로 저장하는 앱을 만들었다. 이 기록은 치료를 받아야 하는 환자에게 신속하게 조치를 취할 수 있도록 애플워치를 통해 의사에게 즉시 전송된다. 시애틀 어린이 병원Seattle Children's Hospital은 너무 아파서 집을 벗어날 수 없는 아이들을 위해 영상 통화로 왕진한다.

의류 판매 기업 보노보스Bonobos에서는 고객의 전화가 빗발칠 때 '하얀 띠를 두른 닌자'(고객 전화 응대 업무를 하는 초급 직원부터 고객 담당 정규직 직원까지)로 훈련받은 직원들이 재빠르게 고객을 응대한다. 하얏트 호텔Hyatt Hotels은 2년을 투자해 직원이 입력해야 하는 태블릿 터치 횟수를 143회에서 3회로 줄였고, 덕분에 직원들은 태블릿 작업보다 고객이 원하는 바를 챙기는 데 더 많은 시간을 보낼 수 있게 됐다.

'서비스 접근성'을 "얼마나 고객을 보살피는가"와 같은 표현으로 바꿀 준비가 되어 있는가? 고객이 전화기의 자동 응답 서비스에 따라 이것저것 번호를 누르고, 음악을 들으며 대기하고, 채팅을 시작하기 위해 기다리고, 트위터 답변을 받기 위해 휴대전화를 쳐다

보고 있다고 생각해보자. 그 순간이 '고객을 구출하는 예술가(에드워드 돌닉Edward Dolnick의 저서 《The Rescue Artist(사라진 명화들)》의 제목을 차용한 표현 – 옮긴이주)'의 힘을 입어 당신 기업만의 접근성과 고객 관리 방법을 구축할 수 있는 때다.

다음에 나오는 기업은 반려동물의 가족에게 사랑을 받는 곳이다. 추이닷컴Chewy.com은 믿을 만한 서비스와 접근성으로 신뢰를 얻었다. **이 기업은 '접근성'을 '고객 관리'의 동의어로 만들어 고객에게 마음의 평화를 선사한다.**

추이닷컴은 반려동물의 가족에게 믿을 수 있는 고객 관리를 제공하기로 결정했다.

결정 의도: 반려동물의 가족이 필요하다면 언제든지 같은 자리에서 기다린다. 반려동물은 가족의 일원이기에, 동물을 위해 무엇이든 가장 좋은 것을 주고 싶어 한다. 그리고 무엇보다 반려동물에 대해 정통한 사람들이 적절한 사료와 장비, 관리를 통해 이끌어주기를 원한다. 그리고 반려동물이 평소와 다를 때, 전문적인 지식을 갖추고 고객을 보살필 줄 아는 사람이 재빠르게 답변하고 맞춤 서비스를 제공해주기를 원한다.

고객을 내 편으로 만드는 행동: 언제든지 찾고, 언제든지 안내 서비스를 받을 수 있다. 추이닷컴 서비스는 반려동물의 가족 입장에서 시작한다. 직원인 '추토피안Chewtopians'은 하루 중 24시간, 일주일 중 7일, 1년 중 365일 전화를 받는다. 심지어 추이닷컴에 전화를 걸면 5초 안에 받는다. 그리고 자동 응답 서비스가 아닌 훈련받은 직원이 응대하고, 직원은 농담을 주고받거나, 고객의 반려동물에 관해 이야기를 나누거나, 사료나 관리 방법에 관한 어려운 질문에 답할 준비가 되어 있다. 뿐만 아니라 고객이 반려동물에게 느끼는 유대감을 함께 느낀다.
전화 상담 시간은 제약이 없으며, 다른 담당자에게 전화를 넘기는 일은 절대 없다. 서비스 담당자는 처음부터 끝까지 고객을 도울 수 있게 교육받으며, 고객의 반려동물을 우선순위로 둔다. 추이닷컴은 하루 평균 700건의 전화를 받으며, 상담을 받는 동안 반려동물의 이름이나 프로필, 원하는 바가 기업 데이터베이스에 기록되어 직원과 고객 사이에 '기억'을 만든다.

실시간 채팅 역시 사람이 6초 안에 응답한다. 이메일은 20분 안에 고객 각각의 상황에 맞추어 답변한다. 빠르게 바뀌는 소셜미디어에서 이루어지는 대화도 이와 비슷하다. 인스타그램이나 트위터, 페이스북, 유튜브에서 추이닷컴과 관계를 맺거나 추이닷컴을 멘션하면 5분 안에 답변을 들을 수 있다. 신속성과 신뢰는 배송에서도 지켜지는데, 주문 건의 60%가 하루 만에 배송된다.

추이닷컴의 목표는 신뢰와 맞춤형 관리를 바탕으로 진정으로 고객과 고객의 반려동물을 이해하는 관계를 쌓아가는 것이다. 그래서 새해가 되면 손글씨로 적은 연하장을 보내고, 사랑하는 반려동물이 세상을 떠나면 슬픔에 잠겨 있을 부모에게 조화를 보내기도 한다.

영향: 설립 1년 후 추이닷컴의 2012년 판매량은 2,600만 달러(약 310억 원)에 불과했지만 2017년 판매량은 20억 달러(약 2조 4,000억 원)로 추산된다. 데이터 분석 관리 기업인 1010데이터[1010data]에 따르면 추이닷컴은 온라인 반려동물 사료 판매량의 51%를 차지하고 있다. 아마존의 판매량이 35%라는 사실을 고려하면 이 수치가 어느 정도인지 가늠이 될 것이다. 2017년에는 비즈니스 시상식인 스티비 어워드[Stevie Award]에서 수여하는 올해의 고객 서비스 부문상을 받았다. 또 2017년에는 온라인에서 열성적인 고객 팬들을 만들고 키워나갈 능력을 높이 산 미국의 대형 반려동물 용품 유통사인 펫 스마트[PetSmart]에 대략 35억 달러(약 4조 1,700억 원)에 인수됐다. 추이닷컴이 앞으로도 계속해서 독특한 방식으로 기업을 운영해 나가며 점차 번성해 가기를, 반려동물의 발을 걸며 행운을 빈다.

어머니의 시선

고객이 쉽게 도움을 받을 수 있게 하라!

추이닷컴은 반려동물의 가족이 언제나 편하게 찾을 수 있고, 언제나 안내를 받을 수 있게 해준다. 고객을 보살피는 직원, 그리고 문제에 대한 답을 알고 있는 직원이 응대한다. 추이닷컴은 반려동물에 대해 잘 아는 직원을 양성하고 고객과 고객의 반려동물을 이해하는 데 시간을 투자한다.

당신의 기업은 고객이 쉽게 도움을 요청할 수 있게 하는가?

당신이 얼마나 고객을 보살피는지가
서비스 접근성에 나타나는가?

고객을 문제나 짐으로 여기지 않는다

담보대출의 버뮤다 삼각지대.

뜨거운 감자[명사]

다루기 곤란하거나 불편한 문제나 상황.

혹은, 이 사람에게서 저 사람에게 떠넘겨진 고객.

당신도 겪어봤을 만한 '뜨거운 감자' 이야기를 해보자.

당신은 어떤 식당에 있다. 식사를 하던 도중에 음료를 리필하고 싶어졌다. 담당 웨이터를 찾지 못해 옆 테이블 담당 웨이터에게 손을 흔들고 요청한다. 그러자 웨이터는 이렇게 말한다.

고객은 언제 화가 날까?

"손님, 담당 웨이터에게 말해두겠습니다."

그렇게 떠넘겨버리다니! 당신에게 서빙하는 일로 월급을 받는 웨이터를 기다리느라 음식은 식어가고 당신은 식사를 제대로 즐기지 못하고 있다.

고객을 내 편으로 만드는 레스토랑은 직원의 월급이나 팁이 서비스에 영향을 미치지 않도록 팀워크 모델을 채택한다. 즉, 함께 일하는 직원들이 개인 플레이를 하기보다 팀으로 협력하며 고객을 위한 최상의 서비스를 제공하게 한다. 만족한 고객이 다시 식당을 찾아 매출이 성장하면 결국 모두에게 이득이 된다.

66 한 팀이 되어 고객을 응대한다 99

직원들이 하나의 공동체가 되어 고객이 원하는 바를 이루기 위해 같은 방향으로 나서면 기회가 된다. 그러나 때로는 '수직형 버뮤다 삼각지대'에서 고객을 잃기도 한다. 이런 일은 각자에게 주어진 일을 바쁘게 처리하느라 일어난다. 그리고 고객이 어떤 일을 완수하기 위해 밟아야 하는 모든 절차를 일원화하지 않았을 때, 혹은 교육이나 평가, 절차, 급여 체계가 직원들을 가로막아 하나의 팀으로 일할 수 없게 할 때에도 일어난다. 그 결과 고객은 기업의 조직도 안에서 여기저기로 떠넘겨지는 것이다. 혹은 기업과 협력 기업 사이를 오가기도 한다.

안드레아는 새 집을 얻고 매우 기뻤다. 대출을 받기 위해 신용등급을 올리고, 선금을 마련하기 위해 7년 동안 저축했다. 안드레아는 시장 조사 후 가장 편안하게 느껴지는 대출 회사를 찾았다. 이 과정에서 안드레아는 집을 사고 문제없이 이사하기까지 부동산 중개업자와 담보대출 중개업자, 에스크로escrow(부동산 거래 대금의 보관인 - 편집자주) 회사 사이에 서로 얽히고설켜 오가는 작업이 많다는 것을 전혀 몰랐다.

안드레아는 중개업자가 알려준 최종 계약일에 맞춰 이사하고 정리할 시간을 갖기 위해 일주일 휴가를 냈다. 이삿짐 업체도 예약하고 계약일 다음 날에 맞춰 새 가구가 배송되도록 계획했다.

그러나 이사하기 전날 밤, 안드레아는 담보대출 중개업자와 에스크로 회사 간에 필요한 서류가 완료되지 않아 계약일이 적어도 하루, 어쩌면 이틀까지도 늦춰질 수 있다는 사실을 알게 됐다. 두 회사 사이에서 필요한 서류 세 가지가 완료되지 않았던 것이다. 이 상황에서 안드레아에게 진정으로 필요한 것은 안드레아를 대신해서 긴밀하게 협력해 일하는 팀이다. 이는 다른 모든 고객도 간절히 원하는 것이다. 당신은 어머니를 뜨거운 감자처럼 생각해 여기저기로 떠넘기겠는가?

고객을 내 편으로 만드는 기업은 고객을 위해 기업 내부나 협력사 사이에 적극적으로 가교를 놓는다. 이런 기업은 수직형 조직과 파트너 사이에서 업무를 떠넘기다 벌어지는 '버뮤다 삼각지대', 즉 안드레아에게 실망을 안겨주는 것과 같은 문제를 없앤다.

잠시만 생각해보자. 고객이 거쳐야 할 과정 중 '버뮤다 삼각지대'와 같은 순간이 있는가? 직원들이 기꺼이 협업할 수 있는 여건이 조성되었는가? 고객에게 하나의 공동체 경험을 주기 위해 내부 조직과 협력사 사이에 가교를 놓는가? 고객이 당신 기업 안에서 누구를 만나든 '다른 담당자에게 떠넘겨지는' 경험을 하지 않도록 모든 직원이 고객에게 책임감을 갖고 임하는가?

다음은 웨그먼스 푸드 마켓에 차별화를 가져온 팀워크 구축의 핵심 활동을 살펴볼 것이다. 이 기업은 매장을 열기 전에, 모든 직원이 하나가 되어 서로 돕고 고객을 제대로 케어할 수 있는 팀을 구축하는 기간으로 14주를 투자한다. 웨그먼스는 기업 안에서 '하나의 공동체' 경험을 만들고, 이를 고객에게 전달하면서 직원 만족도와 고객행복지수를 올렸다. 덕분에 웨그먼스의 정직원 이직률은 4%밖에 되지 않는다. 이 업계에서 들어본 적도 없는 수치다.

웨그먼스 푸드 마켓은 팀워크를
완벽하게 다지기로 결정했다.

결정 의도: '하나의 웨그먼스'라는 경험을 전한다. 웨그먼스에서는 참치캔을 채우는 직원이나 델리 카운터 뒤에서 일하고 있는 직원, 혹은 고객이 산 물건을 봉지에 넣어주는 직원이 모두 협력해서 일관되고 즐거운 경험을 전한다. 직원을 기업 브랜드의 연장선으로 여기고 존중하며, 직원들이 한 팀으로 일하는 데 필요한 지식과 정보를 주고 신뢰하는 데 투자한다. 그래서 어떤 고객도 도움이나 원하는 답을 기다리느라 매장 복도에 멀뚱멀뚱 서 있을 필요가 없다.

인사팀 부사장 케빈 스티클스Kevin Stickles는 이렇게 말했다.

"우리는 결정을 내리기 위해 가장 먼저 질문을 합니다. '이것이 직원에게 최선인가?' 직원은 저희에게 가장 중요한 자산입니다. 더 이상 말할 것도 없죠."

이것이 웨그먼스가 추구하는 신조다. 많은 기업이 그럴싸한 신조만 가지고 있는 동안, 웨그먼스는 그 신조를 실현하는 데 아낌없이 자금을 투자한다.

고객을 내 편으로 만드는 행동: 매장을 열기 전 14주간 팀원들을 교육한다. 웨그먼스는 새로운 매장을 열 준비가 되면 매장 관리와 업무를 담당할 팀원을 선발하기 위해 채용 기회를 늘린다. 그 후 모든 직원이 새롭게 구성된 팀 안에서 일할 준비를 마칠 수 있도록 최대 14주가 걸리는 교육에 투자한다. 이들은 수백 명의 직원을 결속하기 위해 시간과 자원에 투자하고, 새로운 매장이 문을 열 때가 되면 하나의 팀을 이룬다. 그리고 고객이 경험할 시나리오를 시험해 보면서 모든 직원에게 웨그먼스의 남다른 경험을 전달할 준비를 갖춘다.

웨그먼스는 새로 정직원이 채용되면 보통 거주 지역 인근에 있는 다른 매장에 가서 40시간 동안 교육을 받게 한다. 이 제도를 위해 웨그먼스는 교통비와 숙박비를 부담하고, 교육을 받고 있는 직원에게 정규 급여와 일일 출장비를 지급한다. 이것만으로도 상당한 투자다. 웨그먼스는 버지니아 주의 샬러츠빌Charlottesville에 새 매장을 준비하면서 직원들에게 약 200만 달러(약 24억 원)를 투자하기로 했다고 발표했다. 매장 매니저의 절반 이상이 청소년 시절부터 웨그먼스의 녹색 앞치마를 두르고 일하기 시작했다는 사실은 이 기업을 돋보이게 만드는 존중과 신뢰의 훈장이다.

영향: 웨그먼스의 전체 직원(파트타임, 시급 직원 포함)의 이직률은 17% 정도이며, 정직원의 이직률은 4% 정도로 낮다. 웨그먼스는 〈포춘〉의 '일하기 좋은 100대 기업'에 20년 연속 이름을 올렸고, 2017년에는 2위를 차지했다(2018년 2위, 2019년에는 3위에 오르며 22년 연속 일하기 좋은 기업에 꼽혔다—편집자주). 웨그먼스가 시장에서 영향력을 넓혀가는 원동력은 직원을 채용하고 교육하는 일에 전념하는 것이다. 여러 주에서 매장을 열어달라는 요청이 쇄도하지만, 적절한 직원을 채용하고, 준비시켜, 기업의 성장을 북돋우는 웨그먼스의 경험을 전달할 정도로 자리를 잡을 때까지는 쉽게 매장을 늘리지 않는다.

어머니의 시선

직원들이 하나의 팀으로 고객을 돕게 하라!

웨그먼스는 모든 직원이 고객을 위해 함께 움직일 수 있도록 팀워크에 투자한다. 이 기업의 직원은 어떤 행동을 하기 전 상부의 허락을 받기 위해 고객을 기다리게 하지 않으며, 다른 누군가에게 떠넘기지도 않는다.

> **당신의 고객이 뜨거운 감자가 된 것 같은 느낌을 받게 하진 않는가?**
>
> 당신의 기업은 직원들을 결속하기 위해 어떻게 팀워크와 신뢰감을 심어주는가?

고객은 언제 화가 날까?

고객이 이해할 수 있는 언어로 소통한다

　고객이 겪는 복잡한 서류 작업에는 두 가지 종류가 있기 때문에 이번에는 이야기를 두 갈래로 나눴다. 첫 번째 이야기는 기업이나 업계에서 쓰는 특정 집단의 언어와 전문 용어에 관한 것이고 두 번째는 서류 작업이 얼마나 복잡하고 힘든 일인지 설명하는 이야기다.

❝ 특정 집단의 말과 전문 용어는 '주절주절'에 불과하다 ❞

"이건 상대성 이론이 아니야. 전기요금을 계산하려고 하는 거지."

나의 할머니 에르멀린다는 꽤나 거침없는 여성이었다. 할아버지가 돌아가시고 난 후, 모든 공과금 고지서와 서류 작업은 할머니 차지가 됐다. 할머니는 아주 가끔 내게 우편물을 살펴봐 달라고 부탁하셨다. "이게 다 무슨 헛소리야!"라고 말하고 싶었던 할머니는 이탈리아식 엉망진창 발음으로 **"이꿰 따 무쓴 헛소리야!"**라고 말씀하시곤 했다. 나는 할머니의 공과금 고지서와 입출금 내역서, 보험 증권을 좀 더 쉬운 말로 바꿔주느라 몇 시간을 보내기도 했다. 할머니는 항상 똑같은 말씀을 하셨다.

"이 사람들은 도대체 왜 너처럼 말해주지 않는 거야?"

할머니, 정말 좋은 질문이에요!

> 66 **당신이 평소에 말하는 것처럼,**
> **그리고 사람들이 실제 행동하는 그대로 쓴다** 99

쉽고 간단한 언어로 소통하는 일을 우선순위에 두면 기회를 얻을 수 있다. 백만 년 전 내가 회사에서만 쓰는 용어로 가득한 광고 문구를 쓰던 때, 의류업체인 랜즈 엔드Lands' End의 창업자 개리 코머Gary Comer는 이렇게 알려줬다.

"말하듯 쓰세요."

나는 내가 쓰는 용어에 매우 자부심을 느끼고 있던 차였다. 그러나 그 자부심은 잘못된 시작이었다.

고객은 언제 화가 날까?

고객을 내 편으로 만드는 기업은 명확하고 단순한 언어를 사용하며, 복잡하지 않은 쉬운 단어로 더 많은 메시지를 전하려고 노력한다. 이 노력은 당신이 말하고 싶은 단어가 아니라 고객이 무엇을 이해해야 하는지 우선순위를 매기는 것에서 시작한다. 이를 위해서는 고객에게 보내는 모든 내용을 오랜 시간을 들여 힘들지만 묵묵히 살펴봐야 한다. 고객의 입장이 되어 '고객의 눈'으로 당신이 쓴 문서를 읽어보자. 서류 양식에서 쓸데없는 것은 쳐낸다. 머리글자만 남아 있는, 뜻 모를 용어를 걷어낸다. 그리고 전하고자 하는 내용을 꼼꼼하게 계획해서 명확하게 다시 쓴다. 고객과 소통할 때는 어머니에게 편지를 쓰듯 쓴다.

자, 이제 간단한 방법을 살펴보자. 먼저 모든 문구를 플레시 킨케이드^{Flesch-Kincaid}의 가독성 테스트와 같은 도구에 넣어본다. 이 도구는 당신이 보내려는 문구의 가독성을 알려주는 단순한 온라인 도구로 조직 전체의 메시지를 통일하기에 좋다. 그리고 명확하고 쉬운 언어로 말하듯 쓸 수 있게 도와주는 훌륭한 도구다.

다음으로는 고객과 소통하는 말과 글에 스며들어 있는 알 수 없는 용어들을 모두 목록으로 만든다. 그리고 이 용어로 끓여놓은 스프를 없애버리기로 결심한다. 마지막으로 당신은 이해하지만 고객은 머리를 긁적이는 용어를 모두 찾는다. 이런 용어는 실제로 소통과 관계에 장벽을 쌓는다.

이렇게 단어 목록을 만들어가다 보면 깜짝 놀랄 것이다. 특정 집단의 언어나 기업 내부에서 쓰던 줄임말들이 꽤 많기 때문이다. 이런 용어는 사람들, 즉 우리의 고객을 우리가 풀어야 할 방정식에서 도려낸다. 알 수 없는 단어나 준말, 전문 용어로 가득한 기업 내부의 언어는 가치와 신뢰를 무너뜨릴 정도로 오해를 불러일으킨다. 당신에게 필요한 것은 고객에게 일방적으로 말하는 방식이 아니라 '바깥에서 안을 들여다보는' 역지사지 관점의 소통이다. 이제는 쉽게 이해되고 읽으면서 즐겁기까지 한 그런 소통이 필요하다.

명확한 언어는 좀 더 진정성 있고 인간답게 느껴진다. **고객은 명확한 언어를 더욱 신뢰한다. 단순함 안에서는 숨을 곳이 없다.** 우리는 고객으로서 기업이 옆집에 사는 사람이 말하듯 명확하게 소통해주기를 원할 뿐이다. 우리는 솔직하게 말해주는 사람이 쓴, 신뢰할 수 있는 문장을 읽고 싶어 한다.

특히 건강 보험 업계는 그들만의 언어와 전문 용어로 고객의 이해를 가로막는 대표적인 집단이다. 예를 들어 다음 세 가지 단어의 뜻을 파악해 보자.

처방집, 재결, 공동보험.

이 단어의 의미를 알고 설명할 수 있다면 당신은 보험 업계에 있을 확률이 높다. 만약 이 단어의 의미를 모르고 설명할 수 없다면 당신은 단어만으로는 그 의미를 완전히 파악하지 못하는 우리와 같은 평범한 사람이다.

시애틀에 있는 건강 보험 기업인 프리메라 블루 크로스^{Premera}

Blue Cross는 기업 전체가 "명확하게 소통하자"는 슬로건을 목표로 노력하기로 했다. 복잡한 전문 용어가 많은 업계에서 고객이 실감할 수 있는 변화가 일어나기까지는 아주 오랜 시간이 걸릴 수 있다. 그러나 소통의 변화는 기업 내부나 고객과의 대화에서 즉각적으로 긍정적인 효과를 발휘하는 것으로 증명됐다. 직원 또한 평이한 언어로 말하고 쓸 수 있게 되면 자신이 설명하고 있는 내용에 대해 안도할 수 있다.

프리메라는 첫 번째 단계에서 건강 보험 분야에서 쓰는 용어 중 고객이 머리를 긁으면서 "뭐라고요?"라고 할 만한 단어 20개를 찾아냈다. 프리메라는 바로 문서와 서류 양식, 담보 관련 자료, 웹사이트 문구, 콜센터에서 쓰는 말에서 이런 단어를 없애고 고객이 이해할 수 있는 용어로 바꾸기 시작했다. 어떤 용어는 법적인 이유로 없앨 수 없기에(보험은 이렇게나 까다롭다) 고객과 소통할 때 이런 단어를 써야 하는 경우에는 고객에게 설명을 덧붙였다.

많은 기업들이 이메일이나 직접 대화할 때 쓰는 언어를 전부 간결한 용어로 바꾸기 위해 애를 쓴다. 그러나 프리메라는 좀 더 색다른 시도를 했다. '전문 용어 저금통'을 여기저기 놓아두는 재미난 방법이다. 누군가 보험 용어를, 그 중에서도 특히 골라낸 20가지 용어 중 하나를 쓰면 저금통에 벌금을 넣어야 한다. 그때마다 사람들은 다음과 같은 생각과 마주하게 된다.

"당신의 어머니나 친구에게 이런 단어를 사용하겠는가?"

이렇게 모아진 돈은 모두 자선단체인 유나이티드 웨이^{United Way}에 기부한다. 당신도 지금 '전문 용어 저금통'을 시도해보면 어떨까?

> 66 고객이 이해할 수 있는 말만 전하고,
> 복잡한 서류 작업을 더 이상 하지 않는다 99

새 보험 증권 내용을 담은, 가볍고 작은 읽을거리.

1690년에 철학자 존 로크^{John Locke}는 널리 알려진 작품인《인간 오성론^{An Essay Concerning Human Understanding}》을 출간하면서 서문에 이 책이 왜 그렇게 긴지 다음과 같이 설명했다.

고객은 언제 화가 날까?

이 책의 범위를 원래보다 더 좁힐 수도 있을 것이라는 사실을 부정하지는 않겠다. 일부는 줄일 수 있겠다는 사실도 마찬가지다. 이따금 생각날 때마다 쓰고, 중간에 다른 일로 오랫동안 쉰 적도 많아 반복되는 부분이 생길 수밖에 없었다. 그러나 사실을 고백하자면 나는 지금 너무 게으르거나 너무 바빠서 이 책을 더 짧게 줄일 수가 없다.

그러니까 핵심은 존 로크에게 시간이 좀 더 있었다면 일부 내용을 없애고, 깨끗하게 정리해서, 좀 더 단순하게 만들었을 것이라는 이야기다. 물론 로크는 고객이 산더미 같은 서류를 받을 것이고, 이 산더미 같은 서류도 마찬가지로 줄이고 단순하게 만들 수 있다는 사실을 예상하지는 못했을 것이다. 그러나 로크는 가까운 곳에 있는 개선의 기회가 무엇인지 힌트를 주었다.

모든 기업에는 서류 작업이 있다. 비즈니스나 서비스가 복잡할수록 고객은 더 많은 서류를 요청받는다. 같은 서류를 두 통, 때로는 세 통까지 준비해야 한다. 그러나 이런 모든 서류 작업에서 고객의 '이해' 단계를 놓치고 지나칠 수 있다. 따라서 고객이 서류 작업을 더 이해하기 쉽게 만드는 데 기회가 있다. 고객은 이 단계를 통해 도움을 받기 위해서 무엇이 필요하거나 필요하지 않을지 파악할 수 있다.

66 서류 정리 작업으로 고객이 명확하게 이해할 기회를 준다 99

　가치를 전달하고 이해하도록 만든다는 것은 고객에게 보내는 모든 것을 '고객의 눈'으로 골라낸다는 의미다. 이 작업을 하게 되면 로크의 말처럼, 불필요하거나 반복되는 내용을 줄이고 단순하게 만들어 고객에게 보내는 서류와 고객을 괴롭히는 추가 절차를 없앨 수 있다.

　집 안 어딘가에 둔 부동산과 자동차 보험 증서를 예로 살펴보자. 당신은 가입한 보험이 무엇을 보장하는지 확실히 알고 있는가? CNN에 따르면, 미국 독립 보험 설계사 및 중개인 협회Independent Insurance Agents & Brokers of America의 소비자 브랜드인 트러스티드 초이스Trusted Choice 이용객을 대상으로 실시한 전화 설문에서 걱정스러운 결과가 나타났다. 응답자 중 거의 40%가 자신의 보험 증서에 어떤 내용이 들어가 있는지 잘 모른다고 답했기 때문이다. 또한 응답자의 40%는 자신이 적절한 수준의 보장을 받고 있는지 확실하지 않다고 답했다. 이런 현상이 나타나는 것은 사람들이 어마어마하게 쌓인 서류 더미를 깊게 들여다보기도 전에 포기하기 때문이다. 당신은 수많은 서류를 어머니에게 보낼 것인가?

　물론 고객에게 반드시 보내야 하는 서류가 있다. 이때는 그 서류에 해석을 달고 단순하게 만들기 위해 노력해야 한다. 사람들이 어떻게 채워 넣을지 스스로 고르게 하고 더욱 편리한 제출 방법을 택할 수 있도록 한다. 중복되는 문장, 숫자, 사본, 복잡한 양식을 줄인다. 이런 행동은 고객의 시간과 이해를 최우선에 둔다는 의미이기 때문에 여러 기업 중에서 돋보일 것이다. 고객에게 서류를 보내 고지하고 규정을 준수하라고 하는 일을 쉬운 콘텐츠와 정보, 교육을 통해 고객을 지도하는 행동으로 바꾸어보자.

다음에 나오는 사례는 미국 손해보험사인 유나이티드 서비스 오토모빌 어소시에이션United Services Automobile Association(이하 USAA)이 택한 행동에 관한 이야기다. 이 기업은 가입 고객과 소통하는 방식을 개선한 것으로 끝났다고 생각하지 않는다. 실제로 이들은 세밀하게 계획한 절차에 따라 모든 소통을 '문서 송부'에서 '안내 제공'으로 바꿔갔다. 고객에게 서류 더미나 우편물, 혹은 트윗을 보내는 모든 과정에 기회가 있다. 지금부터는 이 기업이 신용카드 사기로 보험을 청구하는 절차를 개선하기 위해 어떻게 고객의 불편한 점과 많고 복잡한 서류 작업을 없앴는지 살펴보자.

USAA는 기나긴 서류 작업을 단순하게 만들기로 결정했다.

결정 의도: 신용카드 도용 문제를 신고하고 해결하는 과정을 쉽게 만든다. 누군가가 당신의 신용카드 번호를 갈취해 아무도 모르는 곳에서 물건을 사고 비용이 청구됐다면 어떨까? 그만큼 기분 나쁜 일도 없을 것이다. 하지만 카드가 도용됐다는 사실에 놀란 마음을 약간 진정시키고 나면, 다른 걱정거리가 치고 들어온다. 이미 지불된 비용은 어떻게 돌려받을까?

USAA에는 도용당했을 때 해결할 수 있는 절차가 있었지만, 서류 작업이 너무 많았다. 그 절차는 다른 은행들과 마찬가지로 이의를 제기할 청구 건 각각에 해당하는 양식을 모두 제출하는 것이었다. USAA의 고객 중 한 명은 신용카드 사기범이 결제한 스무 건을 이 절차를 따라 처리해야 했다. 그 고객은 절차에 따라 양식을 출력하고, 필요한 내용을 기입하고, 스캔한 뒤, 팩스로 보내거나 우편으로 보내야 했다. 그리고, 이 일을 스무 번이나 해야 했다!

고객을 내 편으로 만드는 행동: 양식 하나로 시간을 절약하고, 마음의 평화를 찾아준다. USAA는 신고 절차가 고객에게 부담이 된다는 사실을 확인하고 그 과정을 새롭게 만들었다. 규정을 바꿔서 도용으로 인해 결제된 건이 한 가지 사건에서 발생한 경우 결제 횟수와 상관없이 신고는 한 번만 하면 된다. 이들은 고객

고객은 언제 화가 날까?

이 양식을 출력하고, 필요한 내용을 기입하고, 스캔하고, 팩스나 우편으로 보내야 하는 손이 많이 가는 작업을 없애고, 이 모든 절차를 온라인으로 옮겼다.

이 시스템이 진작 있었다면 스무 건의 도용 결제를 신고해야 했던 고객의 시간을 엄청나게 절약할 수 있었을 것이다. 그러나 그 고객의 의견 덕분에 전체 시스템을 바꾸는 결정을 할 수 있었다. 그래서 그 고객이 잃은 시간은 다른 고객들이 기나긴 서류 작업을 피할 수 있게 도와준 영웅이 된 것으로 보상받았다.

USAA가 취하는 모든 행동은 군인과 그 가족을 지원한다는 기업 이념을 근간으로 한다(USAA는 미국 연방정부 직원과 군인을 대상으로만 운용되는 특수 보험 회사다―편집자주). USAA는 데이터와 정보를 쉽게 살펴볼 접근성과 단순한 절차가 필요하다는 사실을 파악하고, 복잡한 서류 작업과 오래 걸리는 절차를 없애기 위해 지속적으로 개선해 나가고 있다. 이 기업은 고객의 삶에 도움이 되는 변화를 모색하기 위해 고민한다. 예를 들면 2009년에는 금융 업계 최초로 고객이 직접 지점에 가지 않고 수표를 사진으로 찍어 보내기만 해도 입금할 수 있게 했다.

영향: 설립된 지 95년이 된 USAA는 270억 달러(약 32조 2,000억 원)의 가치를 평가받으며 고객을 위해 혁신을 지속한다. 이 원칙에 따라 행동한 덕분에 매년 고객의 98%가 보험을 갱신한다. 그리고 2009년부터 지금까지 순추천고객지수에서 높은 순위를 지키고 있다. 직원들은 USAA에서 근무한다는 사실에 자부심을 느낀다. 이 기업은 12년 동안 〈포춘〉의 일하기 좋은 100대 기업에 선정됐다(2018~2019년에도 선정되었으며, 2019년 〈USA 투데이〉가 발표한 미국 내 최고의 자동차 보험 회사 순위에서 1위를 기록하기도 했다―편집자주).

어머니의 시선

정직하게 대화하고 명확하고 단순한 언어를 사용하라!

USAA는 모든 일에서 고객을 가장 먼저 생각한다. 어떻게 하면 고객이 자신들과 거래할 때 더욱 편리하고 즐거울 수 있을지 고민한다. 이들은 복잡한 서류 작업과 오래 걸리는 절차를 없애기 위해 업무 방식을 계속해서 고쳐나간다.

> ## 당신은 어머니에게 복잡한 서류 작업을 하게 할 것인가?
>
> 당신은 전문 용어와 서류 더미 대신 이해할 수 있는 정보를 전달하는가?

고객은 언제 화가 날까?

고객이 상황을 계속 설명하게 하지 않는다

존 플린, 계좌번호 2394857, 전화번호…

"내 정보를 반복해서 말하는 데 지쳐서 앵무새를 샀습니다."

지금은 수백만 년 전 이야기처럼 들릴지 모르겠지만, 리츠칼튼 호텔이 예전에 머무른 적 있는 고객이 다시 찾으면 "돌아오신 것을 환영합니다"라고 응대하기 시작하면서 야단법석이 나던 때가 있었다. 당시에는 그 일이 고객 서비스의 정점을 보여준 사건이며 심지어는 마법이라고까지 했다.

요즘에는 기업이 고객을 알아보는 것은 당연한 일이다. 최소한 기본적으로 갖춰야 할 태도와 같은 것이다. 고객은 기업이 '나를 알아보고', '나를 기억해 주기를' 기대한다. 그러나 시대가 이렇게 변했음에도 아직도 어떤 기업은 고객을 알아보지 못하고, 다시 돌아온 고객을 환영하지 않으며, 유대관계를 쌓기 위해 각 고객의 정보를 활용하지 않고, 성장하는 데 필요한 기회를 놓쳐버린다.

66 제발 저를 알아봐 주세요 99

당신의 정보나 구매 이력, 이용 경험 등을 기업에서 자꾸만 다시 얘기해 달라고 하면 짜증나는가? 이 질문에 대한 답이 "그렇다"라면 당신만 그런 것이 아니니 걱정 마라. 컨설팅 기업인 액센추어 Accenture는 고객의 89%가 여러 담당자에게 자신의 문제를 반복해서 이야기하거나, 혹은 그 이야기를 자신과 자신의 상황을 잘 모르는 매장 직원에게 반복해서 이야기해야 하는 상황이 불만이었다는 사실을 발견했다.

또한 액센추어는 고객의 87%가 다양한 유통 경로에서 자신을 알아봐주기를 바라는 욕구를 충족시키기 위해 일관된 경험을 제공하기 위해 노력하는 브랜드를 원한다고 밝혔다. 영국의 컨설팅 기업인 프라이스워터하우스쿠퍼스PricewaterhouseCoopers는 2020년까지 한 기업에서 옴니채널 경험(온라인과 오프라인의 다양한 경로를 통해 상품이나 서비스를 탐색하고 구매하는 방식 – 옮긴이주)이 거의 완벽할 정도로 구현되기를 바라는 수요가 폭발적으로 늘어날 것이라고 전망했다.

모든 고객이 "저를 잘 아시잖아요"라고 말하며 맞춤형 서비스를 기대하는 가운데 아직 그런 경험을 전하지 못하는 업계는 뒤처져 있는 느낌이다. 그리고 그것을 개선하는 데 기회가 있다. 우리는 맞춤 서비스를 기대하며 우리가 누구인지 알고, 우리의 행동과 구매 이력을 체크하는 사람들에게 자연히 끌리게 되어 있다. 넷플릭스나 아마존, 심지어는 퍼스트 다이렉트 같은 은행까지도 고객을 파악하고 "저희는 고객님을 잘 알고 있습니다"라는 메시지를 담아 각 고객에게 적절한 경험을 전달하고 있다. 앞으로는 모든 기업이 고객을 파악하고 적절한 맞춤 서비스를 전달함으로써 고객을 관리할 능력을 갖춰야 한다.

이번 사례 분석은 온라인 쇼핑 서비스를 제공하는 스티치 픽스 Stitch Fix다. 이 기업은 비즈니스 모델 전체를 "저를 잘 아시잖아요"라는 고객의 목소리를 중심으로 만들었다. 대표이사 카트리나 레이크Katrina Lake는 개인 맞춤형 의류 큐레이션 서비스를 원하는 모든 여성을 위해 이 기업을 구상했고, 결국 설립했다. 그녀는 큐레이션 서비스의 확장 가능성과 수익성을 믿었고 그것은 성공으로 이어졌다.

스티치 픽스는 고객의 욕구와 선호도, 쇼핑 행태를 파악하기 위해 데이터 과학을 훌륭하게 활용한다. 덕분에 누구보다도 "자신의 스타일을 잘 아는" 기업에 고객들은 깜짝 놀라며 열광한다. 이 기업의 비즈니스 모델은 그대로 베끼기가 어렵다. 복잡한 데이터 알고리즘은 차치하고라도, 맞춤 서비스를 제공하면서 그들이 전하는 인간미라는 요인 때문이다. 이 비즈니스 모델은 알아둘 만한 가치가 있는 성장 전략이니 참고하기 바란다.

스티치 픽스는 "저를 잘 아시잖아요"를 비즈니스 성장 엔진으로 삼기로 결정했다.

결정 의도: 맞춤 서비스를 제공하고 "저를 잘 아시잖아요"를 확장한다. 스티치 픽스의 창업자 카트리나 레이크는 고객 맞춤 서비스를 제공하기 위해서 각 스타일리스트들의 유려한 기술과 개별 데이터베이스를 활용하는 것에서 한 발 더 나아가야 한다고 전망했다. 인공지능과 데이터 과학자, 스타일리스트를 한데 모으는 엔진을 구축해 자신에게 딱 맞춘 옷이라고 느낄 정도로 신뢰할 수 있는 개인 맞춤형 쇼핑 경험을 전달해야 한다고 생각한 것이다.

고객을 내 편으로 만드는 행동: 데이터 과학을 활용해 인간미를 더한다. 스티치 픽스는 "저를 잘 아시잖아요"를 제대로 구현하기 위해 3단계 계획을 수립한다. 먼저 고객의 사진과 함께 치수와 스타일 선호도, 고객의 라이프스타일, 필요한 의류를 묻는다. 그리고 고객이 핀터레스트^{Pinterest}에 저장해 둔 핀을 요청한다. 프로그래밍한 알고리즘에 이 핀터레스트 핀을 영리하게 활용해 고객이 양식에 적어낸 것 이상으로 스타일을 명확하게 파악하는 데 도움을 얻는다. 인간미와 전문성, 데이터를 한데 모으는 결코 흔치 않은 방법은 스티치 픽스가 개인 맞춤형 의류 큐레이션 서비스를 대중에게 알리기 위한 첫 번째 단계다.
다음으로 이 기업은 데이터 과학을 활용해 개인의 경험을 확장할 수 있게 해준다. 스티치 픽스의 최고 알고리즘 책임자 에릭 콜슨Eric Colson의 지휘 아래 주어진 데이터에서 도출한 알고리즘은 스타일리스트가 활용할 수 있는 스타일을 사이즈에서부터 체형, 소재, 색상, 패턴 선호도, 장소, 지역에 이르기까지 모든 것을 제안한다. 이 도구는 매우 강력하다. 가령 바지를 구입해야 한다면, 스티치 픽스는 개인의 체형과 선호도 등을 알고리즘으로 먼저 분석한다. 그 후 데이터 통계를 바탕으로 고객이 가장 선호하는 바지를 단 몇 개 아이템으로 추려낸다. 수없이 많은 선택지들 중에서 말이다.

세 번째로 스티치 픽스의 스타일리스트 3,400여 명은 인간미를 더하고 개인에게 맞춘 경험을 제공하기 위해 수많은 콘텐츠를 검토한다. 그리고 고객을 위한 의류 다섯 가지가 들어 있는 맞춤 상자를 만든다. 고객의 주문이 늘어날수록, 고객에게 꼭 맞는 결과를 내기 위해 데이터 과학을 개선한다. 스타일리스트도 마찬가지로 고객에게 더욱 가까이 다가갈수록 개인화 정도를 높인다. 예를 들면 내 친구 민디Mindy는 최근 수술에 대비해 헐렁하고 편안한 옷을 요청했다. 민디의 스타일리스트는 맞춤 상품을 보냈고, 빠른 회복을 기원한다며 꽃다발을 함께 보내왔다. 에릭 콜슨은 이렇게 말했다.

"우리 비즈니스는 가장 잘 맞는 것을 고객의 손에 쥐어주는 것입니다. (…) 기술만으로는 이 일을 할 수 없었을 것입니다. 사람의 힘만으로도 이 일은 할 수 없었을 것입니다. 우리가 한 일은 기술과 사람의 능력을 서로 조합할 수 있게 하는 것뿐입니다."

영향: 아마존 구매 건의 35%는 추천에 따른 것이다. 링크드인은 50%다. 스티치 픽스는 구매 건의 100%가 추천으로 이루어진다. 다른 업체들이 고군분투하는 가운데 스티치 픽스는 6년이 채 되지 않아 수익을 내기 시작했다. 지금까지 알려진 매출은 7억 3,000만 달러(약 8,700억 원)다.

스티치 픽스는 지난 2년 동안 직원이 거의 세 배로 늘었다. 현재 대부분 파트타임으로 일하는 스타일리스트는 2,800명으로 이들 중 많은 사람들이 재택근무를 하고, 창고 다섯 군데의 직원은 1,000명이 넘는다.

어머니의 시선

"저를 잘 아시잖아요" 경험을 제공하라!

스티치 픽스는 데이터에 인간미와 맞춤 서비스를 더한다. 하이 테크와 하이터치를 조합해 개인화된 경험을 제공한다.

> ## 당신의 고객은 당신이 자신을 '알고 있다'고 느끼는가?
>
> ### 당신이 취하는 소통 방식은 고객과의 관계에 적절한가?

고객은 언제 화가 날까?

고객은 언제 화가 날까?
이 장을 마치며

고객을 화나게 하는 행동은 그렇지 않아도 힘든 고객의 삶을 더욱 힘들게 만든다. 더도 말고 덜도 말고, 간단하게 생각하자. 어머니를 더욱 힘들게 만드는 요인, 당신이 고객일 때 맞닥뜨렸던 그런 행동이다.

> - 시간을 잡아먹는다.
> - 당신에게 (그리고 다른 사람에게도) 정서적으로 좌절감을 준다.
> - 지나치게 복잡하게 만들어 머리에 쥐가 나게 한다.
> - 해야 하는 일 때문에 서비스 피로를 느끼게 한다.

이 장에서는 **고객이 기업의 직원에게 기대하는 기초적인 것들**을 생각해봤다. 당신은 고객의 시간을 존중하는가? 무심코 고객에게 할 일을 떠넘기고 그 일을 겹겹이 쌓아 올리진 않는가? 고객과 소통할 때 열린 마음을 갖고 적극적으로 임하는가? 고객이 떠날 때도 존중하는가? 아니면 여기저기로 떠넘기는가? 고객은 도움을 구하기 위해 당신에게 연락하는 것이 즐거운가, 아니면 어려운가?

'비누를 물리고 싶게' 만드는 행동은 고객과의 관계를 방해한다. 고객이 이런 행동을 지나치게 많이 겪게 되면 기업을 거부할 수도 있다. 또한 이 행동은 당신의 직원들을 힘들게 만들 수도 있다. 당신의 고객이 힘든 씨름을 하고 있을 때 고객을 가장 가까이에서 대하는 직원이 씨름의 상대인 경우가 많기 때문이다.

그러나 이런 행동을 바꾸고 이런 순간을 없애면, 기회가 보인다. 고객은 씨름하기를 그만둔다. 거래를 대신해 관계가 자리를 잡는다. 그리고 그 결과로 성장이 따라온다. 모든 업계에는 업계 특유의 '비누를 물리고 싶은' 순간이 있다. 어머니의 자랑 기업은 기꺼이 이런 순간을 찾아서 내쫓아버리려고 노력한다.

#마케터의 질문

가장 간단한 말로 다시 이야기한다. 당신은 고통을 주는가, 아니면 즐거움을 주는가? 당신과 고객이 쉽게 거래하게 만들고, 기쁨을 주는가?

우리가 존재하는 이유는
무엇인가?

당신의 목표를 달성하기 위해서는 먼저,

다른 사람들의 목표를 달성할 수 있게 도와야 한다.

"우리는 받은 것으로 생계를 꾸려 나가고, 주는 것으로 인생을 꾸려 나간다."

| **윈스턴 처칠**Winston Churchill |

고객을 내 편으로 만드는 기업은 우리의 어머니처럼 **고객의 이익을 최우선으로 여기는 마음**을 행동으로 증명한다. 이런 마음가짐은 기업 성장의 근간이 되는 열렬한 팬을 형성해가며, 유기적으로 성장하는 기업의 핵심이다. 이들은 고객의 삶을 개선해주기 때문에 그들이 가져갈 수 있는 파이에서 더 큰 조각을 얻는다.

　이 내용을 이해하기는 쉽지만, 실행으로 옮기기는 매우 어렵다.

"자신의 목표를 달성하기 위해서는 먼저 다른 사람들의 목표를 달성할 수 있도록 도와야 한다"는 역설적인 현실을 깨달아야만 이런 방식으로 운영할 수 있게 될 것이다.

성장하기 위해 이런 접근법을 택하면 조직의 모든 이들이 새로운 방식의 서비스 디자인과 의사결정에 눈을 뜨게 된다. 구체적으로 이야기하면, 여행 중인 고객에게 목적지에 도착했다고 확인시켜주며 '마음의 평화'를 가져다주는 것, 혹은 서비스를 이용하는 고객에게 새로이 환영받는 경험을 만들어주는 것이다. 고객의 욕구를 바탕으로 신중하게 계획해 신뢰의 순간을 쌓아올리고, 고객의 삶에 도움을 주면서 추억을 전달한다. 이 방법은 '두더지 잡기 게임'식으로 문제를 해결하는 것을 넘어 고객의 감정과 삶을 상상하게끔 만든다.

스스로에게 물어보자. 당신이 운영하는 기업의 토대는 무엇인가? 당신의 조직을 움직이게 만드는 원동력은 무엇인가?

바깥에서 안을 들여다보는 역지사지 관점을 택해 고객을 내 편으로 만드는 기업은 기본적으로 의사결정의 마지막 단계에 고객의 일상을 고려한다. 이 기업들은 제품과 소비 경험을 개선하는 방법을 생각하면서 고객의 감정과 고객이 이루고 싶어 하는 목표를 떠올린다. 그리고 고객이 원하는 진정한 순간을 위해 제품과 해결 방법, 경험을 디자인하며 성장한다.

예를 들어, 의류 브랜드 콜한Cole Haan의 혁신 센터는 고객의 입장이 되어 고객의 삶을 상상한다. 디자이너와 혁신가들은 모든 유형의 고객 입장이 되어 고객이 하루 동안, 한 주 동안, 한 해 동안 무엇을 하는지 알아내기 위해 온 힘을 다한다. 말 그대로 고객의 '신발'을 신고 걸어보려고 노력한다. 하이힐을 신은 여성들은 언제, 어디서 발이 꽉 조여 아프기 시작할까? 콜한의 디자인 및 혁신 담당 부사장 스콧 팻Scott Patt은 미국 비즈니스 잡지인 〈패스트 컴퍼니Fast Company〉와의 인터뷰에서 이렇게 생각하는 이유를 한 마디로 요약했다.

"우리가 지금 하는 일이 사람들의 삶을 개선할 수 있다는 믿음에서 이 일을 시작했습니다."

이처럼 사람들의 삶을 '상상하는 일'은 수년 전 랜즈 엔드를 성장시킨 방법이다. 이 의류 업체는 내가 사회 초년생 시절을 보낸 곳으로, 이곳에 몸담고 있으면서 참 많은 상상을 했다.

우리는 택배 기사가 아이 어머니에게 아이의 첫 멜빵바지가 담긴 상자를 건네는 모습을 상상했다. 우리는 어떻게 하면 아이 어머니가 멜빵바지의 무릎 부분을 계속해서 덧대지 않아도 될지, 이 부분을 어떻게하면 탄탄하게 만들 수 있을지 생각했다. 여성 수영복을 만들기 시작했을 때는 수영복을 사러갈 때와 수영복을 이리저리 잡아당기고 끌어올리며 입은 모습을 거울에 비춰 봤을 때 느끼는 기분에서 시작했다. 그리고 우수 고객에게 물었다.

"더 좋은 수영복을 만드는 데 파트너로 참여해보시겠어요?"

수백 명의 여성들이 위스콘신주 닷지빌(이곳에 랜즈 엔드의 본사가 있다 ─ 편집자주)까지 날아와 회사 안에 있는 커다란 수영장에 모였다. 그곳에서 우리는 고객들이 수영장과 레인을 들락날락하는 것을 지켜보았다. 고객이 수영복을 홱 잡아당기는 부분을 바꿨고, 끌어올리는 부분을 고쳤다.

우리는 택배 상자를 장난감만큼이나 실컷 갖고 놀았던 어린 시절을 회상하고는, 위쪽 덮개에 소와 양, 말의 머리와 꼬리를 인쇄했다. 아이들이 집안 곳곳에서 랜즈 엔드 상자를 타고 다닐 수 있도록 아이디어를 떠올린 것이다. 30년도 지났지만 사람들은 아직도 그 상자 이야기를 한다. 우리는 고객의 일상적인 삶에서 시작했다. 우리는 고객의 사랑을 받기를 간절히 바랐다. 우리는 고객의 삶을 위해 노력했다.

고객의 관점에서 경험과 제품을 디자인하기 위해서는 현재 상태에 도전하고, 바깥에서 안을 들여다보는 역지사지 관점을 바탕으로 한 새로운 리더십과 의지, 통합이 필요하다. 인간 중심과 고객 중심 디자인을 한다는 것은 리더십과 운영의 구심점을 바꾼다는 의미다. 고객에게 무언가를 얻으려는 디자인에서 **고객이 원하는 바를 달성할 수 있도록 무언가를 주려는 디자인**으로 바꾸는 것이다. 그래서 고객이 기업의 가치를 알아보고 느낄 수 있도록 하는 것이다.

고객의 삶을 개선하기 위해 운영과 절차, 제품, 서비스를 디자인하려면 디자인의 근원부터 바꿔야 한다. 기업 중심의 우선순위와 주안점에서 벗어나 기업 밖에 있는 고객의 우선순위와 정서, 욕구를 살핀다. 고객이 당신의 기업과 관계를 맺어 원하는 바를 달성하게 되면 기업의 편이 되어 성장하도록 도우며 보상할 것이다. 그리고 고객은 당신의 기업을 성장시키는 지원군이 되어 당신이 어떻게 원하는 바를 이룰 수 있도록 도왔는지 널리 알릴 것이다.

필요를 발명의 어머니라고 부르듯, 어머니는 기업의 성장에 바람직한 영감을 준다. 어머니의 무조건적인 사랑은 고객의 이익을 최우선으로 하는 사람들을 떠올리게 한다. 고객은 그들에게 자연스럽게 끌린다. 고객을 내 편으로 만드는 기업이 될 기회는 아무런 조건 없이 삶을 개선해주기 위해 고객 경험을 디자인하는 데 있다. 기업의 변화와 성장은 의무적으로 해야 하는 일을 넘어, 이상적으로 추구해야 하는 일로 옮겨가며 확장하는 데서 비롯된다.

이 장에서는 기업을 성장시키고 직원과 고객을 더욱 가깝게 끌어당긴 재발명과 전환, 파괴에 관해 알려줄 것이다. 어떤 것은 규모가 크고, 또 어떤 것은 소소하다. 이 장의 모든 사례에서 중요한 점은 이들이 시작한 지점이다. 이 기업들은 모두 서비스 개선의 영감이나 변화를 이끌어내기 위한 원동력을 고객의 삶과 정서, 욕구에서부터 찾는다. 여기서 소개하는 고객을 내 편으로 만드는 기업은 고객이 원하는 바를 이룰 수 있도록 길을 깔아줌으로써 기업도 목표를 달성할 수 있었다는 사실을 증명한다.

기업의 존재 목적을 명확히 한다

공유 경제의 상징이 된 온라인 숙박 서비스 기업 에어비앤비 Airbnb는 2013년에 자신들의 존재 목적을 재정의해야 한다는 결정을 내렸다. 이들은 다음과 같은 질문에서 시작했다.

"에어비앤비는 왜 존재할까? 목적은 무엇일까? 세상에서 에어비앤비의 역할은 무엇일까?"

에어비앤비는 게스트와 호스트가 똑같이 소속감을 느끼고 싶어 한다는 사실을 발견했다. 게스트와 호스트는 새로운 장소에 도착해서 편안히 자리를 잡는 데, 잡게 하는 데 관심을 두었다. 그리고 도

우리가 존재하는 이유는 무엇인가?

시의 면면을 관광객이 아닌 현지인처럼 보고 겪기를 바랐다. 아주 짧은 기간이라도 현지인처럼 생활하기를 원하는 것이다.

에어비앤비는 그 이후로 '소속감'이라는 글로벌 문화를 만들어내기 위해 존재한다. 사람들이 어디서든 소속감을 느낄 수 있도록 돕는 데 노력을 기울인다. 덕분에 에어비앤비는 고객에게 단순히 멋진 숙박지를 좋은 가격에 소개하는 것을 넘어 더 높은 목적으로 향한다. 에어비앤비 숙소에서 게스트가 집에 있는 것처럼 느낄 수 있도록, 인간적이고 개인적인 경험을 제공하도록 사업을 운영하는 것이다. 또 직원들이 고객의 경험을 혁신하기 위해 존재 목적을 통합할 수 있도록 "전 세계 어디에서든 우리집처럼"을 모토로 삼았다. 이 모토는 더 높은 목적을 달성하도록 이끌어준다. 이런 변화는 에어비앤비가 성장 궤도를 유지하고 시장에서 차별화할 수 있도록 해주는 탄탄한 토대가 됐다.

고객을 내 편으로 만드는 기업은 존재 목적을 명확하게 하는 일에 우선순위를 둔다. **명확한 존재 목적은 직원들에게 일의 의미를 일깨워준다.** 직원들을 팀으로 묶고, 고객이 바라는 하나의 기업 경험을 전달할 수 있게 만든다. 나아가 개인 업무를 넘어서 그 이상을 바라보도록 해주는 접착제가 된다. 명확한 존재 목적은 고객에게 의미 있는 경험을 전달하기 위해 태도와 행동을 통합한다. 콜센터 직원은 기업의 존재 가치를 전달하고 어려움에 처해 있는 고객을 구해주는 중요한 역할을 한다. 매장 직원은 고객에게 쇼핑의 즐거움으로 마음까지 치유해주는 역할을 한다. 배달 직원은 고객에게 마음의 평화를 배달하는 큰 그림의 일부가 된다.

66 기업의 존재 목적으로 기업을 통합한다 99

고객을 내 편으로 만드는 기업은 존재 목적을 밝히기 위해 노력을 기울인다. 그런 다음 존재 목적을 행동 양식이나 사업 운영 방식에 반영하기 위해 힘든 작업을 한다. 이런 기업은 채용할 사람과 행동하는 방식, 성장하기 위해 할 일과 하지 않을 일 등을 기업의 존재 목적과 연결한다. 따라서 명확한 존재 목적은 기업의 일관적인 태도 유지와 성장에 토대가 된다.

영유아를 위한 이유식 브랜드 거버Gerber는 세상의 부모들을 돕고 궁금해 하는 것을 알려주어 부모의 신뢰를 받는 파트너가 되자는 기업 이념 덕택에 90년 동안 번창했다. 이들은 기업을 운영하는 수년 동안, 제품만 판매하는 것이 아니라 가족들에게 정보를 제공하고, 커뮤니티를 만들어주며, 양육 방법을 알려주면서 사람들의 삶의 일부가 되는 데 초점을 맞춘다.

당신의 기업이 명확한 존재 목적을 가지고 있다면 직원들은 고객의 삶을 위한 사명이자 유일한 약속을 마음에 새길 수 있다. 기업의 존재 목적은 조직 전체의 업무를 서로 연결해 개인과 팀의 선택에 방향을 제시해준다. 또한 단순히 주어진 업무를 수행하는 것에서 고객이 주위 사람들에게 반복해서 널리 이야기할 만한 경험을 전달하는 수준으로 일의 격을 높여준다.

고객을 내 편으로 만드는 기업은 존재 목적과 어떤 고객을 보살 필지를 명확히 하기 위해 열심히 노력해 왔다. 사례 연구에서 자세히 살펴볼 이케아^{IKEA}는 편안한 집을 만들고 싶어 하는 많은 사람들을 위해 해결책을 만들어주는 것을 근간으로 비즈니스를 시작했다. 미국에서 최고의 신장腎臟 관리 기업으로 알려진 다비타^{DaVita}는 '생명을 주는 것(Giving life, 이를 이태리어로 다 비타$^{Da\ Vita}$라 부른다 – 편집자주)'을 존재 목적으로 삼았다. 다비타는 직원들이 목적에 충실했는지를 포착해 '영웅의 순간'이라고 부르며 재정적인 보상을 한다. 심지어 환자를 가장 많이 돌본 간병인, 환자를 가장 잘 보살핀 팀 등을 환자의 의견에 따라 평가에 반영하는 등 조직의 누구라도 고객에게 좋은 평을 얻으면 그 성과를 높게 평가하고, 더 많은 권한을 부여한다. 덕분에 회사 전체에는 생명을 다룬다는 사명감이 형성되어 있다. 다비타는 존재 목적에 맞게 통합된 시스템으로 신장 질환을 가진 환자들을 건강하게 관리하는 통합 접근법을 운영 모델로 삼고 있다.

❝ 모든 직원의 업무를 고객의 삶을 개선하는 일과 연결한다 ❞

명확한 존재 목적을 가진 기업에 충성도가 높고 적극적으로 관여하는 직원들이 많은 것은 당연한 일이다. 목적을 일관되게 알리는 일은 업무의 방향을 알려주고, 즐거움을 전해주며, 일상적인 업무를 더 높은 목적을 달성하기 위한 수단으로 만들어준다.

2017년 그랜트 손튼Grant Thornton의 '국제 비즈니스 리포트International Business Report'에 따르면 전 세계의 역동적이고 빠르게 성장하는 기업의 70.5%는 수익과 관련이 없는 존재 목적을 가지고 있다. 그리고 사람들은 기업이 따르는 목표를 기억하고 그에 따라 구매 의사결정을 내린다. 글로브스캔GlobeScan의 조사 결과를 살펴보면 전 세계 중산층의 40%는 명확한 목적을 가지고 사회의 이익을 위해 행동하는 브랜드를 찾는다.

당신의 기업은 어떤 모습인가? **당신의 기업은 고객의 삶을 더 나아지게 만들기 위해 모든 절차가 통합되어 있는가?** 당신 기업이 이룬 가장 훌륭한 성과를 기업 운영의 '이유'를 바탕으로 설명할 수 있는가? 업무가 끝나는 날마다, 달마다, 해마다 무엇을 기준으로 성공을 측정하는가?

이제 이케아가 어떻게 지금의 자리까지 오게 되었고, '왜' 성장에 불이 붙었는지, 촉망받는 미래 뒤에 숨겨져 잘 알려지지 않은 이유에 대해 조금 더 자세하게 살펴보자.

이케아는 많은 사람들을 위해 더 좋은 일상을 창조하기로 결정했다.

결정 의도: 대중을 위해 존재한다. 이케아는 기업의 존재 목적을 잘 알고 있다. 목적을 일관되게 추구하는 능력이 성장에 불을 지핀다. 이케아는 금전적 대가 대신 땀을 흘릴 의향이 더 많은 고객을 위해 존재한다. 이케아는 고객이 스스로 가구를 조립하고, 도움을 얻기 위해 판매 직원을 찾아가게 하고, 상품을 직접 차로 옮기게 한다. 그러나 이 일에는 전부 타당한 이유가 있다. 많은 사람들이 돈을 절약하면서 자신의 공간을 합리적인 가격에 꾸미고 싶어 하기 때문이다. 이 이유를 바탕으로 세운 존재 목적은 당시 열일곱 살밖에 되지 않았던 고故 잉바르 캄프라드Ingvar Kamprad가 이케아를 설립했던 1943년부터 확고하게 지켜왔던 약속이다.

고객을 내 편으로 만드는 행동: 고객에게 의미 있는 제품을 낮은 가격에 제공한다. 이케아의 정체성은 고객의 욕구에 맞추어 품질이 좋고 기능적인 제품을 낮은 가격에 판매하는 것이다. 캄프라드는 1975년 '어느 가구 상인의 증언The Testament of a Furniture Dealer'이라는 성명서에서 이렇게 말했다.

"(우리의 목적은) 디자인이 좋고 기능적인 가정용 가구를 최대한 많은 사람들이 살 수 있을 정도로 낮은 가격에 제공하여 더 좋은 일상을 만들어주는 것이다."

캄프라드는 의미 있는 제품을 낮은 가격에 제공한다는 목적을 조직 안에 있는 모든 직원에게 적용한다.

"제품 개발자나 디자이너, 구매 담당자, 사무실 및 창고 직원, 영업 담당자 등 소비자 가격과 모든 비용에 영향을 미치는 자리에 있는, 즉 모든 직원은 이 목적을 가져야 한다. 낮은 비용을 실현하지 못하면 우리의 존재 목적을 절대 이룰 수 없다."

이처럼 명확한 존재 목적은 지금까지도 이케아가 전 세계로 퍼져나갈 수 있도록 지속적으로 이끌어주었다. 이 목적에 따라 거실에 의자가 필요한 사람의 삶, 즉 '대중의 삶'에서 시작해 가격부터 디자인할 수 있었던 것이다. 이 목적은 고객이 의자를 스스로 조립할 수 있도록 상자에 포장해서 판매하는 것으로 연결됐다. 이 목적은 캄프라드와 이케아의 근본 정신을 알리고, 이케아만의 궁극적 기준인 "가격 대비 좋은 가치"를 담은 스웨디시 미트볼을 만들어내기에 이르렀다.

영향: 이케아는 48개국에 393개 매장을 갖추고 전 세계의 방문객 5억 4,500만 명을 맞이하는 세계에서 가장 큰 가구 판매 기업으로, 〈포브스〉는 이케아를 전 세계에서 41번째로 가치 있는 브랜드로 꼽는다. 2016년에는 〈포춘〉에서 선정하는 일하기 좋은 100대 기업에 이름을 올렸다. 이케아는 명확한 존재 목적에 집중하며 가치와 경제성, 직접 만드는 것에 대한 자부심을 의미하는 '이케아 효과'에 매료된 팬 층을 형성해왔다.

우리가 존재하는 이유는 무엇인가?

어머니의 시선

목적과 약속에 따라 운영하라!

이케아는 "대중을 위해 존재한다"는 목적에 따라 기업을 운영한다. 모든 내부 조직과 직원, 운영 방식을 통합해 고객의 삶에 필요한 가치를 전달한다.

당신의 기업은 명확한 존재 목적을 갖고 있는가?

모든 직원이 고객의 삶을 증진시키기 위해 서로 연합하는가?

당신 앞에 서 있는 사람을 존중한다

"이 양식을 먼저 채워주세요."

고객에게 어떻게 인사하는지는 앞으로 고객이 어떤 대우를 받을 것인지에 관해 많은 것을 알려준다. 어떤 기업에 전화를 하거나, 어떤 호텔에서 체크인을 하거나, 어떤 상점에 들어가거나, 병원에서 의사를 찾을 때 바로 그 첫 만남의 순간은 앞으로의 관계를 예상케 한다. 고객은 입구에 서서, 혹은 줄을 서서 기다리는 동안 직원들이 알아볼 때까지 목이 살짝 멘다.

베스는 회사의 건강보험 덕분에 자신은 물론 가족까지 추가로

우리가 존재하는 이유는 무엇인가?

비용을 지불하지 않고도 근처 응급실에 갈 수 있다는 사실을 다행이라고 여긴다. 소득이 그리 많지 않은 교사에게 이 혜택은 위안이 된다. 그러나 베스는 접수할 때마다 병원이 자신을 썩 달가워 하지 않는다는 생각이 든다.

접수데스크에 서 있으면 "안녕하세요"라는 의례적인 목소리가 들린다. 데스크 뒤편에서 컴퓨터 화면을 보고 있던 누군가가 잠시 고개를 들어 인사한 것이다. 그리고 접수데스크의 직원이 딱딱한 목소리로 방문 이유를 물으며 타이핑을 한다. 그들에게는 모니터 속 양식을 채우게 하는 것이 가장 우선순위 업무인 것 같다. 베스가 진정으로 원하는 것은 중요하게 대우받는 것이다. 이는 우리 모두가 원하는 것과 같다. 베스는 직원들이 자신을 존중하는 마음으로 먼저 알아봐주고 어떤 도움이 필요한지 물어봐주기를 원한다.

당신이 고객을 어떻게 반기느냐는 고객의 나머지 경험이 어떨지 짐작하게 되는 중요한 실마리가 된다. 극도로 효율적인 일정에 빠져들면 무심코 앞에 서 있는 고객의 권리보다 내부 절차에 더 집중하게 된다.

당신은 어머니를 홈파티에 초대하고는 번호표를 주고 자리에 앉아 기다리라고 하겠는가? 물론 그렇지 않을 것이다. 어머니를 반기며 안으로 들어오라고 하고, 안부를 묻고, 편안하게 느끼게 해줄 것이다. 어머니가 당신에게 얼마나 중요한 사람인지 인정하고 확실히 느끼게 해줄 것이다.

66 바로 앞에 서 있는 고객의 권리를 존중한다 99

고객을 내 편으로 만드는 기업은 사람들이 바라는 것을 충족할 수 있도록 행동한다. 앞에서 언급했던 하얏트 호텔^{Hyatt Hotels}은 사람 중심으로 고객의 경험을 새롭게 디자인하기 위해 체크인할 때 '고객 알아보기'에 초점을 두었다. 대표이사 마크 호플라마지안^{Mark Hoplamazian}은 호텔 체인의 관점이 아니라 고객의 관점에서 하얏트의 체크인 경험을 개인적으로 관찰하게 되면서 이 일을 시작했다고 말했다.

그 결과 하얏트는 2년 동안 프론트 데스크 직원이 예약 정보부터 입력하는 것에서 벗어나 고객을 환영하며 인사하는 데 집중하는 체계를 만들었다. 이렇게 바꾸자 프론트 데스크에는 친근하고 붙임성 있는 사람들이 점점 더 많이 채용되었다. 이제 하얏트 호텔 데스크에는 키보드 누르는 소리 대신 웃으며 인사하는 소리가 들린다. 그들의 인간적으로 공감하고 교류하는 방식은 고객을 맞이하는 대표적인 특징으로 자리 잡았다.

하얏트 호텔이 알려주는 훌륭한 방식을 참고해 고객을 맞이하는 방식을 새롭게 디자인해보자. "안녕하세요"라고 인사할 때 환영하는 눈인사와 함께 고객의 이름을 부르는 것으로 바꿔보는 것이다. 정말 흔한 이야기처럼 들릴 것이다. 우리는 고객을 따뜻하고 친근하게 맞이해야 한다는 사실을 물론 알고 있다. 그러나 실제로는 이런 일이 흔치 않다. 캐나다의 경력 개발 커뮤니티인 콘택트포인트ContactPoint에서 진행했던 고객 조사 결과에 따르면 직원이 고객의 이름을 부르며 맞이하거나 먼저 질문을 한 경우는 평균 21%에 불과했다.

우선 사람을 존중하는 기업이 되자. 당신 기업에 다가오는 고객을 알아보자. 진심 어린 마음으로 돌보자. 고객의 이름을 기억하자. 이렇게 고객을 알아보는 작은 행동은 거래 관계를 넘어서 진실한 관계로 향하는 길을 만들어준다. 이 행동은 기업을 돋보이게 하지만, 한 푼도 들지 않는다. 인간미를 보이는 일은 항상 서류를 꾸미는 일보다 앞선다는 것을 잊지 말자.

이어서 캐나다 앨버타주 캘러리에 있는 메이페어 영상진단센터Mayfair Diagnostics가 어떻게 병원의 접수 경험을 완전히 바꿔놓았는지 살펴보자. 이들은 접수처에서 단순히 업무를 처리했을 때와 눈을 맞추고 고객을 관리했을 때에 따라 다르게 나타나는 고객의 정서적 반응을 파악했다. 사람을 중심으로 새롭게 디자인한 방식과 고객에게 건네는 "안녕하세요"를 재해석해 얻은 결과에서 영감을 얻을 수 있기를 바란다.

메이페어 영상진단센터는 고객을 맞이하는 방식을 사람 중심으로 디자인하기로 결정했다.

결정 의도: 고객을 보살피는 마음으로 환영한다. 의사가 신체를 촬영하는 등의 검사를 하라고 하면 결과가 나올 때까지 걱정과 두려움, 염려가 환자를 덮친다. 수많은 서류 작업이 처리되는 것을 기다린 후에야 마침내 결과를 들을 수 있기 때문이다. 그러나 환자인 우리는 늘 더 많은 것을 바란다. 병원이 조금 더 빠르게, 조금 더 공감해주며, 조금 더 보살펴주기를 원한다. 그러면 환자는 그 절차를 지나는 동안 일어날 일을 예상할 수 있고 마음의 안정을 찾게 된다.

앨버타주 캘러리에 있는 메이페어 영상진단센터는 매년 이곳을 찾는 70만 명의 환자를 위해 환자들이 겪을 정서적 여정을 살펴보고 다시 디자인하기로 했다. 이들은 고객을 지원하고 응대할 때 좀 더 계획적으로 역할을 수행하려고 했다. 서비스 기업으로서 돋보이고, 환자와 가족들이 명확하게 상황을 파악하고 통제할 수 있도록 경험과 공감을 제공해 성장할 여건을 갖추는 것이다.

고객을 내 편으로 만드는 행동: 고객을 맞이하는 방식을 새롭게 디자인했다. 메이페어는 병원에 들어오는 환자 대부분이 직원이 먼저 나서서 응대해주기를 원한다는 사실을 알게 됐다. 그러나 기존의 절차는 환자를 접수하며 하나씩 확인하는 것이었다. 도착했는가? 확인 완료. 건강 보험은 있는가? 확인 완료. 접수

우리가 존재하는 이유는 무엇인가?

서류를 작성했는가? 확인 완료. "자리에 앉아 계세요. 이름을 불러드릴게요."

이와 달리 새로워진 메이페어에서는 환자가 도착하기 전에 직원이 먼저 연락한다. 환자가 도착하면 환자의 상태를 미리 알고 있는 직원이 나타나 필요한 것이 있는지 파악하고 환자와 가족이 병원에 자리를 잡을 수 있게 돕는다. 단순히 접수 서류를 작성하는 것을 넘어서서 환영하고 맞이한다.

메이페어는 환자들의 정서를 이해함으로써 환자들의 정서에 영향을 미치는 몇 가지 핵심 영역을 재정비할 수 있었다. 새롭게 디자인할 때 기초가 됐던 깨달음 중에서 핵심은 눈 맞춤의 중요성이다. 이들은 환자가 접수 데스크 앞에서 아래를 바라보며 서 있을 때 고객과 기업 사이에 불균형한 관계가 형성된다는 사실을 발견했다. 그래서 메이페어 병원은 '환영 공간'을 만들고, 이 공간을 중심으로 고객을 맞이하는 방식을 새롭게 구성했다. 직원은 환영 공간에 서 있는 환자에게 눈을 맞추고 인사를 건넨다. 그런 다음 노드스트롬Nordstrom 백화점과 포시즌스 호텔에서 하는 것처럼 걸어 나와 고객을 맞이하고 지원한다. 이 같은 변화를 이끌었던 재키 매카티Jackie McAtee는 이렇게 말했다.

"환자의 경험에 공감이라는 요소를 디자인해 넣으려면 조직의 운영과 사고방식에 근본적인 변화가 필요합니다. 단순히 대기 공간에 아이패드 몇 개를 놓는다고 이런 변화를 만들어낼 수는 없을 거예요."

영향: 이렇게 새롭게 디자인된 병원은 계획보다 3개월이나 먼저 수익을 내기 시작했다. 초기에 이 병원의 순추천고객지수는 평균보다 3점 높았다. 환자들의 반응은 이렇게 새로워진 병원에서 검사를 받게 해달라고 요청하고 부탁할 정도로 매우 긍정적이었다.

어머니의 시선

따뜻하고 진심 어린 마음으로 건네는
"안녕하세요"

메이페어 영상진단센터는 문을 열고 걸어 들어오는 환자의 눈을 바라보고, 바로 앞에 서 있는 환자를 '처리하지' 않고 안내하는 것으로 고객을 맞이하는 경험을 새롭게 디자인했다.

> ## 당신의 "안녕하세요"는 관심을 보이는 일인가, 절차에 불과한 일인가?
>
> ### 모든 직원이 역할에 관계없이 고객을 돌보기 위해 협력하는가?

우리가 존재하는 이유는 무엇인가?

195

고객의 사정을 이해하고 공감한다

"3초 지났습니다. 하루치 비용이 추가됩니다!"

우간다의 여성 기업가들은 종종 절망적인 악순환을 경험한다. 그들에게 대출은 매우 높은 이율과 짧은 상환 기간, 상환 지연 수수료까지 부과되는 어렵고 제한적인 일이다. 자금을 제대로 조달할 수 없으니 아무리 열심히 일해도 성공하기가 매우 어렵다. 이들의 어려움을 파악하고 공감한 우간다 여성 기업인 프로그램Uganda Women Entrepreneurship Programme은 자격이 되는 여성들에게 대출 상환 기간을 늘려주고 대출 조건을 완화해주기 시작했다.

이 혜택은 각 기업인이 기업을 운영하면서 얼마나 오랫동안 수익을 창출했는지를 바탕으로 주어졌다. 여성들에게 성공할 기회를 주기 위해 공감과 보살핌을 기반으로 디자인된 이 프로그램은 자격이 되는 여성들에게 첫 해에는 무이자로 대출금을 상환할 수 있게 해준다.

우리도 우간다의 여성 기업인처럼 취약한 위치에 있을 때 누군가 이 상황을 이해해주고 도와주기를 원한다. 우리가 지금 겪고 있는 일을 이해하는 '사람'이 답변해주기를 바란다. 고객을 내 편으로 만드는 기업은 고객의 삶에서 취약한 시기를 찾는 데 시간을 들인다. 그리고 이 정보를 토대로 따뜻하게 보살펴주는 답변을 만들고 고객에게 공감을 담아 전한다. 그리고 이 행동을 기업과 직원이 일관되게 지킬 수 있도록 만든다. 이것은 고객을 내 편으로 만드는 기업이 운영 모델에 인간미를 엮는 방법이다.

예를 들어 메르세데스 벤츠Mercedes Benz는 자동차를 리스한 고객이 사망하면 가족들에게 다음과 같은 메시지를 전한다.

"힘든 시간을 보내고 계시죠. 저희가 도움을 드리고 싶습니다."

고객의 가족들은 위로의 편지와 함께 앞으로 처리해야 할 일을 기록할 수 있는 가죽 노트와 펜을 받는다. 그리고 벤츠는 가족에게 모든 수수료를 유예해주고 10일의 차량 반환 기간을 주는 자비를 베푼다. 혹은 자격이 되는 가족이 리스를 넘겨받고 리스 계약을 지속할 수 있게끔 한다. 리스 소유주 이전에 드는 수수료도 면제해준다.

66 고객의 마음에 자리 잡기 위해서 먼저 자비를 베푼다 99

운영 모델에 고객에게 공감하는 마음을 반영하고, 인간미를 나타내는 행동에 노력을 기울이며, 고객에게 도움을 주는 제품과 서비스를 구축할 수 있는 영감을 부여하면 고객을 내 편으로 만들 기회를 잡을 수 있다. 이런 순간을 맞이하게 해줄 영감은 고객이 느끼는 불편으로부터 얻을 수 있다.

예를 들어 비영리 단체인 홀섬 웨이브Wholesome Wave는 형편이 나쁜 사람들이 과일과 채소를 사지 못한다는 점에서 아이디어를 얻었다. 이들은 취약 계층을 돕기 위해서 의사가 '과일 및 채소 처방전'을 써줄 수 있도록 전국 조직을 구성했다. 그리고 1,400명이 넘는 농부와 시장, 식료품점과 협력해 '농산물 처방전'을 취약 계층에 전했다. 홀섬 웨이브는 이 같은 행동으로 취약 계층이 비만이나 고혈압, 제2형 당뇨병 등 식단과 관련한 질병에 걸릴 위험을 줄여주며 좀 더 건강하게 살 수 있도록 돕고 있다.

당신의 고객은 어느 부분에서 불편을 느끼고 있는가? 당신은 고객 여정에서 그 불편함을 찾아내 개선하면서 다른 기업보다 한 계단 높이 올라설 수 있는가? 색다른 운영 방법으로 당신의 기업을 다른 기업과 차별화할 수 있는가?

다음에 나오는 사례 연구는 차별화된 기업 운영을 하기 위해 시작한 와비 파커Warby Parker에 관한 이야기다. 와비 파커는 품질과 가격을 좌우하는 소수의 제조업체가 주도하던 업계에 대안을 제시하며 합리적인 가격에 좋은 안경을 판매하는 차별화로 성공한 기업이다.

창업자들은 그중 한 명이 배낭여행에서 안경이 부러진 뒤 안경을 사는 데 돈이 많이 들어 포기하고 대학원 첫 학기 내내 찡그리고 다녔다는 이야기를 전한다. 이후 네 명의 창업자는 "모든 사람에게는 또렷하게 볼 권리가 있다"는 믿음을 바탕으로 이 기업을 설립했다. 그리고 이들은 안경 맞추기가 부담스럽거나 힘든 일이 아니라 오히려 간단한 일, 심지어는 즐거운 일이 될 수 있다고 생각한다. 와비 파커가 어떻게 자비를 베풀며 자리를 잡았는지 살펴보자.

와비 파커는 30일 반품 정책인
'무조건 반품 제도'를 시행하기로 결정했다.

결정 의도: 고객에게 유예 기간을 준다.

"고객님, 바로 구입한 물건을 사용해 보세요. 그리고 보내드린 물건이 마음에 들지 않으시면 저희에게 돌려주세요."

언젠가 당신에게 이렇게 말한 기업이 있었던가? 아마도 그리 자주 보지는 못했을 것이다. 그러나 와비 파커는 이런 상황이 발생하리라는 사실을 알기 때문에 이렇게 말한다. 이들은 고객이 안경을 깔고 앉은 순간 고객을 돕고 싶어 한다.

고객을 내 편으로 만드는 행동: 고객을 온전히 믿는다. 대부분의 기업은 이런 식으로 판매 조건이 확대되면 규칙이나 가이드라인으로 무장해 고객이 이득을 취하지 않도록 견제한다. 고객이 옳지 않은 일을 할까 걱정해 견제와 균형의 자세를 취한다. 이것이 바로 기업들이 여러 가지 규정을 만들어내는 이유다. 이익을 취하려는 소수의 고객으로부터 자신들을 보호하기 위한 것이다.

그러나 기업의 의도만 올바르다면 규칙을 지키기 위한 견제와 균형은 필요하지 않다. 와비 파커는 고객을 믿는다. 30일 이내에 안경을 밟거나 떨어뜨려 안경이 부러진 상황에서도 어떤 질문도 하지 않고 교체해준다. 고객의 파손된 안경 조각을 받기도 전에 이미 새 안경을 보낸다.

와비 파커의 첫 번째 기본 원칙은 "당신이 대접받고 싶은 대로 고객을 대접하라"다. 부러진 안경을 손에 들고 있든지 혹은 다른 이유로든지 와비 파커에 전화를 걸면, 6초 안에 사람이 전화를 받는다. 전화를 받는 사람들은 공통의 가치를 가지고 하나가 되어 일련의 절차를 따른다(와비 파커는 잭 케루악Jack Kerouac의 초기 소설에 등장하는 인물인 와비 페퍼Warby Pepper와 재그 파커Zagg Parker에서 이름을 따왔다. 와비 파커에서 일하는 직원들은 진리를 찾기 위한 여정을 다룬 잭 케루악의 《다르마 행려The Dharma Bums》 한 권씩을 받는다). 와비 파커는 직원들이 재량권을 발휘해 고객을 위한 행동을 택할 수 있게 했고, 그 결과 항상 기꺼이 고객을 위해 일하는 직원이 고객을 맞이하게 되었다. 게다가 이들은 안경 하나를 판매할 때마다 안경이 필요한 누군가에게 안경 하나를 기부하기도 한다.

영향: 가치와 신뢰, 인간미를 기반으로 한 기업 문화와 운영 방식 덕분에 와비 파커의 판매를 이끄는 최고의 요인은 입소문이다. 순고객추천지수는 84점에 가까워, 한 자릿수에 머무는 다른 안경 판매 기업을 무색하게 만들 정도다. 와비 파커는 추정 가치가 12억 달러(약 1조 4,000억 원)를 넘을 정도로 성장했다. 1010데이터에 따르면 미국 내 판매량이 2016년 28% 성장한 것에 이어, 연 성장률 20%대를 꾸준히 유지하고 있다. 다른 기업이 매장 문을 닫을 때 와비 파커는 새롭게 매장 문을 연다.

우리가 존재하는 이유는 무엇인가?

어머니의 시선

인간의 실수를 허용하고 공감하는 데
노력을 기울이자!

와비 파커는 직원들에게 재량권을 발휘하게 해주면서 성장한다. 이들은 고객이 올바르게 행동할 것이라고 믿으며 무슨 일이 일어났든 고객에게 유리하게 30일 안에 반품 처리를 해준다.

당신은 고객의 실수를 허용하는가?
고객에게 유리한 정책을 적용하는가?

마케터의 질문

고객의 삶에 아름다운 추억을 선물한다

"새 집을 구하신 것을 축하드립니다! 음, 서류 더미 때문에 보이질 않네요. 거기 앉아 계신거죠?"

"빵, 이 집이 굶주림이라는 것을 전혀 알지 못하길.

소금, 삶에 늘 풍미가 있기를.

그리고 와인, 기쁨과 번영이 영원하기를."

영화 〈멋진 인생It's a Wonderful Life〉에서 베드포드 폴스Bedford Falls에서 대출 사업을 하는 조지 베일리와 아내 메리는 대출을 받아 새 집으로 이사 가는 마티니 가족을 위해 추억을 만들어주기로 한다. 조지

우리가 존재하는 이유는 무엇인가?

베일리는 마티니 가족의 새로운 삶을 축하하며 빵 한 덩어리와 소금 한 박스, 와인 한 병으로 추억을 선사하는 특별한 축배를 올린다. 그렇게 베일리 부부는 마티니 가족이 살아가면서 이야기하게 될 추억의 한 부분을 차지한다. 마티니 가족이 배우가 아니라 실제 인물이었다면 시간이 흐른 뒤 이사의 번거로운 경험은 모두 잊고, 기쁨과 더불어 베일리 부부가 얼마나 자신들을 보살폈고 어떤 기분을 느끼게 했는지만 기억할 것이다.

66 어떤 기억을 전할 것인가? 99

고객의 삶에 긍정적인 추억으로 한 부분을 차지할 만한 경험을 만드는 것에 고객을 내 편으로 만들 기회가 있다. 당신은 어머니 생신을 축하할 때 용돈만 보내고, 전화를 하거나 안아주지 않겠는가? 어머니에게 용돈을 보내면 생신을 기억했다는 사실은 알릴 수 있다. 생신을 기억한다는 기대감은 충족하지만, 축하하는 마음과 추억을 남길 기회는 잃는다. 기업들은 때때로 그 미묘한 차이를 감지하지 못한다. 고객과 관계를 맺지 않고 주어진 일을 실행하는 것만으로도 충분하긴 하지만, 그 순간 고객에게 추억을 선사할 기회는 놓치는 것이다.

어머니와 함께하는 순간처럼 고객과 소통하는 순간에도 인간미를 투영할 기회가 있다. 그리고 이런 행동이 당신을 돋보이게 만든다. 여론 조사 기관 갤럽Gallup에 따르면 고객의 기억에 남는 경험은 고객과 지속적인 유대관계를 맺는 데 중요한 기회가 된다.

추억을 만들어주는 것은 사실 선택의 문제다. 고객과 소통할 때마다 당신은 어떤 추억을 남길지 선택할 수 있다. 좋은 소식은 그 선택에는 대체로 아무런 비용이 들지 않는다는 사실이다. 따뜻하고 정감어린 전화나 트위터 메시지, 판매를 마무리하며 쇼핑백을 전달하는 방식, 심지어는 정보를 전달할 때 목소리 톤으로도 고객을 기쁘게 할 수 있고, 따뜻하고 애정 어린 기억을 전할 수 있다.

매장의 운영이나 업무를 수행하는 것에 그치지 않고 고객에게 추억을 선사하는 데 초점을 맞추면 고객은 당신의 기업을 기억할 것이다. 그리고 그 추억 덕분에 사업은 성장의 기회를 얻게 된다. 베일리의 담보 대출을 예를 들어보자. 인생에서 가장 규모가 큰 구매를 진행할 때 진정으로 당신을 돕고 챙겨주는 기업과 거래할 의향이 더 높지 않겠는가? 당신이 대출을 받아 새 집으로 이사할 때 '조지 베일리식 축하의 순간'이 전해진다면 어떻겠는가?

다음에 이어질 이야기는 세심하게 계획한 행동이 어떻게 사람들의 삶에 영향을 미치는지에 대한 것이다. 뉴욕 걸스카우트Girl Scouts of Greater New York는 노숙 소녀들을 위한 특별한 '단'을 꾸리고 유지하기 위해 자원과 시간, 사람들을 배정하는 방법을 찾았다. 이들은 이제 어린 소녀들을 교육하고 지원하며 이들의 삶에 남을 추억을 선사하기 위해 특별하게 만들어진 단을 뉴욕시 자치구 전체로 확장하려는 노력을 기울이고 있다.

여기에 우리의 일을 통해 얻을 수 있는 기회가 있다. 우리는 고객의 욕구에서 시작해 세심하게 계획한 행동을 통해 고객 삶의 일부가 될 수 있다. **당신은 고객의 삶을 개선하고 오래 남을 기억을 선사하기 위해 어떤 일을 하는가?**

뉴욕 걸스카우트는 노숙 소녀들을 위한 특별한 단을 꾸리기로 결정했다.

결정 의도: 노숙 소녀들에게 소속되어 성장할 수 있는 장소를 제공한다. "용기 있고, 자신감이 넘치며 세상을 더욱 좋은 곳으로 만드는 소녀들을 양성한다"는 이념을 가진 뉴욕 걸스카우트는 쉼터에서 살고 있는 소녀들에게 스카우트 혜택을 제공하기로 결정했다. 이들은 이 소녀들에게 인생에 남을 추억을 선사하고, 스카우트 활동을 통해 필요한 기술을 개발시켜주기로 했다. 뿐만 아니라 소녀들에게 안정감을 주고 행복할 수 있도록 도와줄 성인을 연결해주며, 비슷한 환경에서 공통 관심사를 지닌 소녀들이 커뮤니티를 형성할 수 있도록 자금을 준비할 새로운 스카우트를 구성할 방법을 찾기 시작했다.

고객을 내 편으로 만드는 행동: 노숙 소녀들을 위해 6000단Troop 6000을 만들다. 뉴욕 걸스카우트와 뉴욕 시청 노숙인 사업부는 협력 관계를 맺고 쉼터에서 살고 있는 소녀들에게 자존감과 삶의 목적, 소속감을 전해주기 위해 2016년 6000단을 만들었다. 6000단의 단원은 매주 금요일에 뉴욕시가 100명 정도 되는 노숙인을 수용하기 위해 쉼터로 바꾼 퀸즈Queens의 슬립 인 모텔Sleep Inn Motel에서 모인다. 이 모임에서 단원들은 걸스카우트 선서를 한다. 그리고 배지를 받고 기술을 배우기 위해 노력한다. 소녀들은 이곳에서 안정감을 얻고 현재 상황을 극

우리가 존재하는 이유는 무엇인가?

복하고 미래를 가능성 있게 바라보게 된다.

가입비와 매달 내야 하는 비용은 뉴욕 걸스카우트에서 부담한다. 그리고 각 단원은 다른 스카우트 단원들처럼 패치와 핀, 가이드북, 조끼가 들어 있는 스타트 키트를 받는다. 이들의 이념은 "뉴욕시 5개 자치구에 있는 모든 소녀는 잠재력을 최대한 발휘할 기회를 누릴 자격이 있다. 대학이나 직장에 가기 위한 가능성에 눈을 뜨고, 애정을 갖고 서로 돕는 친구를 만나며, 보살펴주는 여성 멘토에게 배움을 얻고, 자신의 목표를 이루기 위해 자신만의 길을 계획하는 것"이다.

영향: 현재 260만 명의 걸스카우트 단원이 있으며, 이 중에서 소녀 단원은 180만 명이고 소녀들이 자신의 자리와 길을 찾을 수 있도록 도와주는 성인 단원은 80만 명이다. 이들은 주로 자원봉사자로 일한다. 이 노력으로 뉴욕에 있는 노숙 소녀들은 집과 거처의 의미를 알게 된다. 소녀들로부터 시작하는 이 모든 노력처럼 이타적인 행동은 긍정적인 기억을 남긴다. 뉴욕 걸스카우트는 노숙 소녀들의 삶의 한 부분에 긍정적인 이야깃거리로 한 자리를 차지한다. 뉴욕 걸스카우트의 최고 운영 관리자인 메리디스 매스커라Meridith Maskara는 6000단의 단원이 되면 소녀들의 삶이 완전히 바뀐다고 말했다. 이들의 누군가의 삶을 바꾸는 것이다.

어머니의 시선

삶을 개선하기 위해 진정 어린 행동을 택하라!

뉴욕 걸스카우트는 뉴욕시의 노숙 소녀들에게 혜택을 주고 앞으로 삶을 살아가는 동안 기억에 남을 스카우트 경험을 주기 위해 자금을 지원하고 돕는 방법을 찾았다.

당신은 고객의 삶에 한 자리를 차지했는가?

당신은 전략과 행동을 실행하는 것을 넘어 가치를 부여하고 있는가?

우리가 존재하는 이유는 무엇인가?

고객의 정서로 경험을 디자인한다

"저는 이런 옷에 익숙해요. 배관공이거든요."

아, 환자복! 이만큼 우리를 연약하게 만드는 옷이 있을까? 이것을 걸치는 순간 우리는 자신을 잃어버렸다는 느낌이 든다. 의사를 만나기 위해 잠깐 입는 것일 뿐인데도 환자복은 춥고 불편하다.

대체로 고객을 내 편으로 만드는 기업은 **어떤 상황에서 고객이 어떻게 느낄지 지나칠 정도로 집착한다.** 이런 기업은 고객의 경험에서 일어나는 정서, 즉 예를 들면 병원에서 환자복을 입을 때 느낌 같은 것을 이해하려고 노력한다. 그 후 이해한 내용을 바탕으로 부정적인 정서를 긍정적인 정서로 바꾸기 위해 고객의 경험을 다시 디자인한다. 예를 들어 이들은 환자복에 담긴 일종의 취약성을 편안함으로 바꾼다. 고객 경험에서 발견된 정서를 이해하면서 가장 혁신적인 사례를 일군다.

66 정서를 기반으로 한 혁신을 실행한다 99

고객을 내 편으로 만드는 기업은 **정서를 기반으로 하는 혁신을 이루기 위해 고군분투한다.** 시간을 들여 고객의 정서를 이해하면, 단순한 거래 관계를 넘어서 고객의 정서를 염려에서 안정으로, 걱정에서 평온으로, 두려움에서 평화로, 속수무책에서 든든함으로 바꿔주는 제품과 서비스를 개발할 수 있게 된다. 고객의 정서를 먼저 생각하면 혁신이 일어나는 것이다.

사람들의 정서에서 영향을 받아 놀라운 경험을 창조한 기업의 사례가 몇 가지 있다. 자포스의 자포스 어댑티브 Zappos Adaptive 라는 프로그램은 신체장애가 있는 고객이 느끼는 정서를 중심으로 디자인했다(자폐증을 앓고 있는 손자가 신을 신발을 찾을 수 없다는 한 고객의 전화를 받은 것을 계기로 자포스는 장애가 있는 고객을 위한 맞춤 신발을 제공하는 서비스를 시작했다 - 편집자주). 자포스는 이 프로그램을 통해 고객에게 자주성과 자부심을 불러일으키는 신발을 만들겠다는 이념을 지킨다.

클리블랜드 클리닉은 신생아 집중 치료실에서 아기를 치료하고 있는 부모의 스트레스와 걱정, 불안감을 이해하며 신생아 집중 치료실에 카메라를 설치하는 혁신을 이뤄냈다. 각 신생아 침대에 치료받는 아기를 실시간으로 볼 수 있는 웹캠인 닉뷰^{NicView}를 설치해 새롭게 부모가 된 이들의 걱정을 덜어주고 아기를 보는 기쁨을 가져다준 것이다.

이와 비슷한 사례로 메이요 클리닉^{Mayo Clinic}에서는 의료기기가 때로는 아이들에게 무섭게 여겨질 수 있다는 사실을 파악하고 어린이 검사실이나 병실에 있는 심폐소생기기를 그림 뒤에 숨겨놓았다. 마지막으로 레스토랑 경영자인 대니 마이어는 팁 문화가 고객이나 직원 모두에게 부정적이거나 긍정적인 정서적 반응을 유발한다는 사실을 깨닫고, 사람들이 음식과 서비스에만 집중할 수 있도록 팁을 없앴다.

당연하게도 이런 움직임은 성과를 내고 있다. 디즈니 연구소^{Disney Institute}와 갤럽은 고객의 정서를 기반으로 혁신을 일군 기업은 그 기업을 추천할 가능성이 세 배나 더 높은 지지자를 길러낸다고 말한다. 이런 기업은 경쟁의 영향도 받지 않는다. 그리고 이 모든 것과 함께 판매량도 더 크게 늘어나는데, 고객과 정서적으로 관계를 맺지 않는 경쟁사보다 최대 85% 더 높은 수치다.

우리 기업과 함께 하는 동안 고객이 느끼는 정서를 이해하는 것이 고객을 내 편으로 만들 기회 요인이다. 고객이 어떻게 느끼는지 알게 되면 고객 여정에서 두려움과 좌절감, 걱정, 염려를 없애도록 디자인하는 데 힘을 쏟을 수 있다.

당신 기업에는 어머니를 위해 다시 디자인하고 싶은 것이 있는가? 고객이 어떤 마음으로 당신에게 다가오는지 아는가? 그리고 고객이 당신과의 관계에서 어떤 기분이 들지 아는가? 당신은 왜 고객에게 그런 기분이 생겨났는지에 마음을 졸이는가? 만약 고객의 기분이 언짢았다면 문제를 해결하기 위해 경험을 다시 디자인하는가?

다음에 나오는 사례 연구는 아픈 청소년들과 청소년 환자의 인격을 빼앗아간 환자복에 관한 이야기다. 아픈 청소년들이 병원에 입원하는 동안 느끼는 정서적 측면의 한 가지만 바꾸어 기쁨과 존엄성, 정체성의 확립을 가져다준 사례를 살펴보자.

스타라이트 어린이 재단Starlight Children's Foundation은 아픈 청소년에게 정체성을 돌려주기로 결정했다.

결정 의도: 병원에 입원한 청소년들에게 존엄성을 심어주고 정체성을 확립할 수 있도록 도와준다. 누구라도 환자복을 입는 일은 그다지 내키지 않을 것이다. 특히 병원에 처박혀 있는 아픈 청소년들에게 환자복은 정체성을 빼앗고, 친구들과 단절된 삶을 다시 한 번 떠올리게 한다.

캐나다에 있는 스타라이트 어린이 재단과 광고대행사 리씽크 캐나다Rethink Canada는 청소년들이 자신의 개성을 드러내면서 규격화된 환자복에 조금은 반항할 수 있는 방법을 찾아주고 싶었다. 이들은 청소년들에게 천편일률적으로 바닐라색 환자복을 입혀서 개성을 죽이는 일은 옳지 않다는 결정을 내렸다.

사실 의료 업계는 환자복이 환자의 존엄성에 미치는 영향을 인식하고 있다. 〈미국 의학 협회 학술지Journal of the American Medical Association〉는 개인화된 옷을 입은 환자들은 자존감과 성향을 그대로 유지하고, 의료진에게 자신을 환자가 아닌 '사람'으로 봐 달라고 상기시킬 가능성이 더 높다고 전한다.

고객을 내 편으로 만드는 행동: 워드+로브WARD+ROBES 프로그램. 워드+로브 (옷장을 의미하는 Wardrobe를 병동을 뜻하는 Ward와 가운을 뜻하는 Robes로 분리한 언어유희를 활용한 명칭-옮긴이주) 프로그램은 청소년의 취향에 잘 맞는 디자인과 문양을 활용한 환자복을 만들기 위해서 청소년이 좋아할 만한 그래픽을 그리는 캐나다의 예술가를 참여시켰다. 청소년 환자들은 이제 스트리트 패션이나 명상 만다라, 패턴으로 나타낸 그림, 그래픽이나 장식 등으로 디자인된 환자복 중에서 마음에 드는 것을 고를 수 있다. 핵심은 청소년들이 취향에 맞는 환자복을 고르면서 자신이 어떤 사람인지 선택하는 것이다. 환자복에 달린 태그까지도 청소년들의 마음을 사로잡는다.

"당신은 특별합니다. 왜 당신의 환자복은 달라야 할까요?"

새로운 환자복을 받은 청소년들은 이렇게 말했다.

"입고 싶은 옷을 못 입을 때는 진정한 내가 아닌 것 같고, 그저 아픈 사람, 아니면 병원 환자일 뿐이에요.", "환자복을 입고 있으면 나 자신을 잃어버릴 것만 같아요."

스타라이트는 이 프로그램을 캐나다와 미국 전역으로, 그리고 더 멀리까지 확장할 방법을 찾고 있다. 스타라이트는 환자복 때문에 정체성의 상실까지 경험하던 아픈 청소년의 영혼을 살리고 있다.

영향: 이 프로그램의 영향은 아이들이 새롭게 디자인한 환자복을 입는 순간 느끼는 정서적 변화에서 나타난다. 스타라이트 어린이 재단의 영상에서 청소년들이 이 프로그램을 통해 얻은 정서적인 안정감과 자신들의 삶에 미친 영향에 대해 한 말을 그대로 전한다.

"이 환자복은 제가 병원에 있지 않을 때, 아프지 않을 때의 모습이 되게 해줍니다. 저는 병원에 있다는 생각이 들지 않고, 제 자신이 된 것 같은 기분이 들어요.", "새 환자복을 처음 봤을 때, 힘을 부어주는 느낌이었어요. 사실은 전혀 힘이 나지 않는 곳에 있는데 말이에요. 환자복에 깃든 힘이 느껴진달까요."

우리가 존재하는 이유는 무엇인가?

어머니의 시선

부정적이고 약한 정서를 없애는 디자인!

스타라이트 어린이 재단은 아픈 청소년들의 개성의 중요성을 이해하고 청소년들이 자기 자신을 표현할 수 있는 환자복으로 이들의 정체성을 조금 되찾아준다.

당신은 고객의 정서를 이해하는가?
고객의 경험을 긍정적 정서를 이끌어내도록 디자인하는가?

마케터의 질문

문제를 해결할 수 있는 자리에 있는다

"우리는 당신이 경유할 비행기를 놓치게 했지만 보세요. 제가 꼭 다른 비행기에는 타게 해드릴 거라고 했잖아요."

토니는 네 번째 출장 중이었는데, 기계적인 문제로 타고 있는 비행기가 지연되어 경유할 비행기를 놓치게 됐다. 항공사의 우수 고객이자 장기 고객인 토니는 몹시 실망했다. 그 후 토니는 항공사 로부터 경유할 비행기가 이미 떠났다는 사실을 알고 있으며, 다른 항공편을 연결해주기 위해 작업 중이라는 첫 번째 문자 메시지를 받고는 안도했다.

그리고 항공사는 토니에게 두 번째 문자메시지를 보내 네 시간

우리가 존재하는 이유는 무엇인가?

후에 출발할 자사 항공편을 제안했다. 항공사에서 제안한 비행기를 탄다면 회의와 저녁식사를 모두 놓치게 되는 것이었다. 그래서 토니는 허둥지둥 검색하기 시작했고, 협력 항공사에서 한 시간 반 뒤에 출발하는 비행기의 빈자리를 찾아냈다. 가격은 토니가 샀던 항공권과 거의 같았다. 회의에 참석할 수 있는 것이다!

그러나 고객 서비스 담당 직원은 전화로 토니의 항공권을 협력 항공사로 이전할 수 없다고 답했다. 토니는 그 직원이 토니가 찾아낸 시간에 출발하는 비행기의 항공사에 대해 무언가 이야기하는 것을 들었지만 전화를 끊고 달리기 시작했다. 회의를 놓칠까봐 점점 스트레스로 들끓던 토니는 협력 항공사 게이트에 도착해, 새로운 항공권을 현금으로 결제한 뒤 단골 항공사가 제시한 것보다 더 이른 비행기에 탑승했다. 토니는 자기 힘으로 상황을 타개해야 했다. 토니는 우수 고객을 위해 항공사가 마땅히 해줄 것이라 생각했던 일을 스스로 해야만 했다.

선택지가 사라지고 있다는 사실을 깨닫게 되면 마음속에 극심한 공포가 찾아든다. 우리는 이런 순간에 홀로 외롭게 남겨지는 것이 싫고, 스스로의 기지로 해결 방안을 찾아야 한다는 사실이 괴롭다. **당신은 어머니가 스스로 상황을 타개하게 둘 것인가? 아니면 어머니를 직접 구할 것인가?**

66 언제나 고객을 도울 수 있도록 그 기반에 투자한다 **99**

고객이 작은 도움을 필요로 할 때 우리가 보살피고 있다는 느낌을 주는 것이 고객을 사로잡을 기회 요인이다. 고객을 내 편으로 만드는 기업은 언제 고객을 구해줘야 하는지 열성적으로 알아내려한다. 때문에 언제나 고객을 도울 준비가 되어 있고, 친절하게 손을 뻗어 도움을 준다. 이들은 고객이 필요로 할 순간을 대비해 혹은 고객의 기억에 나머지 기업과 다르게 남기 위해 고객을 응대할 준비 계획을 세운다.

예를 들어 파타고니아^{Patagonia}는 "대학생의 헌 옷을 찾아서^{Worn Wear College Tour}"를 통해 미국 대학 캠퍼스를 돌며 학생들의 옷을 무료로 수선해주고, 스스로 옷을 수선하는 방법을 알려준다. 이 프로그램을 진행하는 동안 학생의 옷이라면 파타고니아 옷뿐만 아니라 어떤 브랜드든 상관없이 수선해준다. 파타고니아는 고객이 청바지나 셔츠를 조금 더 활용해 입고 싶어 할 때, 학생들을 위해 그 자리에 있기 위해 노력한다. 학생들은 이런 프로그램이 필요하다는 사실을 알고 있었을까? 만약 설문 조사에서 학생들에게 물어봤다면 그렇게 대답하지 않았을 것이다.

고객을 내 편으로 만드는 기업은 고객이 필요를 알지도 못했던 때에도 항상 그 자리에 있으면서 고객과 유대관계를 형성한다. 어머니처럼 말이다. **당신은 고객을 위한 그 자리에 있는가?**

당신이 고객을 생각하고 있다는 사실을 알릴 수 있는 방법을 모두 생각해보자. 고객이 곤경에 처했을 때 어떻게 구출해낼지 계획을 세우자. 또 파타고니아처럼 탁월한 경험, 고객이 이 경험 없이 어떻게 살았을까 싶은 그런 경험을 계획해보자.

이어서 나오는 사례 연구에서는 여행 중에 만나는 울퉁불퉁한 길을 부드럽게 만들고, 고객이 앉아 있는 자리에서 기쁨을 누릴 수 있도록 모든 직원에게 능력을 부여하는 데 심혈을 기울이는 기업을 소개한다. 알래스카 항공Alaska Airlines은 재량권 툴키트empowerment toolkit로 토니처럼 매우 서두르는 고객을 발견하거나, 혹은 축하해야 할 상황을 발견하면 어느 직원이든 응대할 수 있게 해준다. 이 이야기는 꽤 흥미로울 것이다.

알래스카 항공은 직원들에게 상황을 바로잡을 수 있는 재량권을 주기로 결정했다.

결정 의도: 직원이 현장에서 고객을 도울 수 있도록 믿고 맡긴다. 알래스카 항공의 모든 직원은 책임감을 갖고 도움이 필요한 고객을 도울 수 있는 재량권을 부여받는다. 알래스카 항공의 사장이자 최고 운영 관리인인 벤 미니쿠치Ben Minicucci는 직원들이 집에서 행동하는 것처럼 직장에서도 행동할 수 있도록 권한을 준다. 미니쿠치는 직원에게 이렇게 말한다.

"옳다고 생각하는 대로 행동하세요. 우리는 당신을 믿습니다. 당신이 내린 결정 때문에 어려움에 처할 일은 절대 없습니다. 그리고 허락을 받기 위해 상사에게 연락하지 않기를 바랍니다."

고객을 내 편으로 만드는 행동: "우리는 당신을 믿습니다" 재량권 툴키트. 알래스카 항공은 다른 고객을 내 편으로 만드는 기업과 마찬가지로 오랜 시간을 투자해 DNA에 서비스 정신이 깃든 사람을 채용하고, 이들이 자율적으로 행동할 수 있게 한다. 교육을 하고 그 후에는 신뢰한다. 수하물이나 발권, 게이트 담당 직원, 승무원, 공항 내 서비스 직원, 전화 상담 직원을 포함해 채용된 모든 직원은 어려움에 처한 고객에게 인간미가 가장 필요할 순간을 위해 대비한다. 비행 경험 중에는 고객이 좌절하거나 실망할 '잠재 기회'가 가득하다. 그리고 이 시점

우리가 존재하는 이유는 무엇인가?

이 바로 고객과 관계를 맺고 더 가까이 다가갈 수 있는 가장 중요한 때다.

직원들은 "먼저 관계를 형성한 후, 어떻게 행동할지 결정한다"는 접근법을 택하도록 교육받는다. 그리고 각 직원에게 "고객만의 이야기를 찾아내 인간적인 관계를 맺도록" 장려한다. 이 방법은 직원들이 어떻게 행동할지 결정하고, 또 항공편이 지연되거나 취소되는 등의 어려움에 처한 고객의 문제를 어떻게 개별적으로 해결해야 하는지 알려준다. 직원들은 느슨한 가이드라인을 바탕으로 아무에게도 물어보지 않고 마일리지나 현금, 레스토랑 바우처, 수수료 면제 등의 혜택을 줄 수 있다. 이 중에서 몇 가지는 회사에서 적극적으로 사용하도록 장려한다.

고객 서비스 담당자는 어떻게 인간미를 보이며 도움을 줄 수 있는지에 대해 특별한 교육을 받는다. 직원에게 부여되는 툴키트의 재량권 항목에는 추가 선택지까지 있다. 담당 직원의 모바일 기기에 고객의 상황을 이해할 수 있게 도와주는 정보가 갱신되고, 추가로 제공할 수 있는 혜택을 알려주는 것이다. 예를 들면 고객이 다른 항공편을 이용하는 데 동의하면, 직원은 보상한도 제약없이 상황에 맞게 가장 인간미 넘치는 최적의 판단을 내린다.

영향: 알래스카 항공은 이 툴키트로 직원들에게 재량권을 부여하면서 고객과 직원의 경험을 모두 향상시킨다. 고객에게 인간미를 전하겠다는 목적으로 하나가 된 직원들은 회사의 신뢰와 자신들의 행동을 통해 인정받으면서 놀라울 정도로 행복해지고, 엄청난 유기적 성장과 성과를 만든다. 온라인 여행 업체인 스마터 트래블Smarter Travel과 더 포인츠 가이TPG, The Points Guy, 플라이어 토크Flyer Talk는 알래스카 항공을 미국 항공사와 상용 고객 우대 제도 부분에서 최고 중 최고로 꼽는다. 알래스카 항공은 미국 시장조사 전문 기관인 제이디 파워J.D. Power의 만족도 평가에서 10년째 일반 항공사(저가 항공사 제외) 중 가장 높은 점수를 얻었다.

어머니의 시선

모든 직원을 "고객을 구조하는 예술가"로 만들어라!

알래스카 항공의 재량권 툴키트는 직원 모두가 현장에서 상사의 허락 없이 "고객을 구조하는 예술가"가 될 수 있는 능력을 준다.

당신은 고객이 곤경에서 벗어날 수 있도록 함께 도와주는가?

당신 기업의 모든 직원은 "저희는 당신을 이해합니다"라는 순간을 전할 수 있는가?

우리가 존재하는 이유는 무엇인가?

늘 해오던 일을 다시 검토할 용기를 가진다

"제가 돈을 조금 드리면 새 잡지를 구비해주실 수 있나요?"

매년 여름, 학기 중에 앞서 가던 아이들 중 일부는 여름 방학 몇 달 만에 성적이 약간 떨어져버린다. 특히 2,500만 명이 넘는 공립 학교의 저소득 가구 학생들은 배운 것을 쉽게 잊어버린다. 읽을거리와 자료를 계속해서 구할 수 있는 고소득 가구의 아이들은 학습 능력을 꾸준하게 유지하거나 조금 향상되는 반면, 저소득 가구의 아이들은 여름 방학 동안 평균 2~3개월 분량의 읽기와 수학 능력을 잃는다.

미국의 엄프콰 은행Umpqua Bank은 배운 것을 쉽게 잊어버리는 지역 아이들과 가족을 돕기 위해 "떨어지는 것을 멈춰라Stop the Slide" 프로그램을 시작했다. 이들은 시간과 기금, 은행의 자원을 활용해 이 아이들이 또래 친구들과 함께 계속해서 성적을 올리는 데 필요한 도구와 교육을 제공하기로 했다.

은행으로서는 드문 시도라고 이야기할지도 모르겠다. 그러나 고객을 내 편으로 만드는 기업은 예외다. 엄프콰 은행과 같은 기업들은 고객이 원하는 것을 이룰 수 있도록 책임을 진다. 이들은 이미 저지른 일을 다시 생각하거나 업계에서 정해진 규범을 벗어나는 것을 두려워하지 않는다. 엄프콰 은행은 고객이든 아니든 지역사회 전체를 지원한다. 엄프콰 은행은 사람들이 삶에서 가장 신경 쓰는 일에 도움을 주면 가장 영광스럽게 성장한다는 믿음을 근거로 행동한다. 고객을 내 편으로 만드는 기업은 기대 이상의 일을 하려고 한다.

고객을 내 편으로 만드는 기업은 고객을 응대할 때 행동이나 태도, 운영 등에 관한 사항을 결정할 때 **사람을 중심으로** 생각한다. 고객이 바라는 것, 이루고자 하는 것을 세심하게 파악해 제품과 서비스를 디자인한다. 고객과 개인적이고 인간적인 관계를 맺으며 욕구를 파악한다. 이들은 고객이 사는 삶을 상상하고 그 삶을 개선하기 위해 경험을 디자인한다. 고객의 삶을 상상하면서 지금 하고 있는 일을 다시 생각해보고 업계의 기준을 벗어나도 괜찮다는 확신을

우리가 존재하는 이유는 무엇인가?

갖고, 차별화를 통해 성장한다.

66 고객의 삶을 파악하며 비즈니스를 넓혀간다 99

중동 지역 자동차 공유 서비스인 카림Careem은 고객의 욕구를 충족시키는 데 중요한 것이 무엇인지를 찾아내기 위해 승객을 운송하는 서비스 그 이상의 생각을 시작했다. 이 기업은 아이가 있는 고객이 어린 아이의 안전에 불안감을 느낀다는 사실을 깨닫고 부모 고객에게 마음의 평화를 전해야 한다는 데 책임감을 느꼈다. 그 결과 부모 고객이 점점 늘어남에 따라 카림 키즈Careem Kids가 탄생했다. 고객은 카림 앱에서 자동차 유형을 카림 키즈로 선택하면 된다. 그러면 카시트가 설치된 전용 차량이 배정되어 고객을 태우러 간다. 카림 아랍에미리트의 오라 룬드Aura Lunde 부장은 이렇게 말한다.

"저희의 가장 중요한 목표는 고객이 저희 서비스를 예약할 때 고객을 편안하게 해주는 것입니다. 그리고 아이들과 함께 차를 타는 부모들에게 완벽한 마음의 평화를 누리게 해주고 싶어요."

카림은 고객이 걱정을 덜 수 있게 도움으로써 기업의 목표를 달성한다. 부모 고객의 욕구에서 아이디어를 얻은 이 새로운 경험 덕택에 카림 키즈의 고객 수요는 두 배로 뛰었다.

기업의 우선순위를 뒤로 하고 고객의 목표를 앞으로 가져오면 고객을 내 편으로 만들 기회가 된다. 당신은 고객 여정의 각 단계에서 고객이 원하는 바가 무엇인지 아는가? 진정 이루고 싶은 것이 무엇인지 아는가? 당신은 각 단계에서 고객이 맞닥뜨리는 현실을 잘 알고 있는가? 그리고 고객이 바라는 것, 필요로 하는 것, 우려하는 것을 아는가? 당신은 고객이 이루고자 하는 바를 충족시키기 위해서 운영 방식을 다시 정비할 의향이 있는가?

당신이 늘 해왔던 일을 재고해볼 여지가 있다면 운영 방식이 고객이 원하는 바를 달성할 수 있게 꾸려져 있는지 의문을 제기하고 평가해보자. 여기서 영감을 얻으면 새로운 제품과 서비스가 태어날 것이다. 이런 행동은 고객에게 당신의 기업이 고객의 이익을 최우선으로 생각하고 있다는 사실을 밝혀줄 것이다. 그리고 이런 행동이 당신의 기업을 차별화할 것이다.

다음 이야기는 서비스를 디자인할 때 고객의 욕구와 목표, 기대에서 시작하는 것이 얼마나 중요한지를 보여준다. 많은 호텔이 세탁 서비스를 제공하는 것만으로도 충분하다고 생각한다. 그러나 옷을 미술품 다루듯 큐레이션하는 고객이 당신의 호텔에 세상에 하나만 있는 옷을 세탁해달라며 믿고 맡긴다면, 그 순간 '세탁' 서비스는 완전히 새로워져야 할 것이다.

도체스터 호텔 컬렉션The Dorchester Hotel Collection은 세탁 서비스를 다시 검토하기로 결정했다.

결정 의도: 고객이 바라는 것을 중심으로 서비스를 디자인한다. 도체스터 호텔 컬렉션에는 선셋 블루바드의 비버리 힐스 호텔Beverly Hills Hotel과 로스앤젤레스의 호텔 벨에어Hotel Bel-Air, 파리의 호텔 플라자 아테네Hôtel Plaza Athénée가 있다. 도체스터 호텔 컬렉션의 고급 서비스는 고객의 선호와 욕망에 맞추기 위해 정확성과 직관을 적절하게 가미해서 개발됐다.

이들은 소셜미디어에 올라오는 리뷰의 양상이나 레스토랑의 주방 직원들과 나눈 이야기를 살펴본 뒤, 아침 식사 고객의 80~90%가 각자 식이조절이나 생활 패턴에 따라 맞춤 주문을 한다는 사실을 발견했다. 덕분에 비버리 힐스 호텔에는 이제 아침식사 메뉴가 없다. 웨이터는 아침에 무엇을 먹고 싶은지 묻고, 고객은 원하는 것이라면 무엇이든 먹을 수 있다. 고객의 불만사항만 듣고 있었다면 메뉴만 바꿔대는 행동으로 이어졌을 것이고, 아예 모든 메뉴를 없애는 파격적인 행동을 하기는 어려웠을 것이다. 도체스터 컬렉션의 고객 경험 혁신 이사인 애나 브랜트Ana Brant는 이런 방식의 행동을 "끊임없이 파격적인 아이디어를 추구하는 것"이라고 말한다.

고객을 내 편으로 만드는 행동: 세탁 서비스가 아닌 의류 관리 서비스로 업그레이드한다. 브랜트는 〈하버드 비즈니스 리뷰Harvard Business Review〉에서 세탁 서비스를 완전히 새롭게 만들어내게 된 과정을 설명한다.

세탁 서비스에 관한 불만이 들려오고, 세탁을 맡긴 옷을 배상해야 하는 비용이 치솟는 상황이었다. 이를 깊이 살펴본 도체스터 호텔 컬렉션은 "어떻게 세탁 서비스를 개선할까?"가 아니라 "고객은 무엇을 진정으로 필요로 하고 바랄까?"라는 질문을 던졌다. 다시 얘기하지만, 단순히 불만사항에서 시작하면 점진적으로 절차를 바꾸게 되지만, 고객이 체험하게 될 경험에서 시작하면 완전히 다른 방향에서 바라보고 개선의 목적과 제공할 경험을 향상시키게 된다.

이들은 경험을 다시 디자인하기 위해 의류 관리가 얼마나 중요한지, 고객의 의류 상태는 어떤지 파악하는 것부터 시작했다. 이렇게 파악한 덕분에 도체스터 호텔 컬렉션은 비교적 수준이 낮은 허드렛일로 여겨졌던 일을 일류 서비스 경험으로 탈바꿈할 수 있었다.

영향: 도체스터 컬렉션은 이제 세탁 서비스가 아니라 '의류 관리 서비스'를 제공하며 고객과 직원 모두를 위해 서비스 결과물을 향상시킨다. 이들은 서비스를 개발하고 운영하기 위해 전문가를 고용하는 데 투자하고, 직원들을 교육하고 훈련하며 고객이 옷을 살 만한 고급 의류 매장에 방문하게 해 고객 삶의 맥락을 이해할 수 있게 해준다. 의류 포장과 전달 경험을 개선한 것은 물론 고객의 의류를 어떻게 관리했는지 설명하는 메모와 직원의 서명을 함께 남기는 섬세함까지 보여준다. 도체스터 컬렉션은 이와 같이 고객의 경험에서 영향을 받은 행동 덕분에 전 세계적으로 고객경험지수를 22% 향상시켰다.

우리가 존재하는 이유는 무엇인가?

어머니의 시선

고객의 욕구를 충족시키기 위해 기꺼이 변화하라!

도체스터 컬렉션은 고객이 의류에 애착을 느낀다는 사실을 파악하고 세탁 서비스 경험을 재창조하고 향상시킬 필요가 있겠다는 사실을 깨달았다.

당신은 늘 해왔던 일을 다시 검토할 용기가 있는가?

당신이 하는 일과 그 일을 하는 방식을 다시 디자인하는 일은 쉬운가, 혹은 어려운가?

마케터의 질문

하나의 사이즈로는 모든 고객을
만족시킬 수 없다

우리는 우리가 원할 때, 원하는 방식으로, 원하는 곳에서 제품이나 서비스를 받기를 원한다. 우리는 오프라인 매장에서 소비하기도 하고, 온라인 매장에서 소비하기도 한다. 때로는 둘 사이에서 왔다 갔다 하기도 하고, 동시에 두 곳을 활용하기도 한다.

그러니까, 우리는 결국 어디서든 우리가 원하는 방식으로 서비스 받기를 바란다. 이렇게 결론을 내리기는 쉽지만, 해결책을 찾기는 어렵다.

우리가 존재하는 이유는 무엇인가?

231

우리는 고객으로서 무언가를 소비하고자 할 때, 그 순간 원하는 바를 기업이 바로 얻게 해주리라고 생각한다. 그렇지 않은가? 그러나 사실은 어떤 기업이라도 바로 이런 상태를 만들기 위해서는 수많은 데이터와 문화, 절차를 손봐야 한다. 그러니 당신에게 맞게 페이스를 조절하기 바란다. 우선 이 작업을 한 입에 물 수 있을 정도로 작게 나눠보자. 그리고 그 상태에서 테스트하고 배우자. 이 과정을 반복하면 어느 정도 정돈이 될 것이다.

당신이 고객에게 적절한 상품 중에 선택할 수 있게 할수록, 즉 고객이 당신과 거래하고 싶은 방식으로 만들어줄수록 고객은 고맙게 여길 것이다. 요약하자면 "제게 잘 맞는 선택권을 주세요"가 될 텐데, 이것의 핵심은 고객의 서로 다른 욕구와 우선순위를 존중해주는 것이다. 여기서 고객을 존중하는 시스템을 구축하는 데 한발 앞으로 나아간 기업 여러 곳을 살펴보자.

66 존중 전달 장치를 만들다 99

고객이 바라는 서비스 방식을 존중한다: 캐나다 우체국Canada Post은 효율적이고 빠른 서비스를 원하는 사람들의 욕구를 만족시키기 위해서 우체국을 어떻게 운영해야 할 것인지를 다시 구상해보고 있다. 운영 변화를 시도한 것 중 하나는 고객이 소포를 신속하게 가져갈 수 있도록 몇 개 지점에 만든 드라이브스루 길이다. 고객은 차를 타고 지나가면서 바코드를 스캔한 후 창구에서 소포를 가져갈 수 있다.

자신에게 필요한 정보를 원하는 고객의 욕구를 존중한다: 스코틀랜드 왕립은행The Royal Bank of Scotland은 새롭게 활기를 불어넣으며 고객의 신뢰를 되찾기 위해 노력하고 있다. 이 은행은 은행 계좌와 함께 제공되는 서비스를 별도로 추가해 같은 서비스에 비용을 두 번 지불하지 않도록 고객 데이터를 활용해 이 사실을 알린다. 또한 이 은행은 고정 금리 거래가 끝나갈 때도 고객에게 자동으로 메시지를 보낸다. 이 메시지를 보내지 않을 경우 고객이 자동적으로 더 비싼 변동 금리를 적용받게 되기 때문이다.

단순한 절차를 원하는 고객의 욕구를 존중한다: 로우스 식품Lowes Foods은 쿠폰 사용 시스템을 혁신적으로 운영해왔다. 고객이 쿠폰을 사용할 때 겪는 불편함이 무엇일지 궁금해해본 적이 있는가? 로우스 식품은 디지털 광고 전단에 디지털 쿠폰을 바로 적용해 쿠폰을 손쉽게 사용할 수 있도록 만들었다. 이런 방식으로 고객은 온라인으로 장을 보거나 장바구니 목록을 만들면서 쿠폰을 저장하거나 사용할 수 있다. 고객은 다른 웹사이트나 포털사이트를 왔다 갔다 할 필요 없이 제품을 장바구니에 넣으면 바로 쿠폰이 적용되는 것을 볼 수 있다. 로우스 식품이 쿠폰 사용 방법을 쉽고 투명하게 만들자 쿠폰을 사용하는 고객은 40%나 늘었다.

셀프서비스를 원하는 고객의 욕구를 존중한다: 조지아 전력^{Georgia} Power 은 고객을 위해 '나의 전기 사용량^{My Power Usage}'이라는 앱을 개발했다. 이 앱은 고객이 개별적으로 에너지 비용을 관리할 수 있게 해주는 도구다. 고객은 어디서든 일일 에너지 비용을 확인하고 관리할 수 있다. 또한 청구서를 받을 때 청구 금액에 놀라지 않도록 경고나 정보 알림도 받는다.

바로 지금 서비스를 받고자 하는 고객의 욕구를 존중한다: 나이키 지원센터^{Nike Support}는 트위터 실세다. 나이키 지원센터는 고객에게 언제 혹은 왜 도움이 필요한지 알아내겠다는 이유로 오직 서비스만을 위한 나이키 전용 트위터 계정을 만들었다. 모든 종류의 서비스를 항상 즉, 하루 24시간, 일주일 7일, 1년 365일 내내 다룬다. 그리고 모든 고객과 소통하기 위해 트윗을 하거나 말할 때 영어, 스페인어, 프랑스어, 네덜란드어, 이탈리아어, 독일어, 일본어까지 일곱 개의 언어를 사용한다.

사례 연구에서 다룰 기업 세포라^{Sephora}는 고객의 다양한 욕구와 욕망에 집중하며 '존중 전달 장치'의 모든 요소를 성공적으로 전달한다. 세포라는 세포라에 열성을 보이는 고객의 삶 어디에나 있다.

그러나 왠지 지나치게 나서는 것처럼 보이지는 않는다. 세포라는 고객에게 고객이 바라는 정보와 선택권, 교육을 제공한다. 연구 조사에 따르면 오프라인과 온라인을 모두 활용해 소비하는 고객은 한 가지 유통 채널만 사용하는 고객보다 고객생애가치(어떤 기업의 고객이 평생에 걸쳐 제품이나 서비스를 소비할 때 그 기업에 가져다주는 수익으로 고객의 가치를 나타낸 것 - 옮긴이주)가 30% 높은 것으로 나타났다. 세포라는 고객이 쇼핑을 하고 있는 것이 아니라 타지 않고는 못 배기는 뷰티 놀이 기구 같은 것에 타고 있다고 느끼게 만든다. 그 정도로 매끄럽게 전 채널에 걸쳐 고객 경험을 아름답게 이뤄내고 있다.

세포라는 성장하기 위해
관용과 즐거움, 개인화를 택했다.

결정 의도: 즐겁고 자연스러운 방식으로 고객 삶의 일부가 된다. 세포라의 고객은 유튜브나 핀터레스트 등 다양한 경로를 통해 산더미 같은 뷰티 정보를 얻는다. 이 고객들에게 세포라는 즐거움을 주고, 도움이 되며, 항상 고객을 위해 준비되어 있는 기업으로 자리매김하기를 원한다. 성장을 위해 세포라가 설정한 존재 목적은 넉넉하게 퍼주며 고객의 삶에 녹아드는 것이다.

고객을 내 편으로 만드는 행동: 놀이와 샘플을 제공하고, 자연스럽게 소비가 이어지게 만든다. 세포라는 고객과 즐거운 대화를 나누기 위해 세심하게 계획하고, 고객이 이 대화에 참여할지 참여하지 않을지 선택할 수 있게 한다. 무엇보다 세포라는 고객이 제품을 사기 전에 샘플을 써보고 싶어 한다는 사실을 잘 알고 있다. 그래서 샘플을 자신의 얼굴에 테스트해보고 싶은 고객들을 위한 서비스를 제공한다. 예를 들면 세포라 버추얼 아티스트^{Sephora Virtual Artist} 앱을 통해 고객이 자신의 얼굴을 스캔하면, 자신의 피부 톤에 적절한 제품을 쉽게 찾을 수 있게 도와주는 컬러 아이큐^{Color IQ}라는 숫자를 받는다. 또는 전문 메이크업 아티스트가 작업한 '전문가의 스타일^{Expert Looks}' 자료를 찾아보고 따라할 수도 있다. 그리고 이 자료 중 원하는 것을 앱의 '내 스타일^{My Looks}'에 저장하고 친구들에게 쉽게 공유하는 등 또래 집단을 중요하게 생각하는 고객에게 핵심이 되는 기능을 제공한다.

세포라의 매장 경험은 재미를 주는 동시에 넉넉한 인심을 더한다. 고객은 자주 찾아가는 매장의 이벤트 소식 등 관련된 메시지를 받고, 페이스북 메신저의 챗봇을 통해 매장에 있는 스타일리스트를 예약할 수 있다. 매장에 방문하면 고객은 스타일리스트가 실시간으로 업데이트한 메이크업 전후 사진과 함께 어떻게 이런 마법을 부렸는지 설명한 정보를 살펴보며 즐거움을 계속해서 누린다. 그리고 고객이 매장을 방문한 후에는 사진과 유용한 팁, 구입할 수 있는 제품 정보를 담은 맞춤 이메일을 보내며 강요하지 않는 즐거운 대화를 계속 이어나간다.

영향: 이렇게 인심이 후하고 즐거움이 가득한 곳을 누가 거부할 수 있겠는가? 세포라가 거듭 성장한 것으로 보아 그럴 수 있는 고객은 그리 많지 않은 듯하다. 2017년 세포라의 트위터 팔로워는 225만 명에 달하며, 핀터레스트 팔로워는 49만 1,284명이다(2019년 기준 트위터 팔로워 239만 명, 핀터레스트 팔로워는 59만 7,661명이다–편집자주). 뷰티 토크^{Beauty Talk} 채팅방에는 항상 4만~7만 명의 사람이 접속해 있다.

매장을 새로 오픈하는 날은 뷰티계의 마르디 그라^{Mardi Gras}(그리스도교의 사순절 단식이 시작되기 전 모든 요리용 지방을 다 써버리는 축제의 날로 '기름진 화요일'이라는 의미의 프랑스어–옮긴이주)와도 같은데, 최근에 문을 연 매장에서는 문을 열기 전 몇 시간 동안 1,000명이 넘는 여성 고객이 줄을 서서 기다리기도 했다. 세포라의 최근 분기 보고서에 따르면 30개국에 1,750개의 매장을 운영하며 계속해서 매출 성장 기록을 세우고 있으며 2017년에는 미국에만 70개 매장이 문을 열었다. 세포라는 지속적인 혁신을 통해 1,000만 명이 넘는 고객을 보유하고 있다.

우리가 존재하는 이유는 무엇인가?

어머니의 시선

고객에게 적절한 선택권을 주어라!

세포라는 고객의 다양한 욕구를 알고 존중하기 때문에 1,000만 명이 넘는 열성 고객에게 전달할 서비스와 판매, 경험, 소통 방식을 고객이 선택할 수 있게 해준다.

당신은 고객의 삶에 잘 맞는 선택권을 제공하는가?

당신이 고객에게 전달하는 경험은 '존중 전달 장치'의 요소를 갖추었는가?

마케터의 질문

우리가 존재하는 이유는 무엇인가?
이 장을 마치며

"어머니는 다섯 명이 있는데 파이가 네 조각만 있는 걸 보자마자

파이를 좋아하지 않는다고 말하는 그런 사람이다."

| 테네바 조던Tenneva Jordan |

테네바 조던의 명언은 고객을 내 편으로 만드는 기업이 어떻게 시장에서 지금의 자리와 고객의 존경을 얻게 되었는지 보여주는 핵심이다. 이 기업들은 고객의 우선순위를 자신의 우선순위로 여긴다. 그리고 비즈니스의 목표를 달성하는 일은 고객이 원하는 바를 얼마나 이루어주느냐와 관련이 있다는 믿음에 따라, 높은 수준의 서비스를 제공하며 기업을 운영한다. 그 결과 고객과 직원에게 다음의 원칙을 바탕으로 새로운 체계의 디자인과 의사결정 방식을 확립한다.

- 고객의 삶을 지원하는 방법의 명확성
- 직관적이고 공감할 수 있는 경험 전달
- 고객의 습관과 욕구에 따른 혁신
- 이전에 해오던 방식을 다시 디자인하는 용기

이 장에서는 트렌드를 거스르면서까지 고객을 위해 인간미 있게, 직관적으로, 협력하려는 마음을 가지고 행동하는 기업에 대해 살펴봤다. 이들은 이렇게 행동하기 위해 기업이 원하는 것을 추구하는 것에서 고객과 직원이 원하는 것을 추구하는 것으로 관점을 바꾸었다. 그리고 이러한 관점을 통해 공통 목표를 세우자 기업의 존재 목적은 명확해졌고, 이를 바탕으로 한 고객 경험 디자인은 고객의 지지를 받았다.

기업이 고객을 배려하며 고객 경험 디자인을 하면 엄청난 변화가 일어난다. 고객 삶의 결정적인 순간과 변곡점을 아는 것은 고객을 사랑을 얻기 위해 얼마나 중요한지! 하나의 사이즈가 모든 고객에게 맞을 거라는 생각을 넘어서야 한다. 그리고 고객 중심 성장을 이루는 기업이 되기 위해 인간 중심의 디자인을 경쟁력으로 삼아야 한다.

#마케터의 질문

지금까지 살펴본 성공하는 특징은 당신의 기업이 가는 길과 닮았는가? 고객의 삶을 개선함으로써 성장할 수 있는 힘을 얻고 있는가? 당신의 기업은 목표를 달성하기 위해서 다른 사람들이 목표를 달성할 수 있도록 도와야 한다는 사실을 믿고, 용기 있게 지금까지 늘 해오던 것을 새롭게 디자인하는 일에 전념하고 있는가?

지금 가는 그 길은
올바른가?

"누군가를 신뢰할 수 있는지 알아보는 가장 좋은 방법은

그 사람을 신뢰하는 것이다."

| **어니스트 헤밍웨이**Ernest Hemingway |

고객을 내 편으로 만드는 기업은 업계에 굳어진 관행을 거스른다. 이들은 리더의 지도와 기업의 행동을 통해 양쪽 모두에게 이득이 되는 좀 더 균형 있는 관계를 맺는다. 균형 있는 관계를 맺는 기업들이 공통적으로 보이는 세 가지 행동이 있다.

첫째, 리더는 어떻게 매출을 올릴 것인지, 혹은 어떤 식으로는 매출을 올리지 않을 것인지 명확한 태도를 취한다. 리더는 정확히 무엇이 올바른 길인지 판단하기 위해 기업이 따라야 하는 길을 만들어가며 부지런히 움직인다. 예를 들면 REI는 블랙프라이데이에 매장 문을 열지 않기로 함으로써 직원과 시장에 영향을 미쳤다. REI에게 블랙프라이데이는 야외 활동을 하는 '가족의 날'과 같은 것으로 이윤을 취하는 날이 아니다. 에어비앤비는 소속감 문화를 만들어 직원들에게 "어디서든 소속감을 느낄 수 있게 한다"는 주제를 받아들이는 방법을 알려준다.

둘째, 고객을 내 편으로 만드는 기업은 가격 정책이나 제품을 어떻게 만들었는지, 그리고 왜 그렇게 만들었는지 등 자신들의 행동 뒤에 숨겨진 "왜?"를 투명하게 설명한다. 제품과 가격에 대한 정보를 공유하고, 지식을 고객에게 터놓고 전달함으로써 고객에게 가장 도움이 되는 일을 하고 싶다는 사실을 증명한다.

나는 이 장을 쓰기 위해 조사하면서 고객과 유대관계를 맺으며 용감하게 정보를 공유하는 접근 방법을 이르는 "급진적 투명성"이라는 용어를 알게 됐다. 이 장에서 당신은 영국 기업 오보 에너지^{OVO Energy}와 만나게 될 것이다. 이 기업은 대중에게 에너지 비용이 정확하게 얼마나 드는지 간략하게 설명하고 고객이 지불하는 비용이 정당하다고 느낄 수 있도록 가격 정책 계획을 공개하며 고객에게 급진적 투명성을 실행한다. 그 결과 오보 에너지는 열광하는 고객과 기업의 성장이라는 결실을 얻고 있다.

고객에게 기업의 투명성은 점점 더 중요해지고 있고, 기업 브랜딩에 차별화 요소가 되고 있다. 예상하지 못했던 급진적 투명성을 보여주며 널리 칭찬받는 다른 사례는 스웨덴에서도 찾아볼 수 있다. 스웨덴 관광 협회Swedish Tourist Association는 검열법 폐지 250주년을 기념하기 위해 공개 전화번호를 만들어 전 세계 누구든지 전화를 걸면 이 프로그램에 자원봉사로 참여하는 스웨덴 국민과 이야기할 수 있게 했다. 국민 참여자는 전화를 건 사람에게 스웨덴에 거주하며 일하는 것이 어떠한지 숨김없이 정확하게 설명해준다. 스웨덴 관광 협회는 국민의 말이 검열 없이 국가의 목소리가 되기를 원했다. 이 캠페인에는 시골에 사는 스웨덴인뿐만 아니라 스웨덴인의 솔직함에 박수를 보내고 이를 함께 즐긴 전 세계의 사람들까지 모두 참여했다.

여론조사 기관인 레이블 인사이트Label Insight의 2016년 연구를 살펴보면 급진적 투명성이 기업에 미치는 영향력이 증명된다. 설문조사에 참여한 사람들의 56%가 어떤 기업이 완벽히 투명하게 운영된다면 평생 그 기업에 충성 고객이 될 것이라고 답했기 때문이다.

마지막으로 고객을 내 편으로 만드는 기업은 고객이 과거에 기업에서 대부분 주도권을 쥐었던 관습을 줄이거나 없애며 기울어진 경기장의 높낮이를 고르게 맞춘다. 이들은 고객이 신뢰를 바탕으로 균형있고 동등한 관계로 느끼도록 의도적으로 업계의 관습에 저항하거나 이를 바꾼다. 이 장에서 소개하는 루셔스 게라지Luscious Garage의 사례에서 이들이 어떻게 기술자와 고객 간 경험을 협업과 신뢰, 심지어 기쁨의 경험으로 바꾸며 서로를 연결해주는지 살펴볼 수 있다.

이들 기업이 성장하기 위해 택한 올바른 길 중 일부는 비이성적으로 들릴 수도 있다. 그러나 고객과 관계를 맺는데 전념하기 위해 낸 용기는 이성적인 판단보다 힘이 세다는 사실이 계속해서 증명됐다. 예를 들면 제트 블루Jet Blue는 2017년 부과세를 내지 못한 고객에게 오히려 무료 항공권 쿠폰을 주면서 작은 힘을 더해주기로 결정했다. 이때 고객들은 항공사가 고객에게 부과세를 내지 못했다는 증빙 서류를 요구하지 않는다는 사실에 기뻐했다. 제트 블루는 고객의 말을 그대로 믿었다. 이 장에서는 제트 블루처럼 이익보다는 고객에게 올바른 길을 택한 용감한 기업에 대해 널리 알린다.

올바른 길을 택하는 것은 선택이다. 선택은 언제나 쉽지 않지만 뒤돌아보았을 때 이 길을 선택한 것을 가장 잘한 결정으로 여길 것이다. 올바른 길은 또한 이를 택한 기업을 성공으로 인도한다. 실제 데이터와 고객과 직원의 일화는 올바른 길을 택하면 기업이 성장한다는 사실을 증명한다.

경영전략가인 프레드 라이켈트Fred Reichheld는 자신이 대접받고 싶다면 남을 먼저 대접하라는 '황금률'에 따른 행동과 기업의 성장 사이의 관계를 처음으로 연결한 사람이다. 이에 더해 대니 마이어의 접객지수는 인간미를 바탕으로 가치를 전달하는 직원들을 키우고 비즈니스를 운영하는 기업의 상당수가 어떻게 S&P 500 안에 들

수 있었는지를 보여준다. 그러나 이와 같은 성장의 핵심은 리더십이다. **리더는 고객에게 올바른 일을 하는 것이 성장을 위한 길이라 믿고 기업 문화를 구축해야 한다.**

우리는 고객으로서의 우리를 신뢰하는 기업을 신뢰한다. 우리는 직원이 고객에게 올바른 일을 할 수 있게 해주며, 고객을 자산으로 존중하는 기업을 찾는다. 우리는 기업이 "호구 됐다!"의 순간을 "당신 뒤는 우리가 봐 드릴게요"의 순간으로 바꿔줄 때 안도와 감사의 한숨을 내쉰다. 우리는 모두가 실수를 한다는 사실을 알고 있기 때문에 고객의 실수까지 보듬어주겠다는 기업의 행동에 박수를 보낸다. 그리고 우리는 경기장의 높낮이를 고르게 하고, 우리가 손해보지 않도록 도움이 되는 정보를 주는 기업의 선의에 감사를 표한다.

존중과 존경은 고객을 내 편으로 만드는 기업의 근간이 된다. 이 장에서는 현재 상황에 의문을 제기하고, 일을 처리하는 방식을 바꾸며, 비즈니스 행동 방식을 재구축하는 기업을 살펴본다. 이런 기업은 결국 '**착한 성장**'을 얻었다.

당신의 기업이 외부에 홍보하는
그 가치 그대로 행동하라

"내가 저 골대 안에 넣을 수 있을 것 같아? 음, 그러니까 기둥 사이로 말이야."

몇 년 전 터키 동부 산간 지역에서 이민 온 함디 울루카야^{Hamdi} ^{Ulukaya}는 어머니가 만들어주셨던 되직한 천연 요거트가 그리워진 나머지 요거트를 제조하기 위해 2007년 소액 사업 자금 70만 달러 (약 8억 3,000만 원)를 대출받았다. 울루카야는 터키어로 '목자'를 의미하는 초바니^{Chobani}라는 브랜드를 만들기 위해 문을 닫으려던 크래프트^{Kraft}의 요거트 공장을 매입했다. 당시 미국에는 그릭 요거트가 거의 알려져 있지 않았고 판매량은 시장의 1% 수준이었다. 오늘날

그릭 요거트의 판매량은 시장의 52%를 차지하고 있으며, 초바니는 그중 판매량 1위 브랜드다.

제품에는 천연 재료를 사용하고, 회사에서는 직원을 챙기며, 세상에는 이로운 일을 하는 것이 수십억 달러 기업인 초바니가 추구하는 가치다. 울루카야의 영향력은 기업을 인간미 있게 이끌어온 방식에서 나온다. 울루카야는 기업을 운영하던 초기 5년 동안 어떤 이유로든 자신의 요거트를 싫어하는 사람들에게 직접 깜짝 전화를 걸었다. 그리고 싫어하는 이유에서 기업의 잘못된 점을 찾아 바로 잡기를 원했다.

울루카야는 한 가지가 아닌 여러 방면에서 고객에게 올바른 길을 택한다. 울루카야는 직원에게도 인간적이고 헌신적인 면모를 보인다. 모두를 포용하고 애정이 넘치는 리더인 울루카야는 모든 직원에게 회사 지분의 10%를 나눠준다. 또한 가족의 중요성을 늘 강조하며 새롭게 부모가 된 직원에게 6주 출산 휴가를 지급하는데, 양부모나 입양아 부모까지 포함된다.

울루카야는 난민 노동자를 지원하고, 이들 중 수백 명을 고용하며, 텐트 재단Tent Foundation이라는 비영리기관을 설립해 목자라는 사명을 삶에서 실천하고 있다. 울루카야는 자신의 재산 대부분을 기부하기로 약속하는 워런 버핏Warren Buffett의 "기부 서약Giving Pledge"에도 서명했다. 최근에는 전도유망한 터키 창업가를 교육하기 위해 HUG 이니셔티브HUG Initiative를 창립했다.

지금 가는 그 길은 올바른가?

울루카야는 "관용으로 성장"하는 리더의 특징을 가지고 있다. 그러나 동시에 치열한 사업가이기도 하다. 그리고 지금은 다른 리더들도 인간미와 상업성 사이를 오가며 같은 방식으로 성장하도록 촉구하고 있다. 울루카야는 이 책에서 살펴본 다른 위대한 리더들과 마찬가지로 어린 시절의 가르침을 바탕으로 고객을 어머니에 투영하는 것을 기업의 근간으로 한다. 울루카야는 〈패스트 컴퍼니〉와의 인터뷰에서 이렇게 말했다.

"하루라도 어린 시절을 돌아보지 않고 지나가는 날은 없습니다."
당신은 어머니가 당신을 키운 것처럼 기업을 끌어가는가?

66 기업의 존재 목적과 행동을 일치시킨다 99

기업의 존재 목적과 행동을 일치시키는 리더는 울루카야처럼 예상하지 못했던 기업을 창업하고 업계 상위권에 올려 놓는다. 기업의 존재 목적을 명확하게 설명하는 리더는 많지만 목적을 행동으로 바꾸기 위해 매일 고군분투하는 이들은 매우 적다. 다음에 소개하는 리더들은 존재 목적과 행동을 일치시킨 본받을 만한 이들이다.

사우스웨스트 항공의 대표이사인 개리 켈리Gary Kelly는 앞으로 좌석 수 이상으로 한 자리라도 더 티켓을 판매하는 일은 없을 거라고 약속하며 목적과 행동을 일치시키는 리더임을 증명했다. 켈리는 이런저런 수수료로 운임을 인상하는 것에 전 세계 승객이 불만을 느끼는 가운데 수수료를 따로 부과하지 않고 낮은 운임을 유지하겠다는 철학인 '공정한 투명성Transfarency'(사우스웨스트 항공에서 Transparency에 fair를 조합한 조어로 고객을 정직하고 공정하게 대하겠다는 목표를 담았다–옮긴이주)을 공표했다. 또한 명예회장인 콜린 배럿은 수하물 비용이나 변경 수수료 등을 부과하는 '옳지 않은' 길을 끊임없이 거부했다. 사우스웨스트 항공은 고객과 직원 사이에 공정하지 않은 관계를 만드는 유혹을 짓누르려 노력한다.

어떤 규모의 기업이든 **기업의 존재 목적과 기업이 그 목적을 어떻게 실천하는지가 중요하다.**《컬쳐 해커Culture Hacker》라는 훌륭한 책을 쓴 셰인 그린Shane Green은 직원 50% 이상이 입사 첫 해 기업을 떠나는 이유가 기업이 주장하는 존재 목적이 실행되지 않았기 때문이라고 말한다. 당신은 어머니에게 약속을 한 후 그 약속을 지키지 않겠는가?

'2017년 딜로이트 밀레니엄 세대 설문조사The 2017 Deloitte Millennials Survey'는 기업의 존재 목적이 중요하다고 한 그린의 연구 결과를 입증한다. 밀레니엄 세대의 소비자는 특히 행동과 태도가 자신들의 가치와 잘 맞는 기업을 찾는다. 나는 이런 욕구가 밀레니엄 세대를 넘어서까지도 적용될 것이며, 대부분의 사람들이 "추구하는 목적과 행동이 일치하는 기업"을 보고 싶어 한다고 단언한다.

따라서 기업이 비즈니스에 뛰어든 이유와 존재 목적을 실천하

기 위한 행동을 찬찬히 연결하다보면 고객을 내 편으로 만드는 기회를 얻을 수 있다. REI는 블랙프라이데이에 모든 이들에게 야외 활동을 권장하는 '#옵트아웃사이드'를 내세우며 대담하게 매장 문을 닫은 것으로 대략 67억 회 정도 매체에 노출됐다. "블랙프라이데이 휴일 동안 우리 기업은 어떤 모습을 보여야 할까?"라는 단순한 질문에서 시작해 기업의 존재 목적을 따른 리더가 어떻게 사람들에게 영향을 미치고 성장을 일궈냈는지 살펴보자.

REI는 블랙프라이데이에
참여하지 않기로 결정했다.

결정 의도: 상업적 이유로 기업의 존재 목적을 배반하지 않는다. REI는 "야외에서 활동하는 것이 잘 사는 삶"이라고 믿는다. 이 믿음은 기업을 어떻게 운영하고, 누구를 채용하며, 고객과 어떤 관계를 맺을지의 방향이 된다. 1,600만 명의 회원으로 이루어진 자체 운영 '야외 활동 커뮤니티'가 있는데, REI는 이 커뮤니티에 전념하기로 한 약속에 따라 행동한다. 커뮤니티에서 발간하는 〈스튜어드십 리포트Stewardship Report〉 2017년호에 따르면 REI는 수익의 79%를 야외 활동 커뮤니티에 되돌려줬다. 이런 행동은 REI를 아웃도어 도구나 부츠, 텐트를 파는 다른 기업을 능가하는 수준으로 올려놓는다. REI는 야외 활동을 지원하는 행동을 통해 회원들이 건강한 삶을 살 수 있도록 돕는다. 그래서 블랙프라이데이에 문을 닫는 일은 고민할 필요도 없었다.

고객을 내 편으로 만드는 행동: 판매보다 야외 활동을 촉구하며 블랙프라이데이에 매장 문을 닫는다. 이 일은 2015년 블랙프라이데이에 맨 처음 일어났다. REI의 대표이사 제리 스트리츠키Jerry Stritzke는 #옵트아웃사이드라는 이름의 캠페인으로 143개 전 매장의 문을 닫았다. 스트리츠키는 이 행동을 "실내에서 과소비하는" 사람들을 바깥으로 나가게 하는 데 투자하는 것이라고 설명했다. 웹사이트에서는 글자 뿐인 검은색 화면을 띄워 사람들에게 쇼핑 대신 야외 활동을 하는 #옵트아웃사이드를 권장했다. 이듬해 이 운동을 지속하면서 스트리츠키는 "저희의 가치는 변하지 않습니다"라고 말했다.

소매기업이 이처럼 중요한 날을 외면하는 것은 위험한 선택이라는 의견도 있었지만 목적을 따르는 REI의 행동은 고객과 직원이 바라보는 REI의 위상을 강화하며 재무적인 성과를 넘어 그 이상의 성과를 가져다주었다.

영향: REI는 회원들의 존경을 얻고, 기업이 추구하는 운영 목적을 따르는 직원을 불러들이게 되었다. 또한 #옵트아웃사이드 운동에 다른 기업과 지역 커뮤니티를 참여시켰다. 2015년에는 140만 명의 사람들이 쇼핑에서 발을 떼고 #옵트아웃사이드에 동조했고 2016년에는 그 운동에 참여한 사람이 600만 명이 넘었다. 700개가 넘는 기업이 REI의 운동에 함께 참여했고, 수백 개의 주립공원은 블랙프라이데이에 사람들이 야외로 나가 활동할 수 있도록 입장료를 우대했다. REI는 경쟁사들이 고전하고 있는 시장에서 재무적으로 계속해서 성장하고 있다. 문화적 측면에서 이런 행동은 더욱 강력한 노동력을 창출하고, 더 크고 강력한 기업을 길러낸다. 앞으로 떠오르는 세대는 근무할 기업의 가치가 자신들의 가치와 일치하는지 살펴보기 위해 목소리를 내고 신중을 기한다. 그리고 REI의 이런 행동은 이 세대들을 끌어당기는 자석이 됐다. REI는 #옵트아웃사이드 운동을 시작한 후, 4분기에만 수십만 개의 입사 지원서를 접수했다. 지원자 수가 100%나 증가한 것이다. REI의 근속율은 소매업계 경쟁 기업의 두 배다. REI는 〈포춘〉의 일하기 좋은 100대 기업에 19년 연속으로 선정됐다 (2018~2019년까지 21년 연속 선정되었다—편집자주).

어머니의 시선

행동으로 당신의 기업의 존재 목적을 증명하라!

REI는 사람들을 야외로 나가게 하자는 가치에 따라 일반적인 비즈니스 운영 방식과 다르게 위험을 감수한다. 예를 들어 블랙프라이데이는 야외 활동을 하기 위한 날이고 또 가족과 함께 보내는 날이기 때문에 매장 문을 닫는 것이다.

리더의 행동이 기업의 존재 목적을 이끌어내는가?

당신이 비즈니스를 하는 이유와 당신의 행동은 일치하는가?

지금 가는 그 길은 올바른가?

고객을 기억하고, 보살피며,
고마움을 잊지 않는다

"처음 오신 고객이라면 놀라울 정도로 낮은 요금을 제공하고, 껴안고 입
맞추며 환영의 인사를 드릴 테니 1번을 누르세요. 지겨운 기존 고객이라
면 더 높은 요금 상담을 위해 기다리세요."

새로운 반려동물 관리숍이 지닌의 동네로 옮겨오자 지닌은 열
광했다. 지닌의 슈나우저인 버디의 관리가 필요할 때 단 몇 분 거리
에서 관리를 받을 수 있었기 때문이다! 지닌은 그 편리함이 마음에
쏙 들었다. 지닌은 버디를 등록하고, 회원 가입을 한 후, 매장이 문
을 여는 날 처음으로 미용을 예약하러 들렀다. 그리고 6주마다 태

엽 장치처럼 정기적으로 예약을 이어갔다.

지닌은 몇 년 동안 그 매장에서 버디의 미용이나 관리 서비스를 받았을 뿐만 아니라 장난감과 사료, 비타민도 전부 그곳에서 샀다. 버디에게 헌신하는 지닌은 그곳의 단골 고객이었다. 그러나 지닌은 늘 매장을 방문할 때마다 무언가 빠진 것 같은 기분을 느꼈다. 버디가 그저 그들이 처리해야 할 숫자에 불과한 것 같았고, 단골 고객으로 여겨지지 않는 느낌이었다. 직원들은 버디의 예약 시간 전까지 버디나 지닌에 대한 정보를 살펴보지 않았고 방문 기록조차 확인하지 않는 경우가 많았다.

지닌이 105번째 그 매장에 방문한 날, 지닌은 예약 시간에 7분 늦었다. 순번은 곧장 다음 반려견에게 돌아갔고 직원은 딱딱하게 말했다.

"예약을 다시 잡으셔야 해요."

지닌은 충분히 많이 참았다. 직원에게는 지닌의 연락처가 있었지만 지닌이 오고 있는 중인지 확인하기 위해 연락하려는 시도조차 하지 않았다. 직원들은 지닌을 잘 몰랐고, 지닌이 그 매장에서 지불한 금액이 얼마인지, 혹은 얼마나 그 매장에 충실한 고객이었는지도 몰랐다. 지닌은 5년 동안 매주 정기적으로 미용과 관리를 받으며 버디의 물건을 사왔던 그곳에 발길을 끊기로 했다.

당신은 수년 동안 돈을 보내온 어머니를 알아보지 못하거나 돈만 받은 후 어머니와의 연을 끊어버리겠는가? 지닌은 대부분의 고객처럼 기업이 수년 동안 꾸준히 거래해 온 고객의 가치를 알아주기를 바랐다. 고객은 기업과 맺은 관계를 소중히 여기기를, 고객을 알아보고 고마움을 느끼기를 원한다.

어떤 기업의 꾸준한 고객이었지만 그 기업이 당신을 숫자로만 취급할 때 가장 먼저 머릿속에 떠오르는 생각은 무엇인가? "내가 여기서 얼마나 썼는지 모르는 건가"가 아닌가? 매주 좋아하는 식당에 갔음에도 아무도 당신을 알아보지 못한다면 어떤 느낌일까? 계속해서 그곳에 가겠는가?

> **66** 고객을 기억하고, 고객을 보살피며,
> 고객을 당연히 주어진 것으로 생각하지 않는다 **99**

우리를 존중해주는 고객을 존중하는 것에 고객을 내 편으로 만들 기회가 있다. 고객은 기업이 자신들을 당연하다고 여길 때 그 순간을 여지없이 알아본다. 그런 기업은 신규 고객에게는 더 좋은 요금을 제안하지만 오랫동안 관계를 맺어준 고객에게는 아무 혜택도 주지 않을 뿐더러, 고객이 서비스를 받기 전 반복해서 여러 번 같은 말을 하게 만든다. 이 모든 행동은 충성심 넘치는 고객에게 궁금증을 안긴다.

'이 사람들이 나의 가치를 알아보는 걸까? 내가 떠나면 알아보기나 할까?'

이때, 고객에게 이렇게 말하면 기회를 얻을 수 있다.

"저희는 고객님을 잘 알고 있습니다. 고객님은 저희에게 소중합니다. 고객님이 없다면 저희의 비즈니스도 없다는 사실을 잘 알고 있습니다."

그러나 이렇게 말할 수 있으려면 각 고객의 가치를 파악하기 위해 열심히 노력해야 한다. 마케팅 에이전시인 이컨설턴시[Econsultancy]에 따르면 기업의 42%만이 고객생애가치를 측정한다. 고객생애가치를 측정하는 기업은 행동부터가 다르다. 고객을 가장 가까이에서 응대하는 직원들이 고객을 대할 때 스스로 행동하고 고객에게 감사를 표할 수 있도록 재량권을 주는 것이다. 직원에게 재량권이라는 도구를 줌으로써 고객생애가치를 파악하고, 고객이 가치를 인정받고 있다고 느낄 수 있도록 행동한다. 간단히 말하면 **고객 충성도를 얻기 위해 고객에게 충성심을 나타내는 것이다.**

미국의 많은 항공사들은 항공권 요금에 따라 마일리지를 제공하는데, 알래스카 항공은 아직도 항공권 요금이 아닌 비행 거리를 기반으로 마일리지를 제공한다. 고객이 비행기에 탑승한 만큼 존중하겠다는 신념은 충성 고객에게 "저희는 항공권을 사는 데 돈을 더 많이 지불한 고객님을 소중히 여깁니다"가 아니라 "저희는 저희 비행기를 많이 이용해 주신 고객님을 소중히 여깁니다"라고 말하는 것이다.

다음은 고객생애가치를 파악해 고객을 존중하고 기업을 성장시키는 일을 기술과 과학으로 승화시킨 보노보스^{Bonobos}에 관한 이야기다. 이 사례 연구에서는 생애가치가 높은 고객을 신중하게 예측하는 방법과 고객을 존중하고 고객 중심 성장을 이루기 위한 운영 모델과 서비스 접근법을 간략하게 살펴본다.

보노보스는 고객생애가치를 파악하고 존중하기로 결정했다.

결정 의도: 남성들이 잘 맞는 바지를 살 수 있도록 돕는다. 그 다음 충성 고객을 존중한다. 보노보스는 치노 팬츠로 시작한 기업이다. 스탠퍼드 MBA 학생이었던 브라이언 스팔리Brian Spaly는 남성들에게 "지금 네가 갖고 있는 바지 마음에 들어?"라는 질문을 던지며 프로젝트를 시작했다. 스팔리에게 돌아오는 답변은 "아니!"였다. 스팔리는 이 답변을 토대로 보노보스의 첫 번째 바지를 만들었다. 보노보스의 바지는 남성들의 다양한 체형에 맞도록 허리 밴드를 곡선으로 만들었고, 이 방식은 사이즈와 매무새까지 고려한 보노보스만의 특징으로 자리 잡았다. 2007년에는 공동창업자 앤디 던Andy Dunn이 참여해 자신에게 꼭 맞는 바지를 찾고 있는 남성들에게 이 바지를 판매할 방법을 찾았다.

보노보스는 초기부터 바지를 판매하는 기업 그 이상이 되기를 바랐다. 고객을 보살필 수 있도록 더 가깝게 관계 맺기를 원했다. 보노보스의 창업자들은 고객생애가치라는 과학을 바탕으로 가장 가치 있는 고객을 존중하며, 남다른 매무새의 기술로 "남자들과 대화"하는 서비스를 더하는 것을 목표로 했다. 그래서 보노보스는 온라인과 오프라인 창구를 모두 열어두었다. 그리고 각각을 어떻게 조합하는 것이 열성적인 고객을 길러내는지 파악하기 위해 연구했다.

지금 가는 그 길은 올바른가?

고객을 내 편으로 만드는 행동: 고객을 자산으로 여기고 존중한다. 보노보스는 창업할 때부터 생애가치가 높은 고객을 얻고, 자신들에게 가장 귀중한 자산이 된 고객들을 파악하고 존중하기 위한 탐색에 나섰다. 다른 소매 기업들이 그렇듯 통합 데이터를 찾기가 어려워 초기에는 엑셀 표를 이용해 구식으로 계산했다. 그들은 전체 고객생애가치와 25개로 나눠진 부분별 고객생애가치를 활용했다. 고객을 자산으로 존중하는 보노보스의 역량은 생애가치를 계산하기 위해 고객과 고객 사이의 접점 데이터를 통합하는 예측 분석을 활용하며 과학적 접근법으로 발전했다. 데이터를 바탕으로 생애가치가 높은 고객으로 분류되면 '서비스 닌자' 나 고객의 생애가치 정보를 갖고 있는 가이드 매장의 직원들에게 개인화 서비스를 받을 수 있다. 보노보스는 과학적 접근법을 통해 첫 구매 시점부터 생애가치가 높은 고객을 예측할 수 있으며, 덕분에 계속해서 고객이라는 자산을 존중하고 키우기 위한 적극적 지원과 서비스를 제공하게 된다. 과학과 서비스의 만남은 고객 각각에 맞는 관계를 맺게 해주고 유대관계를 형성하며, 보노보스의 비즈니스를 성장시킨다.

영향: 보노보스는 서비스 기술에 고객 데이터를 더하며 신규 고객의 생애가치를 20% 증가시켰다. 보노보스는 서비스와 경험 공식이 성장을 이끈다는 관점을 잃지 않고 이 정보를 활용해 고객의 삶에서 자신들의 자리를 넓혀간다. 보노보스는 온라인 기반 의류 브랜드에서 그 규모가 가장 크다. 월마트는 2017년 3억 1,000만 달러(약 3,700억 원)에 보노보스를 인수했다. 앤디 던은 인수합병이 되었어도 계속해서 사업을 책임져 나갈 것이니 걱정하지 말라고 말한다. 던은 보노보스의 팬을 실망시키지 않을 것이며 이 브랜드의 영혼을 이어가기로 약속했다.

어머니의 시선

고객을 자산으로 존중하라!

보노보스는 고객을 당연한 것으로 여기지 않고 존재를 절대 잊지 않는다. 보노보스는 과학과 서비스, 경험을 조합해 고객생애가치를 존중하고 지속적으로 생애가치를 높인다.

당신의 행동은 고객을 자산으로 존중하는가?

당신 기업은 고객을 그다지 중요하게 생각하지 않는다는 신호를 보낸 적이 있는가?

지금 가는 그 길은 올바른가?

고객을 신뢰해야 신뢰를 얻는다

청구 은행원이
부를 때까지
기다리세요.

"나는 이 사람들을 신뢰하고 돈을 맡기는데, 이 사람들은 왜 25센트짜
리 펜 하나도 나한테 못 맡기는 거지?"

시카고 컵스Chicago Cubs가 아주 오랜 시간 동안 팬들에게 줄 수 있
는 것은 신뢰와 희망뿐이었다. 월드시리즈에서 컵스 유니폼을 본지
108년이 지난 2016년이 되어서야 마침내 내셔널리그에서 우승
타이틀을 거머쥐었기 때문이다. 컵스는 1906년 이래로 겨우 열여
덟 번 포스트 시즌에 참가했다. 온 가족의 대를 이어 슬픔과 기쁨으
로 결속한 컵스와 팬들은 상호 신뢰하는 관계였다.

약체인 컵스를 좋아하는 것은 아버지가 만든 우리 가족만의 전

통이었다. 우리는 리글리필드의 "친근한 테두리The Friendly Confines(리글리필드의 별칭 - 편집자주)" 안에서 추억을 많이 만들었다. 2016년 드디어 우승 타이틀을 얻어냈을 때 우리 가족과 전 세계에 있는 수백만 명의 컵스 팬들은 뒤늦게 그들이 우승할 거라는 믿음에 대한 보상을 받았다. 그리고 팬들은 컵스에 답례를 했다. 수백만 명의 팬들이 나와 컵스를 환호하며 축하했다. 공식 자료에 따르면 500만 명의 팬이 컵스를 위해 시카고에 한데 모여 축제 행렬을 이루었으며, 어떤 집계 자료에 따르면 이는 역사상 일곱 번째로 규모가 큰 모임이었다.

컵스가 팬들과 쌓아온 신뢰는 기업이 고객과 오랜 시간에 걸쳐 쌓는 신뢰와 다르지 않다. 기업에는 응원하기 위해 길거리에 행렬을 이루는 수백만 명의 사람들은 없더라도 신뢰를 쌓으며 동일한 **양방향의 균형 있는 관계**를 얻는다. 이 책을 쓰고 있는 지금 이 시점에도 컵스는 월드시리즈라는 목표에 미치지 못했지만 팬들은 그해 봄이 영원하기를 바란다. 우리는 컵스를 믿는다.

❝ 고객을 신뢰함으로써 고객의 신뢰를 얻는다 ❞

모든 고객과의 관계는 고객이 어떤 조직과 그 조직의 사람들을 신뢰하면서 시작된다. 가족의 건강을 위해서는 의사를 신뢰하고, 집을 사거나 파는데 도움을 얻기 위해서는 부동산 중개업자를 신뢰한다. 일을 하기 위해 믿을만한 장비를 들이기 위해서는 컴퓨터 제조업자를 신뢰하고, 재산을 안전하게 보호하기 위해서는 은행을 신뢰한다.

당신은 어머니에게 저녁을 준비하는 데 도와달라고 부른 뒤 믹서기를 조리대에 쇠줄로 묶어두겠는가? 물론 그러지 않을 것이다. 이 얼마나 어리석은 질문인가! 우리는 어머니에게 물건을 빼앗길까봐 지킬 필요가 없다. 그러나 고객은 상품 구성이나 법적 용어, 깨알같이 적힌 조항, 판매 조건 등에 따라 기업이 고객을 신뢰하지 않는다는 느낌을 받는다.

한쪽으로 치우친 신뢰는 신규 고객을 평가하는 과정에서, 계약서를 협상하는 과정에서, 혹은 고객보다 기업에게 이득이 되는 절차를 준수하라고 요구하면서 무심코 드러난다. 이런 행동은 고객을 작아지게 하고, 무방비 상태로 만들 수 있다. 당신도 고객의 입장을 겪어보았으니 잘 알 것이다. 고객은 정당한 거래를 했는지 확인하기 위해 수많은 시간과 노력을 기울여야 하기 때문에 신체적으로 고갈되기 마련이다. 그리고 기업이 고객으로부터 자신들을 보호하려고 한다는 느낌을 받을 때면 정서적으로 고갈된다.

> **66** 신뢰를 하는 데에 신뢰를 얻을 기회가 있다 **99**

모든 고객과 맺은 관계에는 신뢰 계약이 내포되어 있다. 고객은 기업이 약속한 대로 이행할 것을 믿고, 그 기업이 고객과 거래를 할 때 답례로 신뢰를 보여주기를 원한다.

당신은 고객을 신뢰하기 위해 노력하는가? 당신은 양식이나 서류, 계약서에서 고객을 신뢰하는가? 책상에 줄로 매어둔 펜처럼 고객을 신뢰하지 않는다는 사실을 내비치는 작은 실마리라도 있는 것은 아닌가? 당신의 기업에 고객이 "이 회사는 나를 신뢰하지 않는 것 같아"라는 생각이 들게 하는 순간이 있는가?

예를 들어 코네티컷에 있는 제인스 사이클Zane's Cycles은 잠재 고객과 양방향 신뢰를 쌓는다. 이 기업은 자전거를 시험 삼아 타러 오는 사람들이 신용카드를 맡기지 않아도 한 바퀴 돌아볼 수 있게 해준다. "손님, 저희는 손님이 자전거를 돌려주실 걸 알아요"라고 말하는 것이다.

그들은 매장을 찾는 고객들의 생애가치를 1만 2,500달러 이상으로 본다. 이 정도의 소비 잠재력을 가진 고객을 의심의 눈초리로 보고, 위협한다는 것은 있을 수 없는 일이다. 따라서 자전거를 타볼 수 있도록 내어주는 것은 어쩌면 제인스 사이클에게는 당연한 행동인 것이다. 자전거를 타본 뒤 구입하는 수많은 고객을 얻고, 잃어버리는 자전거는 고작 1년에 3개 미만이라는 점에서 제인스 사이클의 전략은 성공적이다. 게다가 고객에게 시승용으로 빌려준 자전거 중에서도 특히 비싼 자전거는 잃어버린 적이 없다. 신뢰를 주면 신뢰가 돌아온다.

고객과 좀 더 균형 있는 관계를 만들기 위해서 **신뢰를 줄 수 있**

는 기회들을 목록으로 만들어보기를 권한다. 고객의 소비 여정에서 절차를 준수하도록 요구하는 부분을 살펴보자. 각 단계에서 누구에게 힘이 있는지, 그리고 왜 그런지 밝혀보자. 우선 현재 상태에 의문을 제기하는 것부터가 시작이다. 그 다음 고객이 할 질문을 해보자. 그리고 양방향 신뢰를 쌓기 위해 현재 상태를 뒤엎고 다시 디자인하자.

완전히 차별화에 성공한 기업인 레모네이드 보험의 사례를 살펴보면 도움이 될 것이다. 레모네이드 보험의 직원들은 '왜' 보험사는 고객에게 가장 훌륭한 경험을 제공할 수 없는지, 개선의 여지는 없는지 생각하는 데 많은 시간을 보냈다. 보험 업계에서는 깨알같이 작은 글자로 적힌 계약서와 규칙, 보험금을 청구하는 절차 때문에 신뢰를 쌓기가 어려웠다. 레모네이드는 처음부터 상호 신뢰를 바탕으로 보험금 청구를 처리할 때 고객이 정직 서약 동영상만 촬영하게 했고, 보험금 청구 절차는 때로 몇 분 만에 처리되었다. 영감을 얻고 싶다면 읽어보자!

레모네이드 보험은
정직 서약만 받기로 결정했다.

결정 의도: 당신이 사람들을 신뢰하면, 그 사람들도 당신을 신뢰한다. 레모네이드 보험의 이념은 보험 관계의 불균형과 신뢰를 얻기 위해 부과하는 정서적 비용을 바로잡을 방법을 찾아내는 것이었다. 레모네이드는 보험금 납부 방법에서부터 변화를 시작했다. 레모네이드가 판매하는 주택소유자와 세입자에 대한 보험 상품은 주소지와 귀중품 등을 바탕으로 계산해 정액을 책정한다. 레모네이드는 20%를 수수료로 가져간다. 고객은 보험 상품에 가입할 때 기부하고 싶은 자선 단체를 고를 수 있다. 이는 레모네이드의 환급 프로그램 때문인데, 보험료 중 수수료 20%와 지급한 보험금을 빼고 남은 금액을 고객이 선택한 자선 단체에 보내는 것이다. 레모네이드는 이 방법으로 정액을 책정한다는 신뢰와 고객에게 상생을 일깨워 공유 경제에 대한 경험을 제공하는 것을 자신들의 업에 담았다.

고객을 내 편으로 만드는 행동: 고객을 신뢰하는 마음으로 보험금 청구 절차를 바꾼다. 신뢰를 성장 동력으로 삼겠다는 레모네이드의 의지는 보험 청구 방법에 영향을 미친다. 예를 들어 당신이 키우는 반려견이 식탁으로 돌진해 할머니의 아름다운 꽃병을 깼다고 치자. 레모네이드 앱에서는 365일 24시간 동안 일하는 인공지능 로봇 짐이 무슨 일이 일어났는지, 그리고 왜 보험금을 청구하는지 묻는

지금 가는 그 길은 올바른가?

다. 짐은 이어서 정직 서약에 서명하고, 공정한 절차로 이득을 얻는 레모네이드와 다른 가입자, 자선 단체에 다음과 같이 하겠다는 약속을 요구한다.

"저는 우리가 서로 정직하게 행동할 것을 믿습니다. 저는 실제로 정당한 보험금만 청구하기로 약속합니다. 저는 정직하게 행동할 것을 맹세합니다."

신뢰로 똘똘 뭉친 이 기업은 당신에게 로봇 짐을 정면으로 바라보고 보험 청구 사유와 함께 서약 영상을 촬영하라고 한다. 어머니는 늘 우리의 이야기를 듣고 믿어주고 싶어 한다. 레모네이드의 보험금 청구 절차도 조금은 그런 느낌이리라 짐작해본다. 여기까지 마치면 몇 분 만에 청구 건을 검토하고 보험금을 지급한다.

영향: "당신이 사람들을 신뢰하면, 그 사람들도 당신을 신뢰한다"는 말은 레모네이드가 고객을 신뢰하고 그 답례로 고객의 신뢰를 받도록 이끌어준다. 예를 들면, 어떤 고객이 노트북을 잃어버려 보험금을 청구하고 바로 보험금을 지급받았다. 그런데 어찌된 일인지 노트북이 고객에게 다시 돌아왔다. 그러자 고객은 레모네이드에 연락해 이미 지급 받은 보험금을 다시 돌려준다. 이것이 레모네이드의 신뢰 기반 모델의 힘을 보여주는 증거다.

레모네이드의 가입자 수를 살펴봐도 증명이 된다. 레모네이드의 투명성 블로그에 올라온 글에서는 뉴욕에서만 운영되던 당시, 신규 보험 가입자의 27%가 레모네이드를 택했다고 말한다. 주목해야 할 사실은 이 스타트업 기업은 아직 젊다는 것이다. 앞으로 신뢰가 이 기업을 얼마나 더 성장시켜 나갈지 지켜보는 일은 꽤 흥미로울 것이다.

어머니의 시선

양쪽 모두에 이득이 되는 관계를 쌓아라!

레모네이드는 신뢰를 자신들의 성장 기반으로 삼았다. 보험금 청구 절차에서 정직 서약은 양쪽 모두에 올바르게 행동할 책임을 부여하기 때문에 기업과 고객 모두에게 이득이다.

양방향 신뢰가 당신의 행동을 결정하는가?

당신은 비즈니스 사례에서 고객을 신뢰함으로써 고객의 신뢰를 얻고 있는가?

지금 가는 그 길은 올바른가?

고객을 호구로 만들지 말라

"이 쿠폰은 화요일 월식이 일어나는 동안 4시 반에서 5시 사이에 현금으로 결제할 때만 사용하실 수 있습니다."

수잔과 밥은 신문에서 근처 레스토랑에서 할인된 가격에 점심을 먹을 수 있다는 특별가 안내를 봤다. 쿠폰 서비스를 제공하는 기업이 후원하는 것이었는데, 지금까지 한 번도 사용해 본 적은 없었지만 시도해볼 만하다고 생각했다. 은퇴한 이후 적은 비용으로 매일을 버티던 두 사람은 외식하러 갈 날을 기다리며, 심지어는 매주 외식해도 되겠다는 기대에 부풀었다.

둘은 돌아오는 월요일 정오에 점심을 먹으러 레스토랑을 찾았다. 웨이터가 테이블에 다가왔을 때 점심 특별가 쿠폰이 있어 왔다고 말했다. 웨이터는 잠시 기다리라고 한 후 돌아와서 나쁜 소식을 전했다.

"점심 특별가 쿠폰은 화요일과 수요일 오후 2시 이후에만 사용하실 수 있습니다. 오늘은 월요일 정오라 안타깝게도 이 쿠폰을 사용하실 수 없습니다."

수잔과 밥은 이미 자리에 앉았으므로 그냥 그곳에서 먹기로 했지만 쿠폰을 쓰지 못한 실망감이 식사 내내 머릿속에 맴돌았다.

"왜 쿠폰을 쓸 수 있는 세부 사항을 명확히 밝히지 않은 거지? 그냥 쿠폰을 쓰게 해줄 수는 없는 거야?"

수잔은 밥에게 물었다. 밥도 그 이유를 알지 못했다. 밥이 아는 사실은 앞으로는 그 레스토랑에 가지 않을 것이며 다시는 '특별가 쿠폰' 따위는 거들떠도 보지 않겠다는 것뿐이었다.

66 당신 뒤는 우리가 봐 드릴게요 99

고객은 기업이 명확하게 사실을 알려주지 않아 놀라는 순간 자신이 '호구'가 됐다고 느낀다. 이런 순간은 대개 기업이 어떤 상황에서 "~한다면"이나 "그리고", "하지만"이라는 수식으로 변명해야할 경우다. 그러나 당신이 이 일은 하지만 다른 상황에선 하지 않는다면, 당신이 원하는 성과 역시 얻을 수 없다.

지금 가는 그 길은 올바른가?

밥과 수잔의 이야기는 결국 해피엔딩으로 마무리되었다. 밥과 수잔이 특별가로 제공되는 점심을 먹지 못하는 규정이 불분명하다고 실망감을 드러내자 웨이터는 지배인에게 이들의 이야기를 전하며 허락을 구했다. 식사가 끝난 뒤 웨이터는 말했다.

"점심 값은 레스토랑에서 부담하겠습니다."

그 레스토랑은 특별가로 제공되는 점심 쿠폰을 사용하는 법을 지나치게 어렵게 만들었다. 그래서 수잔과 밥처럼 쿠폰 사용의 제약 조건을 알지 못하는 고객들에게도 쿠폰을 사용할 수 있게 했다. 점심 값 몇 푼에 고객을 잃는다는 것은 옳지 않았다. 특히 선의로 쿠폰을 인정해주는 것은 당연히 해야 할 일일 뿐 아니라 기업을 위해서도 옳은 일이었다.

당신의 기업에는 어머니를 실망시키는 "~한다면"이나 "그리고", "하지만"이 붙는 경우가 있는가? 당신이 만드는 제품이나 제공하는 서비스, 부과하는 수수료, 특별 할인 등 어느 것이든 그런 경우가 있는가? 고객이 해석해야 하는 복잡한 내용이나 알려지지 않은 조건이 있는가? 그렇다면 고객을 '호구'로 만들고 있는지도 모른다. 고객을 내 편으로 만드는 기업은 이 순간을 "당신 뒤를 봐드릴게요" 순간으로 바꾸려고 한다.

다음은 도서관의 연체료를 없애며 기존 도서관의 체계에 맞선 어느 용감한 도서관에 관한 이야기다. 생각해보면 연체 수수료는 사실 공공 도서관의 설립 이념을 방해한다. 사람들이 책을 다 읽을 수 있도록 권장하기 위해 연체료를 물리는 것은 옳은 일일까?

실제 우리 어머니는 나의 어린 시절 2주 동안 캠핑 휴가를 떠날 때마다 딜레마에 빠졌다. 어머니는 책벌레였던 내가 여행 기간 내내 버틸 수 있도록 필요한 책 스무 권을 빌리고 연체료를 낼지, 혹은 책 없이 캠핑을 갈지 고민했다. 콜럼버스 메트로폴리탄 도서관 Columbus Metropolitan Library의 고객 경험 최고책임자인 앨리슨 서클Alison Circle은 정확히 이런 상황이 배움과 더 나은 삶을 제공해야 할 도서관의 이념에 방해가 된다고 생각했다. 게다가 도서관은 세금으로 운영되는데, 연체료를 걷는 것은 이용객을 '호구'로 만드는 일이라 생각해 결국 연체료를 없앴다. 이 도서관의 이념은 다음과 같다.

"성공하는 삶을 위한 기초가 된다."

재미있게 읽어보기 바란다.

콜럼버스 메트로폴리탄 도서관은 연체료를 없애버리기로 결정했다.

결정 의도: 어린 영혼들이 제약 없이 지식을 익힐 수 있게 해주자.

"우리는 100년 넘게 벌금을 부과했지만 효과는 없었습니다."

고객 경험 최고책임자인 앨리슨 서클이 말했다. 도서관 이용객은 연체료를 내지 않기 위해 신경을 쓰고 기억한다. 도서관은 사람들이 연체료를 10달러 이상 내지 않고 있으면 책 대출을 금지한다. 이런 연체료 규정은 도서관 사서를 어린 아이들을 지도하는 사람이 아닌 계산대 직원으로 만든다. 콜럼버스 메트로폴리탄 도서관은 "수수료는 이 정도면 충분해요!"라고 말했다. 이 도서관은 훌륭한 책을 읽느라 시간이 필요한 단골 이용객과 여름방학 독서 목표를 달성하고자 하는 아이들이 반납일과 연체료 때문에 책 읽는 시간을 줄이지 않아도 되도록 도와주고 싶었다.

고객을 내 편으로 만드는 행동: 연체료를 없앴다! 하루 10센트 연체료는 이제 없다! 미국의 주요 도시 도서관 중에서 최초로 연체료를 없앤 행동은 도서관의 이념을 되돌아보게 만들었다. 그리고 책을 빌린 것에 대해 벌금을 내는 "호구 됐다!"의 순간을 없앴다. 이제 사람들은 한 번에 다섯 권씩 책을 대출할 수 있고 벌금이 발생하지 않는다는 사실만 기억한다. 그리고 도서관 이용객이 읽는 책은 납

세자가 구입하는 것이기 때문에 도서관이 진정으로 알아야 하는 사실은 다른 사람들도 책을 읽을 수 있도록 하는 것, 즉 대출한 책의 반납 여부뿐이다. 이용객은 도서를 28일 안에 반납하면 되고 필요하면 자동으로 대출이 연장되어 책 한 권당 280일까지 대출할 수 있다. 그리고 중요한 사실은 이 도서관은 현명하게도 연체료를 매출로 인정하지 않기 때문에 연체료를 없애더라도 도서관 기금이나 프로그램에 영향을 미치지 않는다.

영향: "더 많은 이용객의 손에 더 많은 자료를 쥐어주기 위해 장벽을 없앤 덕에 지혜가 넘쳐흐르고 번성하는 지역사회를 일구어 나가겠다는 우리의 목표 달성이 조금 더 가까워졌습니다."

도서관의 대표이사인 패트릭 로신스키[Patrick Losinski]가 도서관의 새로운 정책을 소개하며 이렇게 말했다. 이들의 결정은 미국 전역에 있는 도서관에 "이용객을 호구로 만드는" 연체료를 재고하고 없애도록 영향을 미쳤다. 결과는 어땠을까? 서클은 내게 이렇게 말했다.

"즉각적인 결과는 두 가지입니다. 이용객은 벌금을 내야 한다는 불쾌한 감정을 갖지 않게 되었고, 직원은 이제 이용객과의 상호작용에서 도움을 주고 지도하는 것에 초점을 맞추고 있어요. 직원과 이용객 모두 더욱 긍정적인 관계를 맺게 되었죠. 예상했던 대로 이 변화는 재무적인 측면에는 거의 영향을 미치지 않았고, 다른 척도도 꾸준한 상태를 유지하고 있어요. 이 변화는 다른 도서관도 같은 방식을 차용할 수 있도록 동기를 부여하기도 했습니다. 2017년에는 근처에 있는 도서관 세 곳도 이 변화에 동참했고, 미국 전역에 있는 여러 도서관도 2018년에 같은 정책을 도입하기로 계획하고 있어요."

어머니의 시선

고객을 '호구'로 만드는 순간을 없애라!

콜럼버스 메트로폴리탄 도서관은 어린 영혼의 성장과 사람들이 지식을 쌓는 일을 돕겠다는 이념에 충실하기 위해 연체료를 없앴다.

당신 기업에는 고객의 기쁨을 가로막는 '호구'로 만드는 순간이 있는가?

고객의 눈에 띄기 위해 어떤 나쁜 관행을 없앨 수 있는가?

마케터의 질문

몰라서 지불하게 되는 억울한 비용을 없앤다

"스트럿이 망가졌고, 조향장치는 휘었고, 얼라인먼트가 필요하겠고요, 브레이크는 정비가 좀 필요하고, 타이어도 엉망이에요. 엔진오일 바꾸러 오셔서 알게 됐으니 천만다행이네요."

누구나 겪어봤을 상황이다. 작은 것 하나 때문에 기업에 연락을 했다가 결국 생각했던 것보다 더 많이 사게 되는 상황 말이다. 특히 자동차를 관리하는 일이나 가족을 안전하게 보호하는 일, 건강을 유지하는 일처럼 살면서 가장 많은 돈을 지불하거나 복잡한 지출일 경우 우리는 필요한 것보다 더 많은 것을 용인하는 실수를 범한다. 대비하지 않아서 일어날지도 모르는 일을 걱정하기 때문에 더 많은

지금 가는 그 길은 올바른가?

것을 용인해 버리는 것이다. 이런 상황에서는 방향을 알려줄 길라잡이가 필요하다. 그렇지 않은가?

우리에게는 믿음이 필요하다. 기업이 우리가 잘 모른다는 점을 기회로 이용하지 않을 것이라는 믿음 말이다. 나 자신과 가족을 걱정하는 마음을 이용해 원래 필요한 것보다 과한 가격이나 많은 수량을 강요하지 않으리라고 믿고 싶은 것이다. 우리는 '몰라서 내는 억울한 돈'처럼 불확실성이나 두려움 때문에 지나치게 많은 돈을 쓰고 싶지 않다.

66 고객이 결정할 수 있도록 사실을 알린다 99

고객을 내 편으로 만드는 기업은 복잡한 가격 체계 안에서 고객을 이끌어주고 고객이 필요한 것만 판매한다. 이들은 고객에게 최적의 해결책으로 향하는 방향을 거침없이 알려줌으로써 성장할 기회를 얻는다. 고객을 내 편으로 만드는 기업은 교육과 완벽한 정보, 단순명료한 사실을 전달하고 **고객이 진정으로 필요한 것을 결정할 수 있게 한다.** 이런 기업은 고객에게 온전한 이야기를 들려주고, 고객에게 선택권을 준다. 고객을 똑똑하게 만들어주고, 고객이 결정할 수 있게 한다.

과잉 판매는 고객이 멋모르는 약자일 때는 효과가 있을 수도 있다. 그러나 고객이 자신의 경험을 돌이켜보고 친구들에게 이야기하며 소셜미디어에 공유하게 되면, 지속적인 성장을 이끌어주지는 못할 것이다. 이런 상황을 잘 활용하면 투명성과 신뢰를 통해 성장하는 기회를 얻을 수 있다. 한 번 살펴보자. 당신의 기업에는 고객이 '몰라서 내는 억울한 돈'이 있는가?

샌프란시스코에 있는 루셔스 게라지는 우리 대부분이 '몰라서 내는 억울한 돈'과 같은 일을 겪었을 때 자동차 서비스 업계에서 고객의 경험을 개선하는 방법을 찾아냈다. 이들은 자동차를 수리하는 일을 두렵고 걱정되는 경험에서 존중과 신뢰의 경험으로 바꾸기로 했다.

루셔스 게라지의 대표인 캐롤린 코키예트^{Carolyn Coquillette}는 자동차 서비스는 70%가 고객을 대하는 일이고 30%가 자동차를 정비하는 일이라고 말한다. 이 말에 코키예트가 이야기하는 요점이 있다. 자동차 정비 경험의 특징을 한 마디로 정리한다면 '두려움'일 것이다. 차에 대해 잘 모르거나, 기술자만큼 대단히 알지 못하기 때문이다. 이 상태에서 고객은 어려운 단어를 사용해 설명하는 직원이나 설명도 없이 일방적으로 부르는 수리비를 감당해야 한다. 이럴 때 고객은 수리의 내용과 비용이 정당한지 확신할 수 없어 걱정된다. 루셔스 게라지는 고객이 갖는 두려움과 걱정을 없애기 위해 고객에게 신뢰를 주는 서비스를 제공하기로 했다.

루셔스 게라지는 가장 먼저 해야 할 일은 고장난 신뢰를 수리하는 일이라고 결정했다.

결정 의도: 예전 방식의 자동차 서비스 경험을 버린다.

"차를 수리하는 과정에서 의외로 중요한 것은 고객이 이전에 수리를 받으면서 겪었던 공포를 극복하게 돕는 거예요."

루셔스 게라지의 대표인 코키예트는 말한다. 그래서 루셔스 게라지는 설립 초기부터 고객이 과거에 겪었던 서비스 사례를 파악하는 것부터 시작해 관계를 다진다. 그 다음에는 필요한 수리만 진행하며, 서비스 비용은 타당할 것이고, 자동차는 완벽하게 수리될 것이라는 사실을 증명하며 자동차 서비스에 대한 고객의 신뢰를 회복하는 것이다. 이렇게 서비스를 마치면 두터운 충성 고객군이 형성된다. 이들은 솔직하게 말하고, 명확하게 소통하며, 고객이 가진 지식을 존중하며 고객을 내 편으로 만든다.

고객을 내 편으로 만드는 행동: '아무것도 숨기지 않는' 협업. 루셔스 게라지에서는 고객 상담사와 기술자, 고객 사이에서 옆 사람 귀에 속삭이며 여러 사람을 거치는 "말 전달 게임" 같은 건 하지 않는다. 고객은 수리를 담당하는 기술자를 직접 만난다. 서로의 눈을 바라보고 소통하며 사람 대 사람으로 만난다. 그리고 수리 계획을 함께 세운다. "우리의 생각도 당신이 판단한 것과 똑같습니다"라고 말하는 것이다. 그렇게 함께 논의를 하면 지금까지 쉽게 느낄 수 없었던 신뢰가 찾아온다. 루셔스 게라지는 기술자가 자동차를 수리하는 과정에 고객이 참여해 소통할 수 있도록 온라인과 모바일 플랫폼을 만들었다. 덕분에 고객은 자동차를 진단하는 과정 전반에 걸쳐 기술자와 협업하는 역할을 하게 된다. 기술자는 조사 결과와 차량에 나타난 문제, 수리와 관련한 권고사항을 사진과 동영상 등으로 살펴보면서 고객도 같은 과정을 따라올 수 있도록 이끌어가고, 고객은 실시간으로 대화에 참여한다. 그 후 고객과 기술자는 온라인에서 실시간으로 협업하고, 결론을 도출하며, 수리 계획을 실행한다. 이 방법은 고객과 자동차 정비소 간의 불균형을 없애고 완전히 다른 차원의 대화를 이끌어낸다. 전화로 자동차에 생긴 모든 문제에 대한 이해할 수 없는 설명을 듣고, 예상하지 못했던 큰 비용의 청구서를 받은 뒤 방금 무슨 일이 일어난 건지 정확히 알지 못하던 것과는 완전히 다르다.

영향: 루셔스 게라지는 자동차 수리를 기술자와 고객의 협업 관계로 만들었다. 루셔스 게라지는 정보 앱인 옐프에서 평균 별 다섯 개를 유지하고 있고(충분히 이해가 간다), 극찬을 받고 있다. 물론 여기에 적힌 내용은 일부에 불과하다. 그럼에도 각 코멘트에서 강조하는 훌륭한 행동을 눈여겨볼 필요가 있다.
"정직한 전문가가 저를 챙기고 있다는 사실에 자신감을 느꼈어요.", "여기서는 당신도 동등하게 대우받을 수 있어요.", "과잉 판매를 하지 않아요. 필요하지 않은 게 있다면 좀 더 기다리라고 말하거든요. 신뢰와 전문성 덕분에 다시 찾게 돼요!", "제가 지금까지 경험해 본 서비스 중에서 어느 곳보다도 훌륭한 운영 방식이에요." 루셔스 게라지는 이런 방식으로 기업을 운영하고 고객의 열광적인 사랑을 받으며 매장 한 곳에서만 연간 150만 달러(약 18억 원)의 매출을 올릴 정도로 성장했다.

지금 가는 그 길은 올바른가?

어머니의 시선

고객에게 과잉 판매하지 않는다!

루셔스 게라지는 열린 소통으로 기술자와 고객을 파트너로 만들어 자동차 수리 과정을 두렵고 걱정되는 경험에서, 존중과 신뢰의 경험으로 전환했다.

> **당신 기업에 '잘 몰라서 내는 돈'과 같은 상황이 있는가?**
>
> 고객이 늘 올바른 해결책을 찾을 수 있게 이끌어주는가?

정당한 비용이라면 고객은 기꺼이 받아들인다

이 생수는 그저 유전을 찾아 땅에서 끌어올리고 정제해 유조차로 운반해야 하는 휘발유보다 30배 더 비쌀 뿐이다.

조는 어느 날 늘 집에서 프린트하던 영화표를 이번에는 프린트하지 않고 영화관에 가서 사기로 했다. 그런데 놀랍게도 매표소에서 영화표를 사면 집에서 영화표를 프린트할 때와 달리 발권 수수료로 3달러를 더 내야 한다는 이야기를 들었다. 어쩔 도리가 없던 조는 3달러를 지불했다. 조는 그때 느꼈던 황당한 기분이 떠올랐다. 3달러를 더 썼기 때문이 아니라, 영화관이 이때를 기회로 삼아 조의 주머니에서 조금 더 챙겨갔다는 사실 때문이었다. 조는 주변 사람 모두에게 이 일에 대해 이야기했다. 그리고 그 이후 영화관에 갈 때면 집에서 영화표를 프린트해서 수수료를 물지 않았지만, 자연스럽게 그 영화관을 찾지 않게 됐다.

> ❝ 정당한 가격을 부과하면
> 사람들은 기업에 애정을 갖게 될 것이다 ❞

조는 많은 고객들이 살면서 자주 만나게 되는, '기회'를 이용해 주머니를 불리는 가격을 경험했다. 영화관은 당장 영화표가 필요한 상황을 기회로 악용해 매표소에서 발권하는 것에 더 많은 비용을 부과했다. 조가 겪었던 것처럼 '기회비용'은 고객의 소비뿐 아니라 기업에 대한 인상에까지 영향을 미친다.

고객에게 기회비용은 "이 기업은 나에게 선택권이 없다는 사실을 알고 있어"와 같은 느낌을 준다. 나는 지금 추우니 비행기에서 이 담요를 살 수밖에 없다. 나는 갈증이 나기 때문에 이렇게 비싼 생수 한 병을 살 수밖에 없다. 나는 렌탈 기간이 끝나기 전까지 가스 요금을 낼 수밖에 없다. 다른 선택권은 없다…….

고객을 내 편으로 만드는 기업은 수수료를 더 부과하거나 가격 인상을 해야 할 때 신중하게 생각한다. 그리고 다음과 같이 자문한다. 장기적으로 봤을 때 물 한 병이나 담요 한 장, 혹은 추가 수수료를 더 비싸게 부과하는 일이 가치가 있는가? 물 한 병에 6달러를 더

받는 것이 미래의 소중한 고객을 잃어도 될 정도로 가치가 있는가? 고객이 인스타그램 사진이나 트위터의 트윗으로 공유해도 좋은가?

기회비용은 당장 수익을 내기 좋은 길이다. 물론 기업 내부의 재무적 관점에서 바라보면 고객이 지불하는 가격이나 수수료를 인상해서 얻게 되는 결과는 달콤하다. 그래서 기업은 필요 이상으로 고객에게 가격이나 수수료를 부과하면서 이에 따라 예상되는 매출 증가에 중독된다. 그러나 그 매출에는 만회해야할 비용이 발생한다는 점을 고려해야 한다. 당신 기업에 대한 애정이 줄어든 고객은 시간이 흐름에 따라 당신 기업의 제품과 서비스를 대체할 방안을 모색하기 시작한다.

최근 호텔 방에서 기회비용을 발견하고 웃은 적이 있다. 그 호텔 방에는 커피메이커가 있었다(좋았다). 그러나 컵 안에 커피 티백을 담아 필름으로 포장해 놓았고, 위쪽에는 크게 7달러라는 스티커가 붙어있었다. 커피 티백을 7달러 주고 사지 않으면 커피를 마실 수가 없었다. 이건 그다지 좋은 방법이 아니다. 지금쯤이면 수천 명의 사람들이 내가 소셜미디어에 올린 그 컵 사진을 봤을 것이고, 나는 앞으로 그 호텔은 피하려고 할 것이다.

기업을 위해 더 좋은 방법이 있지 않을까? 당신은 어머니에게 정당한 커피 가격을 매길 것인가, 아니면 이익만 내는 가격을 매길 것인가? 당신 기업 안에는 고객을 우롱하듯 침투한 기회비용 요소가 있는가?

지금 가는 그 길은 올바른가?

다음 이야기는 발견했던 당시 기뻐서 키득거렸던(맞다. 나는 그렇게 나 이상한 사람이다) 사례다. 버진 호텔은 말도 안 되는 미니바 가격을 없앴다. 그 대신 '시중가'로 미니바를 제공한다. 조금 전 호텔 방에서 먹은 초콜릿 바를 길거리에 있는 작은 마트나 식료품점으로 달려가서 사는 데 드는 가격만큼만 부과한다. 버진 호텔은 돈을 벌겠다는 의지가 있는 것인지 궁금해 하는 고객 대신 온라인 여기저기에서 트렌드를 거스르는 전략에 열광하는 팬층을 만든다.

버진 호텔은 미니바에
추가 금액을 부과하지 않기로 결정했다.

결정 의도: 이득을 취하지 않고 정당하게 행동한다. 호텔 방에서 당신은 심한 갈증으로 밤중에 일어난다. 어두워서 물 한 병의 가격을 확인하지 않았지만 뚜껑을 돌려서 따는 순간 어떤 상황을 맞이할 것인지 알게 된다. 우리는 이 순간에 잠시 멈춰서 이 가격에 굴복할 것인지 결정한다. 그리고 궁금해 한다.

"왜 이 호텔은 이런 행동을 할까?"

리처드 브랜슨Richard Branson과 대표이사 라울 릴Raul Leal은 버진 호텔을 구상하던 초기부터 자신들이 만드는 고객 경험은 업계의 표준을 벗어날 것이라는 점을 명확히 했다. 이들은 불편함을 주는 것들을 없애면서 고객들이 이 기업은 어떻게 수익을 낼지를 궁금하게 만들었다. 그들은 기회를 틈타 고객에게 요금을 부과하여 이득을 취하지 않는다. 그리고 조금씩 가격을 덧붙여 올리는 일도 없었다.

고객을 내 편으로 만드는 행동: 미니바에 '시중가'를 매긴다. 릴은 버진 호텔 웹사이트에 올린 동영상에서 이렇게 말한다.

"당신이 호텔 방에 있는데 밤 열두 시가 지나서 룸서비스를 시킬 수가 없다고 해 봐요. 스낵이라도 먹으려고 미니바에서 엠앤엔즈를 꺼냈더니 6달러예요!"

버진 호텔은 공정하게 행동하기 위해 이와 같은 운영 방식을 거부한다. 버진 호

지금 가는 그 길은 올바른가?

텔의 '시중가' 정책은 "당신이 마트에서 사는 가격만큼만 미니바에 지불하세요"라는 원칙을 바탕으로 한다. 따라서 이곳에서는 콜라 캔을 따거나 과자 봉지를 뜯어도 괜찮다. 버진 호텔은 고객이 미니바의 유혹에 움찔하는 순간을, 즉 정당하지 않은 가격에 머뭇대는 상황을 없앴다.

"우리는 자라면서 남에게 이득만 취하라고 배우지 않았고, 그건 사업을 할 때도 마찬가지예요."

버진 호텔이 가격을 덧붙여 올리는 방식을 없애고 정당한 행동을 보여주는 것은 미니바뿐만이 아니다. 와이파이에도 사용료를 부과하지 않는다. 버진 호텔은 당당하게 이야기한다.

"주파수는 수익원이 아니라 권리입니다."

이 호텔은 고객들에게 룸서비스 수수료나 추가 서비스 비용도 요구하지 않는다. 이르거나 늦은 체크인에도 수수료를 부과하지 않는다. 대표이사 라울 릴Raul Leal은 고객들이 일반적으로 다른 호텔에 머물면서 불편하다고 느끼는 비용을 걷어내며 이렇게 말한다.

"이 정도로 '우리가 고객을 사로잡았다'고 생각해서는 안 되죠."

영향: 시카고에 있는 버진 호텔은 문을 연지 겨우 1년 만에 〈컨데 내스트 트래블러〉에 독자 선정 미국 최고 호텔로 이름을 올렸다. 이 여행 잡지는 시카고에 있는 버진 호텔을 전 세계 상위 50개 호텔 중 6위로 선정했다. 당신은 이익을 위해 가격을 덧붙여 올리는가? 혹은 단순히 가능하다는 이유로 기회비용을 이용해 이득을 취할 때가 있는가? 당신은 버진 호텔처럼 수수료 대신 가치를 바탕으로 성장하려는 장기적인 관점을 지닐 수 있는가?

어머니의 시선

추가 비용 관행을 거부한다!

버진 호텔은 단순히 그렇게 할 수 있다는 이유로 고객이 먹은 초콜릿 바에 6달러를 청구하는 것처럼, 오랫동안 자리 잡았던 호텔 운영 관행을 받아들이지 않기로 했다. 사람들은 응원하고 있다. 큰 목소리로!

당신 기업에는 고객에게 추가 비용을 요구하는 관행이 있는가?

당신은 정당한 가격을 매기는가,
아니면 이익만 추구하는 가격을 매기는가?

지금 가는 그 길은 올바른가?

사과하는 방법은 기업을 테스트하는 리트머스종이다

아주 빠르고, 적합하게 사과했다.

조직에 어려움이 닥쳤을 때 리더가 어떻게 행동하느냐는 직원이 어떻게 행동할 것인가를 말해준다. 문제가 생겼을 때 리더의 행동은 기업 전체에 기업이 추구하는 가치를 다시 생각해 보게 한다. 그리고 문제 상황에서 직원들에게 품위를 유지하며 바로 잡을 수 있는 재량권을 주면 직원들의 사기가 올라간다.

제너럴 모터스General Motors(GM)의 현재 대표이사이자 회장인 메리 바라^{Mary Barra}는 재임 기간에 일어난 것도 아닌 사건을 이어받았다. 제조한지 10년이 된 셰보레 코발트^{Cobalt}가 점화장치 불량으로 260만 대까지 리콜이 이어진 사건이었다. 이 때문에 고객 104명이 목숨을 잃은 터였다. 10년 간 문제를 고요하게 품고 있었던 이 자동차는 바라가 대표이사가 되자마자 며칠 만에 폭발했던 것이다.

이 상황에 대한 바라의 반응은 GM 내부 직원들에게 영향을 주었다. 그가 대중과 시장을 향해 인간미를 보였기 때문이다. 바라는 그 상황에서 책임감 있게 행동했다. 희생자의 가족을 만나서 그 상황에 대해 마음을 터놓고 이야기를 나누었으며 개인적으로 사과했다. 그리고 법적으로 판결이 나기 전에 보상 기금부터 마련했다. 바라는 외부와 소통할 때면 늘 자동차 고장 상황뿐만 아니라 답변이 늦어지게 된 원인인 사내 문화와 절차를 해결하기 위해 노력하겠다고 약속했다.

바라는 힘든 상황을 겪고 난 후 자신은 물론 기업 전체가 어떻게 책임을 질 것인지 확립하는 분위기를 형성했다. 직원들은 바라가 콜센터에서 전화를 받고, 옆에서 통화하는 것을 들었다. 또한 바라는 직원들과 이야기를 나누면서 끝까지 들어주고 직원들에게 GM에 일어난 비극에 대해 이야기했다. 그녀는 직원을 대상으로 하는 동영상 메시지에서 이렇게 말했다.

"이번에는 저희의 생산 절차에 문제가 있었습니다. 그리고 끔찍한 일이 일어났습니다. 우리는 이 비극적인 사건으로 기회를 얻었고, 우리는 더 좋아질 것입니다."

조직에 통합과 결속이 가장 중요한 시점에 바라의 용기는 기업이 추구하는 가치를 회사 전체에 전했다.

❝ 인간미 있는 대처가 비즈니스의 결과를 좌우한다 ❞

기업이 힘든 시기를 맞으면 직원들은 겸손하고 책임감 있는 행동을 바란다. 직원들은 일어난 사실에 대한 솔직한 설명과 두려워하지 않는 민첩한 소통, 그리고 공감하는 마음을 바란다. 그리고 자신이 속한 회사가 고객을 다시 불러 모으는 자랑스러운 리더십을 보여주기를 바란다.

어떻게 기업과 개인이 이런 상황에 대처하느냐가 비즈니스의 결과에 영향을 미친다. GM의 경우 메리 바라가 일으킨 변화는 새로운 책임감을 보여주었다. 그리고 가장 중요한 것은 책임감을 향한 매우 인간미 넘치는 접근법을 지켜보던 직원들의 사기가 올랐다는 점이다. 바라가 이끈 GM은 지속적으로 매출 성과를 달성했고, 초과하기까지 했다. GM은 바라가 재임한 이후 3년 동안 기록적인 수익을 달성했고, 최근에는 〈포춘〉에서 선정한 수익성이 좋은 미국 10대 기업에 한 자리를 차지했다.

간혹 기업은 큰 실수를 저질러 대중의 주목을 받기도 한다. 그 사이 대중과 피해를 입은 고객의 기억에는 수천 개의 일상적인 일과 기업과 부딪치며 생기는 사소한 문제가 계속해서 쌓인다. 크든 작든 고객과 함께 무너진 담장을 고쳐야 하는 상황에서는 직원에게 적절한 조치를 취할 수 있는 권한을 주고 그 사실을 알려야 한다.

당신 기업에 문제가 일어나면 직원들에게 어떻게 대응하도록 지시하는가? 직원에게 행동할 권한을 주고, 올바른 조치를 취하는 데 자부심을 갖게 하는가? 홍보팀을 통해 대응 자료를 배포하는가, 아니면 깊은 책임감을 느끼고 공개적인 자리에서 대응 방안을 진정성있게 전하는가? 고객의 무너진 삶을 함께 되돌려 놓는 데 책임감을 느끼는가? 당신이 사과하는 태도는 고객의 마음을 움직이는가?

다음 이야기에서 내가 특히 좋아하는 부분은 지속적으로 잘못된 것을 바로 잡는 행동을 보여주는 것이다. 포시즌스의 '사소한 문제 보고서'는 매일 일어나는 문제를 지속적으로 해결하면 팀과 조직을 통합하고 성장하게 만든다는 사실을 깨닫게 해준다. 이 같은 행동은 작은 실수가 곪아 터질 기회를 주지 않는다. 매일 배우면 매일 개선된다. 그리고 직원들에게 현 상태를 개선하기 위해 올바른 일을 할 수 있는 힘을 준다.

지금 가는 그 길은 올바른가?

포시즌스 호텔은 잘못된 일을
매일 바로잡기로 결정했다.

결정 의도: 지속적으로 최고 수준의 서비스를 제공한다. 포시즌스는 늘 고객 경험을 개선하기 위한 기회를 탐색한다. 매일 고객에게 일어나는 사소한 문제가 이들에게는 지속적으로 서비스를 한 단계 높이고 개선하며, 숨어 있는 문제를 해결하는 기회가 된다. '사소한 문제의 순간'을 신속하고 정직하게 해결하면 지속적으로 고객 경험을 개선해 고객과의 관계를 회복하고 고객을 늘리는 데 긍정적 영향을 미친다. 포시즌스의 창업자인 이저도어 샤프는 모든 사소한 문제를 바로 해결하기를 강조한다. 샤프는 이렇게 말한다.

"사소한 문제에서 문제 자체는 중요하지 않습니다. 중요한 것은 문제 해결입니다."

고객을 내 편으로 만드는 행동: '사소한 문제 보고서'. 포시즌스는 전 세계에 퍼져 있는 호텔에서 규칙적으로 사소한 문제를 없애는 과정을 만들었다. 직원들은 근무조가 끝날 때마다 고객에게 일어났던 사소한 문제를 논의한다. 이 과정은 직원들이 서비스를 향상시키기 위해 문제를 해결하는 데 집중하게 해주고 각자에게 일어났던 일 중에서 우려했던 점을 점검할 수 있게 해준다. 사소한 문제 논의는 무슨 일이 일어났는지, 누가 고객에게 사과했는지, 정서적 유대관계를 회복하고 문제를 바로 잡기 위해 어떤 행동을 취했는지를 중점적으로 다룬다.

근무조의 리더는 팀이 함께 문제를 해결할 수 있도록 문제를 요약하고 정리하는 데 전원을 참여시킨다. 그리고 매일 아침 전날 있었던 사소한 문제를 정리한 보고서로 논의한다.

이 사소한 문제 보고서 과정이 강력하다고 느꼈던 이유는 지속적으로 서비스의 질을 향상시켜주었기 때문이다. 이 보고서는 인간미와 책임감을 함께 불러일으키는 강력한 역할을 한다. 직원은 고객이 느끼고 실망했던 관점에서 문제를 다시 검토한다. 각 직원은 모든 사소한 문제를 솔직하게 털어놓고 책임감을 느낀다. 그런 후 팀이 함께 힘을 모아 개선점을 찾고 서로를 돕는 것이다. 처벌이 아니라 개선을 위한 목적이기 때문에 포시즌스는 고객 경험을 전달하는 일원으로서 직원을 하나하나 격려하고 계발한다.

샤프는 이 과정을 "우리가 가진 최고의 상품"이라고 말한다. 포시즌스의 문제 해결법은 남에게 대접받고 싶다면 먼저 대접하라는 황금률을 기반으로 한다. 이렇게 문제를 해결한 경험은 직원의 문제 해결 역량을 향상시키고, 서비스 질을 높인다.

영향: 포시즌스는 호텔 업계에서 이직률이 가장 낮은 곳이다. 낮은 이직률은 샤프가 말하는 서비스 정신과 태도를 지닌 사람들을 채용한 결과다. 포시즌스는 직원이 가진 자질을 최고로 발휘할 수 있는 업무 환경을 조성함으로써 이직률을 낮췄다. 포시즌스는 〈포춘〉에서 선정하는 일하기 좋은 100대 기업에 18년 연속 선정됐다. 당신은 기업과 직원이 발전할 수 있도록 장려하는 사소한 문제에 매일 집중하고, 개선하는가?

지금 가는 그 길은 올바른가?

어머니의 시선

매일 사소한 문제를 해결한다!

포시즌스는 팀을 구성해 매일 고객 경험에서 일어나는 사소한 문제를 파악한다. 문제를 발견할 때마다 바로 해결하고 고객을 가장 가까이에서 응대하는 직원을 영웅으로 만든다.

**당신은 사소한 문제를 해결하기 위해
적극적으로 노력하고 있는가?**

당신은 고객에게 일어나는 사소한 문제를 매일 개선하는가?

마케터의 질문

거래보다 관계 형성에 집중한다

"철창은 그만 보세요. 이제 당신의 새 차에 쓸 녹 방지 처리 상품을 좀 살펴보죠."

당신은 창문 없는 방에 몇 시간 동안 어머니를 앉혀두고 복잡하고 불명확하며 조금은 무시무시한 정보를 전달하겠는가? 품질 보증 기간을 연장하는 계약을 하면서 매달 청구 금액을 대충 계산해 주고 부실하게 설명하겠는가? 기업이 어떤 식으로 구매를 유도하는가는 그 조직의 우선순위를 보여준다. 그리고 여기에 선택의 여지가 있다. 기업은 판매를 성사시키는 일에 집중할 수도 있고, 혹은 관계를 수립하는 일에 집중할 수도 있다.

지금 가는 그 길은 올바른가?

고객을 내 편으로 만드는 기업은 판매를 위한 전략을 관계 수립으로 대체하기 위해 노력한다. 이들은 고객을 좋은 선택으로 이끌어주는 것을 목표로 한다. 따라서 고객에게 선택에 필요한 정보를 명확하게 알리고, 고객이 정보를 바탕으로 결정을 내릴 수 있게 해준다.

> **66** 관계를 수립하는 데 집중하고
> 판매를 성사시키려고 하지 않는다 **99**

당신이 구입했던 것 중에서 가장 복잡했던 것이 무엇이었는지 떠올려보자. 판매하는 사람이 여러 선택지를 두고 터놓고 명확하게 각각의 장단점을 밝혔다면, 당신은 구매한 상품뿐만 아니라 판매한 사람을 믿고 편안한 마음으로 자리에서 일어났을 것이다. 그러나 분리할 수 없는 패키지 상품을 제안받거나, 혹은 거래 내용을 계산하거나 이해하기 위해 계속해서 머리를 긁적여야 했다면 다른 기분을 느꼈을 것이다. 어서 구입 과정을 끝내고 싶었던 경험이 있다면 이 말이 무슨 말인지 이해할 것이다. 직원으로서 당신의 판매 과정을 살펴보고 스스로에게 물어보자. 당신은 고객에게 무언가를 판매하는 방식에 만족하는가?

흥미로운 것은 이처럼 복잡한 구매 과정을 거쳐야 하는 상품은 삶에서 중요한 경우가 많다는 것이다. 우리는 그것을 구입하기 위해 저축하고, 계획하고, 기대한다. 당신은 정보를 파악하는 데 있어서 동등하지 않은 위치에 있는 고객에게 슬며시 다가오는 두려움을 없애기 위해 조치를 취할 수 있다.

고객을 내 편으로 만드는 기업은 고객이 모르는 사실을 동의하게 만드는 것은 장기적으로 성장하기 위한 방법이 아니라는 사실을 알고 있다. 그리고 조사 결과도 이를 뒷받침한다. 2016년 〈레이블 인사이트Label Insight〉에서 조사한 투명성 투자 수익률 연구Transparency ROI Study에서는 소비자 중 약 94%가 완전히 투명하게 행동하겠다고 약속한 기업에 충성하겠다고 답했다.

영국의 오보 에너지는 설립 초기부터 전통적인 에너지 기업보다는 믿을 수 있는 친구처럼 행동하기로 결정했다. 2009년 잉글랜드 글로스터셔에서 친구 몇몇이 모여 밥을 먹다 만들어진 오보는 전 세계에서 가장 신뢰받는 에너지 브랜드로 자리매김하고 싶어 한다. 그리고 이들은 그 자리를 향해 나아가기 위해 노력하고 있다. 오보 에너지는 신뢰를 얻기 위해서는 신뢰해야 한다는 사실을 알고 있다. 친구가 되기 위해서는 친구처럼 행동해야 한다.

다음 사례에서는 오보 에너지가 어떻게 에너지 상품의 구매 방식과 소통 방식, 비용 지불 방식을 바꿨는지 살펴본다.

오보 에너지는 성장하기 위한 방법으로
열린 마음과 정직을 택했다.

결정 의도: 신뢰 받는 친구처럼 행동한다. 오보의 창립자인 스티븐 피츠패트릭 Stephen Fitzpatrick과 팀원들은 신뢰 받는 기업이 되기 위해 어떻게 행동해야 하는지 매우 세심하게 계획했다. 우선 이렇게 약속했다. 이들은 모든 것을 단순하게 만들기로 했다(어떤 일이든 숨바꼭질을 하지 않는다). 이들은 정직하기로 했다. 이들은 가격을 정당하게 매기기로 했다. 이들은 어렸을 때 배운 대로 품위 있게(피츠패트릭의 말이다) 고객을 대하기로 했다. 오보 에너지 사무실에는 여전히 그들이 밥을 먹으며 약속한 식탁이 놓여 있다. 이들은 앞으로도 양심과 행동이 계속해서 이 기업을 이끌어갈 수 있도록 노력한다.

고객을 내 편으로 만드는 행동: 네 가지의 단순한 에너지 요금제, 복잡한 절차 금지. 오보 에너지의 목표는 "소비자가 에너지 업계를 쉽게 이해할 수 있도록 만들고 고객이 좋은 가격에 거래하고 있다는 사실을 알 수 있도록 실제 기업 운영 비용을 가격에 반영하기 위해 힘쓴다"이다. 그 결과로 고객이 오보에게 얻는 것은 단순한 가격 체계와 설명, 그리고 고객에게 익숙한 용어다.
고객은 포함 내용과 비포함 내용을 명확하게 나타낸 단순한 요금제 중에서 고르고, 뒤통수 맞을 일을 겪지 않는다. 오보는 신규 고객을 위해 가장 좋은 가격의 상품을 따로 두지 않는다. 고객은 모든 상품을 살펴볼 수 있으며 고를 수 있다. 신규 고객과 기존 고객을 편애하지 않는 것이다. 참! 그리고 오보는 고객 계정에 적립된 잔액에 3% 이자까지 지불한다.

2014년에는 영국에서 규모가 큰 에너지 업체들이 에너지 가격을 올려 소비자 사이에 큰 소란이 일어났다. 그때 피츠패트릭은 에너지 및 기후 변화 위원회Energy and Climate Change Committee에서 이렇게 말했다.

"저는 이 원가 인상에 대해 고객에게 전혀 설명할 수가 없습니다."

그리고 피츠패트릭은 가격을 올리지 않겠다고 덧붙였다. 당시 전기와 가스 원가가 오르지 않았기 때문이다. 오보 에너지는 불필요하게 가격을 올리지 않는다.

"무엇보다도 열린 마음과 정직이 우선입니다."

오보 에너지의 창립 멤버들은 오보를 시작할 때 만들었던 이 원칙을 따를 것이라고 말했다. 그 식탁이 오보 에너지를 처음 시작했던 마음을 그대로 유지하게 해주는 것이 분명하다.

영향: 오보 에너지는 70만 명에 가까운 고객을 확보할 정도로 성장했고, 1,000개 이상의 일자리를 창출했다. 오보 에너지는 지난 3년 간 영국의 소비자 사이트인 유스위치uSwitch에서 선정하는 올해의 에너지 공급 업체로 선정됐고, 영국의 뉴스 잡지인 〈선데이 타임즈Sunday Times〉의 일하기 가장 좋은 기업Best Companies to Work For에 이름을 올렸다. 소비자가 기업의 행동과 관계를 평가하는 트러스트파일럿Trustpilot에 오보 에너지에 관한 8,208개 리뷰의 평점은 10점 만점 중 8.8점이다. 2016년 오보 에너지는 처음으로 '의미 있는 수익'을 거뒀다고 알렸으며, 2017년에는 지난 5년 간 평균 220% 이상의 성장을 거뒀다고 발표했다.

어머니의 시선

판매 방식을 투명하게 하라!

오보 에너지는 상품을 판매하고 고객을 대하는 방식에서 믿음이
가는 친구처럼 행동한다. 오보 에너지의 가격은 기업 운영 비용
을 반영하고, 그 비용을 널리 공유해 고객에게 항상 적절한 가격
에 거래하고 있다는 사실을 알린다.

당신 기업의 판매 절차는 투명한가?

당신은 판매를 성사시키는 것이 아니라 관계를 수립하는 데
집중하는가?

마케터의 질문

지금 가는 그 길은 올바른가?
이 장을 마치며

이 책을 위해 조사를 거듭해 나가면서, 그리고 고객을 내 편으로 만드는 기업 이야기가 형태를 갖추기 시작하면서 이들이 행동 방식을 선택할 때의 공통분모가 나타났다. 공통적으로 이들은 올바른 길을 선택했고, '착한 성장'을 이뤘다. 그리고 고객과 기업의 불균형 관계를 만드는 비즈니스 관행을 그대로 따를지, 혹은 이 관행에서 벗어날지를 선택했다.

고객에게 올바른 길을 가는 것은 선택이다. 물론 쉽게 선택할 수 있는 길은 아니지만 뒤돌아보았을 때 가장 만족할 만한 선택이다. 고객을 내 편으로 만드는 기업은 다음을 위해 신중하게 행동한다.

- 균형 잡힌 관계를 수립한다.
- 고객을 존중하고 존경하는 마음으로 행동한다.
- '파격적인 투명성'을 실행한다.
- 착한 성장을 이룬다.

이 장에서는 비즈니스 트렌드를 거스르는 용기를 살펴봤다. 어떻게 성장할 것인지, 어떤 식으로는 성장하지 않을 것인지 선택하는 과정에서 리더십이 나타난다. 리더는 용감하게 행동하고 직원이 따를 수 있도록 함으로써 직원들이 성장하도록 영향력을 발휘한다. 리더는 직원들에게 고객을 자산이자 성장의 기초로서 존중할 수 있는 재량권을 부여한다.

양방향 신뢰는 고객과 직원, 협력 기업, 혹은 시장에서 서로 주고받는 관계를 의미한다. 고객을 내 편으로 만드는 기업은 끈질기게 전통적으로 이어진 관행이나 '늘 해 왔던 방식'을 없애고 자신들이 속한 업계에서 훌륭한 행동이 무엇인지 다시 정의하려고 노력한다. 간단히 말해 현 상태에 의문을 제기하고, 착한 성장을 이루기 위해 필요한 행동을 재구성한다.

#마케터의 질문

당신의 기업은 성장하기 위해 늘 가던 길을 택하는가? 당신은 양쪽 모두가 이기는 균형 관계를 수립하려고 하는가? 당신이 택한 행동은 당신이 소중하게 여기는 가치를 반영한 모습으로 시장에서 자리매김하는가?

WOULD YOU DO THAT TO
YOUR MOTHER?

마케팅은 질문으로
점검하라!

"당신은 멋진 곳으로 떠난다! 오늘은 당신을 위한 날이다!
당신 앞에 산이 기다리고 있다. 그러니… 당신이 갈 길로 떠나라!"
| **수스 박사**Dr. Seuss, 《**오, 네가 갈 그곳들**Oh, the places you'll go!》 |

    친구들, 이제 함께할 시간이 얼마 남지 않았다. 헤어지기 전 당신이 지금의 위치를 가늠하고 당신의 회사, 부서, 혹은 당신 자신을 원하는 곳까지 이끌어갈 수 있도록 도움을 줄 평가지를 전해주려고 한다.

    이 책에서 우리는 고객의 삶을 보여주는 다양한 경험을 살펴봤다. 대기업, 중견기업, 중소기업, 스타트업의 사례를 지켜보고 이들이 어떻게 기업의 존재 목적을 명확하게 하고, 목적에 맞는 행동을 용기 있게 추진했으며, 계획적인 행동으로 고객과 직원, 시장에 영향을 미치는지 알아봤다.

이제 어떤 길을 걸어갈지 선택할 차례다. 여기서는 당신과 당신의 기업을 위해 준비했던 '네 가지 질문'을 다시 되돌아보면서 고객을 내 편으로 만들기 위해 꼭 점검해야 할 가장 중요한 체크 리스트를 요약 정리했다. 또한 32개 성공 사례들을 모두 요약하면서 당신이 그들보다 더 한층 도약할 수 있도록 추가적인 질문을 몇 가지 남겼다. 질문에 대한 답이 끝나면 "고객 만족 측정기"를 활용해 당신이 고객과 시장에 얼마나 좋은 영향을 미치고 있는지, 고객은 얼마나 내 편이 되었는지를 확인해볼 수 있다.

부디 착한 성장을 이루었길, 아직 고객의 마음에 쏙 들 정도로 올바른 방향으로 성장하지 않았다면 질문으로 의지를 다잡아보기를 바란다.

당신에겐 인간미가 있는가?

고객을 대하는 태도에 공감과 인간미를 더한다.

고객이나 협력사를 대상으로 하는 비즈니스에서 여느 때보다도 인간다운 면모를 보여야 할 필요가 생겼다. 앱 하나만으로는 모든 문제를 해결하지 못한다. 고객을 관리하기 위한 하이테크 기술은 엄청나게 많아졌지만, 하이터치에 대한 욕구도 함께 상승했다. 고객에게는 하이테크와 하이터치가 골고루 필요하다.

고객을 내 편으로 만드는 기업은 기업이 추구하는 방향과 추구하는 가치가 같은 사람들을 찾는다. 그리고 이들이 그 모습 그대로 업무에 임할 수 있도록 돕는다. 기업의 일원이 되거나, 되지 않을 사람을 선택하는 것은 가장 먼저 해야 할 일이다. 그러나 채용 이후로는 직원들이 자질에 맞게 일할 수 있도록 돕는 일에 중점을 두어야 한다. 직원들이 목표를 달성하고, 집에서 가르침 받은 그대로 행동할 수 있도록 말이다.

고객을 내 편으로 만드는 질문

* 우리는 직원들이 회사에서 역량을 꽃 피울 수 있게 돕는가?

* 우리는 보살핌과 공감. 가치를 전달하는 일을 쉽고 즐겁게 만드는가?

마케팅은 질문으로 점검하라!

우리는 고객의 존엄성을 존중하는가?

고객을 '보살피는' 기업인가?

클리블랜드 클리닉은 병원에 있는 모든 직원을 '환자 관리자'로 격상시킨다. 직원들에게 적절한 도구와 권한을 주고, 환자가 호출벨을 누를 필요가 거의 없을 정도로 서로 협력하는 분위기를 조성한다. 환자들의 종합적인 경험 향상을 위해 모든 직원이 하나가 되어 환자를 보살피는 '360도 관리'는 고객을 내 편으로 만든다. 그리고 그 결과로 이 병원은 미국 최고의 병원 2위를 차지하는 성과를 얻었다.

● 우리는 '보살피는' 조직을 만들기 위해 기업 전체가 따라야 할 행동을 알려주는가?
● 우리는 고객을 가장 가까이에서 만나는 고객 관리자들을 양성하고 있는가?
● 우리는 모든 직원이 담당 업무와 상관없이 협력하여 고객을 보살피도록 하는가?

고객 만족 측정기

맙소사. ☐ ☐ ☐ ☐ ☐ 마음에 쏙 들어!

우리는 직원들에게 재량권을 주고 신뢰하고 맡기는가?

우리는 대접받기 위해 남을 먼저 대접하는가?

오베로이 그룹은 기업의 윤리 규범인 다르마의 기준과 가치가 일치하는 사람들을 채용한다. 채용한 후에는 직원이 적절한 답변으로 고객을 존중하며 올바른 결정을 할 수 있도록 교육하고, 신뢰하고, 지원하는 것으로 고객을 내 편으로 만든다. 직원이 올바른 행동을 할 수 있게 신뢰하고 책임감을 부여하면 고객의 칭찬을 얻고, 후원자가 계속해서 늘어나며, 자연스럽게 존경받는 기업이 된다. 오베로이 그룹은 인도에서 가장 일하기 좋은 직장이다.

● 우리는 직원이 고객의 데이터를 찾아보고 올바른 결정을 내릴 수 있도록 훈련시키고 준비하는가?
● 우리는 고객을 소중하게 대하는 직원을 인정하고 보상하는가?
● 우리는 직원이 정당한 경우에 고객을 존중하는 마음으로 예외를 적용할 수 있게 하는가?

고객 만족 측정기

맙소사. ☐ ☐ ☐ ☐ ☐ 마음에 쏙 들어!

마케터의 질문

우리는 보살핌 능력을 지닌 사람을 채용하는가?

채용을 가장 중요한 결정으로 여기는가?

팰스 서든 서비스 레스토랑은 채용 과정에서 개인의 적성과 어린 시절 배운 기본 태도를 확인한다. 이 레스토랑은 기업 문화와 잘 맞는 사람만 팀원으로 배치하기 위해 열성적으로 노력한다. 세심하게 계획된 채용 과정을 통해 뽑힌 직원들과 함께 꾸준히 좋은 기업 문화를 유지하는 전략은 고객을 내 편으로 만든다. 그 결과 팰스 서든 서비스의 직원 이직률은 업계 평균의 3분의 1 수준이다. 팰스 서든 서비스의 기업 문화는 성장 엔진과도 같다.

- 우리는 단순히 면접자가 가진 스펙을 묻는 것을 넘어 이력서 뒤에 숨겨진 인성을 파악하는가?
- 우리는 함께 할 직원의 특징을 확립해 두었는가?
- 기업의 가치와 일치하는 사람을 선발하는 과정을 마련했는가?

고객 만족 측정기

맙소사. ☐ ☐ ☐ ☐ ☐ 마음에 쏙 들어!

고객만족도 점수를 구걸하고 있지 않은가?

'진짜' 점수를 얻기 위해 고객의 삶을 개선하는 데 노력을 기울이는가?

세이프라이트 오토글래스는 직원과 고객 모두에게 도움이 되는 행동을 지도하는 데 집중한다. 사람에게 먼저 집중하면 점수를 얻게 될테지만, 점수에는 절대 집착하지 않는다. 설문 조사 점수가 아니라 고객의 삶에 집중하는 행동이 고객을 내 편으로 만든다. 그리고 스스로 개선해야 할 점이 있다는 사실을 인정하는 행동은 고객을 더욱 끌어당긴다. 세이프라이트 정신은 이 기업이 업계의 핵심 기업이 되는 데 기여한다.

- 고객 설문 조사를 마치 구걸하듯 하는 직원이 있지는 않은가?
- 고객에게 좋은 점수를 달라고 요청하는 메시지를 보낸 적이 있는가?
- 설문 조사를 통해서만 훌륭한 고객 경험에 대해 보상하는가?

고객 만족 측정기

맙소사. ☐ ☐ ☐ ☐ ☐ 마음에 쏙 들어!

마케팅은 질문으로 점검하라!

우리는 고객의 첫인상에 대해 편견 없이 대하고 있는가?

고객을 포용하고 존중하는 태도로 성장하는가?

서드러브는 세심하게 고객을 포용하는 브랜드다. 이 기업은 제품에 모든 여성의 피부색을 적용하는 행동으로 고객을 내 편으로 만든다. 또 서드러브는 모든 여성 고객을 존중하는 제품 디자인으로 성장한다. 덕분에 서드러브는 경쟁사들이 시장 축소를 경험하고 있는 시기에 세 자릿수 성장을 기록하며 성공가도를 달리고 있다.

- 우리는 고객에 대한 무의식적인 편견을 인지하고 이를 없애려고 노력하는가?
- 우리는 적극적으로 업계의 편견을 깨려고 노력하는가?
- 우리 기업은 직원들이 서로에 대한 무의식적인 편견을 없애도록 교육하는가?

고객 만족 측정기

맙소사.　☐　☐　☐　☐　☐　마음에 쏙 들어!

고객을 응대하는 데 방해가 되는 규정이 있는가?

'규정 수호자'가 아닌 고객들의 진정한 영웅을 양성하는가?

베일 리조트는 긴 서비스 매뉴얼을 만들거나 규정에 얽매이느라 직원들의 사기가 꺾이지 않도록 한다. 대신 즐거운 분위기를 조성하기 위해 노력한다. 베일 리조트는 목적 그 자체보다 관행에 가까운 규정이나 용어를 없애는 행동으로 고객을 내 편으로 만든다. 베일 리조트는 '일생의 경험'을 전하기 위해 직원을 양성하고 자유롭게 풀어줌으로써 최고의 스키 리조트로 자리매김하고 있다.

- "저희 회사의 규정은…"이라는 말을 고객에게 한 적이 있는가?
- 직원들이 고객에게 즐거움을 선사하는 데 필요한 적절한 문제 해결 도구를 갖고 있는가?
- 우리는 직원의 사기를 꺾고 방해하는 규정을 없애기 위해 함께 노력하는가?

고객 만족 측정기

맙소사.　☐　☐　☐　☐　☐　마음에 쏙 들어!

마케터의 질문

우리는 마음과 행동이 일치하는 직원에게 상을 주는가?

가장 자신다운 모습으로 업무에 임하는 직원을 칭찬하는가?

식료품 기업 에이치이비는 정직하고 용감하고 고귀한 행동을 인정하고 보상하는 덕분에 고객의 삶에서 대체 불가능한 존재가 됐다. 에이치이비는 위험을 감수하는 직원을 믿어주고 상을 주는 행동으로 고객을 내 편으로 만든다. 이 기업은 리더가 조직을 이끄는 있어서 생각과 행동이 일치하는 것을 중요하게 여긴다. 인간미를 높이 사는 에이치이비는 〈포브스〉에서 선정한 일하기 좋은 100대 기업 목록에 이름을 올렸다.

- 우리는 고객을 보살피는 능력을 지닌 직원을 인정하고 보상하는가?
- 우리는 위험을 감수하고, 올바른 일을 하고, 고객 정보를 바탕으로 결정을 내리는 것을 칭찬하는가?
- 우리의 리더는 인간미를 드러내고 고객을 보살피는 직원을 칭찬하는가?

고객 만족 측정기

맙소사. ☐ ☐ ☐ ☐ ☐ 마음에 쏙 들어!

우리는 '추억 전문가'를 길러내는가?

어머니에게 만들어주고 싶은 추억을 고객에게 선사하는가?

유니언 스퀘어 호스피탈리티 그룹은 인간미를 보고 직원을 채용한다. 기술은 사람에게 힘을 더할 수는 있지만, 사람을 대체하지는 못한다. 이 기업은 고객이 테이블에 앉으면 어떤 기분을 느낄지에 집중해 고객을 내 편으로 만든다. 유니언 스퀘어 호스피탈리티 그룹은 추억 전문가를 길러내고 유지하며 발전해간다. 이 기업의 정규직 이직률은 연간 약 19% 정도이며, 업계 평균인 27%와 비교되는 수치다.

- 우리는 고객에게 좋은 추억을 남기는 능력과 태도를 지닌 직원을 채용하는가?
- 직원들이 추억 전문가가 될 수 있도록 시간과 정보, 권한을 주는가?
- 우리는 고객에게 의미 있는 추억을 선물하는 것과 그러한 직원을 육성하는 일을 가장 중요하게 여기는가?

고객 만족 측정기

맙소사. ☐ ☐ ☐ ☐ ☐ 마음에 쏙 들어!

마케팅은 질문으로 점검하라!

고객은 언제 화가 날까?

고객이 당신과 거래하는 과정이 쉽고 간편한가?

고객을 내 편으로 만드는 기업은 고객의 삶에서 '비누를 물리고 싶은' 순간이 있는지 늘 주의 깊게 살펴본다. 이들도 고객의 삶을 겪어봤고, 자신들이 만든 좌절의 순간도 느껴보았기 때문에 자신들이 전달하는 고객 경험에서 이런 순간을 없애려고 노력한다.

고객이 정말 화가 나는 대부분의 순간은 고객을 가장 가까이에서 응대하는 직원과의 소통에서 일어난다. 고객은 이렇게 묻는다. 그게 어디에 있나요? 얼마나 걸릴까요? 왜 당신은 그렇게 못하죠? 그게 무슨 뜻이에요? 왜 제 기록이 없나요? 제가 왜 이 비용을 내야 하나요? 그거 면제해주실 수 있나요? 정말 저를 도와주실 건가요? 이 계약서에서 저를 좀 구해주실 수 있나요?

고객을 내 편으로 만드는 질문

* 우리가 제공하는 고객 경험에서 '비누를 물어야 할' 순간이 있는가?

* 고객은 우리와 비즈니스를 쉽게 할 수 있는가? 아니면 어려운가?

우리는 고객의 시간과 고객의 시계를 존중하는가?
우리의 비즈니스는 고객의 시간을 기반으로 운영되는가?

스위트그린은 건강한 음식을 빠르게, 인간미를 더해 전달하려는 목표를 가지고 있다. 이 기업은 자신들의 시간이 아니라 고객의 시간과 시계를 존중하는 태도로 고객을 내 편으로 만든다. 그들의 이러한 태도와 좋은 음식, 그리고 마음에서 우러나는 애정을 보내는 열광적인 고객 덕분에 스위트그린은 10년 만에 레스토랑 75개를 운영할 정도로 성장했다.

- 고객이 가장 기본적인 서비스를 제공받는 데 얼마만큼의 시간을 빼앗기는가?
- 우리는 고객을 기다리게 한 적이 있는가?
- 우리는 고객이 시간을 스스로 선택할 수 있게 하는가?
- 우리 고객은 우리가 고객의 시간과 일정을 존중하고 있다고 느끼는가?

고객 만족 측정기

| 맙소사. | ☐ | ☐ | ☐ | ☐ | ☐ | 마음에 쏙 들어! |

우리는 고객 등 뒤에 매달려 있는 짐 덩어리를 떼어주는가?
서비스 피로를 줄이고 있는가?

버지니아 메이슨 척추 클리닉은 산산이 흩어져 있는 접수 및 치료 과정들을 한데 모아 환자들이 편리하게 병원을 이용할 수 있도록 했다. 이 병원은 고객의 등에 매달려 있던 짐을 덜어주는 행동으로 고객을 내 편으로 만든다. 그리고 의료인과 치료, 의료 기록을 하나로 통합하여 고객의 불편을 덜어준다. 덕분에 불필요한 절차가 줄어들며, 매출이 늘고 환자와 병원 모두 생산성이 증대되는 성과가 나타났다.

- 우리는 고객의 어려움을 쉽게 해결할 수 있게 해주는가?
- 고객이 서비스를 제공받기 위해 스스로 애를 쓰게 만들고 있진 않은가?
- 고객은 답을 찾기 위해 계속 반복해서 전화하고 조사해야 하는가?

고객 만족 측정기

| 맙소사. | ☐ | ☐ | ☐ | ☐ | ☐ | 마음에 쏙 들어! |

마케팅은 질문으로 점검하라!

우리는 고객에게 닥친 곤경을 내 일처럼 생각하는가?
고객을 어둠 속에 남겨둔 적이 있는가?

휴스턴에 있는 센터포인트 에너지는 전기가 나가서 주위가 어두워지면 고객과 적극적으로 소통한다. 이 기업은 상황을 제대로 파악하지 못하는 데서 오는 정서적 불안감을 없애고 그 대신 필요한 정보를 제때 알려주고 소통하며 고객을 돕는다. 그 결과 센터포인트 에너지는 신뢰와 높은 평점, 기업의 태도에 고마움을 느끼는 고객의 극찬을 얻으며 성장해 나간다.

- 우리는 전기가 나가거나, 비행 일정이 취소되거나, 약속 시간이 바뀌거나, 배송이 늦어지는 등 예기치 않은 일이 일어날 때 고객과 적극적으로 소통하는가?
- 우리는 서비스 장애가 일어났을 때 고객보다 먼저 연락을 취하는가?
- 우리는 고객이 우리와 소통하거나 연락할 방법을 선택할 수 있게 하는가?
- 우리는 고객에게 계속해서 상황을 알리고 마음의 평화를 주는가?

고객 만족 측정기

맙소사. ☐ ☐ ☐ ☐ ☐ 마음에 쏙 들어!

우리는 고객을 아름답게 보내주는가?
고객이 우리를 떠나도 결국 다시 돌아올 경험을 주는가?

매트리스 기업 캐스퍼는 고객이 아름답게 떠나면 결국 다시 돌아오게 된다는 사실을 알고 있다. 이 기업은 관대하게도 매트리스를 100일 동안 시험 삼아 써볼 수 있게 한 후, 매트리스가 맞지 않으면 품위를 유지하며 손쉽게 반납할 수 있게 함으로써 고객을 내 편으로 만든다. 이들의 예기치 못한 행동은 단 5년 만에 5억 달러 이상 성장하는 성공을 거두게 해주었다. 그리고 캐스퍼는 2016년 〈INC.〉에 올해의 기업 중 2위로 선정됐다.

- 우리는 고객이 떠나면 불이익을 주는가?
- 우리는 고객이 매끄럽고 간단하며 투명한 절차를 통해 떠날 수 있게 해주는가?
- 우리의 처우에 따라 고객은 다시 돌아올까?

고객 만족 측정기

맙소사. ☐ ☐ ☐ ☐ ☐ 마음에 쏙 들어!

마케터의 질문

고객은 우리의 도움을 쉽게 받을 수 있는가?

언제든지 준비되어 있는가?

추이닷컴은 반려동물의 가족이 믿을 만한 서비스를 필요로 한다는 사실을 알고 있다. 이 기업은 고객을 생각하고 고객이 원하는 답을 알고 있는 직원이 항상 대기하며 모든 채널을 통해 정보를 제공함으로써 고객을 내 편으로 만든다. 추이닷컴은 반려동물 가족의 관점에서 운영한 덕택에 2012년에 2,600만 달러였던 매출이 20억 달러 이상까지 상승하며 성장했다.

- 우리는 고객이 원할 때 도움을 줄 준비가 되어 있는가?
- 우리는 고객을 오랫동안 기다리게 한 적이 있는가? 고객은 자동응답 서비스에서 절차를 여러 번 거쳐야 하는가?
- 우리는 고객이 이미 입력한 정보를 반복해서 입력하게 만드는가?
- 우리는 직원이 고객에게 답변할 수 있도록 준비시키고, 또한 그러한 권한을 주는가?

고객 만족 측정기

맙소사. ☐ ☐ ☐ ☐ ☐ 마음에 쏙 들어!

우리는 고객이 골칫덩어리가 된 것처럼 느끼게 하진 않는가?

고객이 유기적으로 서비스를 받을 수 있도록 한 팀이 되어 응대하는가?

웨그먼스는 직원이 어떤 행동을 하기 위한 허락을 받을 때까지 고객을 기다리게 하지 않으며, 고객이 서비스를 받을 때 다른 담당자에게 인계하지도 않는다. 이 기업은 직원이 필요한 기술을 갖추고 팀워크를 발휘할 수 있도록 교육해 고객을 내 편으로 만든다. 웨그먼스는 자신들의 방식으로 행동할 수 있는 적절한 사람을 채용하기 위해 기업의 성장 속도를 늦추기까지 한다. 이런 행동 덕분에 고객은 기업을 칭찬하고 직원은 떠나지 않는다. 정규직 이직률은 4% 정도로 낮다.

- 우리 고객은 우리 기업 안에서 여기저기로 떠넘겨진 적이 있는가?
- 우리는 고객의 문제를 해결할 때 고객을 다른 사람에게 떠넘긴 적이 없는가?
- 우리는 고객에게 한 팀이 되어 다가가는가? 내부 조직은 통합되었는가?

고객 만족 측정기

맙소사. ☐ ☐ ☐ ☐ ☐ 마음에 쏙 들어!

마케팅은 질문으로 점검하라!

우리는 어머니에게 복잡한 서류를 보내는가?

특정 집단의 언어나 전문 용어가 아닌, 고객이 이해할 수 있는 언어로 소통하는가?

USAA 보험은 고객과 맺는 모든 거래 과정에서 필요한 기나긴 서류 작업을 정리하기로 결정했다. 예를 들면 신용카드 도용으로 부과된 비용을 청구할 때 필요한 서류와 절차, 시간을 줄임으로써 복잡한 서류 절차를 간소화했다. 지속적으로 고객이 기업과 거래하는 절차를 쉽게 만들자 고객의 98%가 보험을 갱신하는 결과를 낳았다.

- 우리는 고객에게 서류 작업을 떠부은 적이 없는가?
- 우리는 고객이 의무적으로 준비해야 하는 요건이나 절차를 완화했는가?
- 우리는 특정 집단의 언어나 전문 용어 없이 명확하고 이해하기 쉽게 고객과 소통하는가?

고객 만족 측정기

맙소사. ☐ ☐ ☐ ☐ ☐ 마음에 쏙 들어!

우리 고객은 우리가 고객을 잘 알고 있다고 느끼는가?

친근하고 의미 있는 관계를 맺는가?

스티치 픽스는 데이터에 인간미와 맞춤 서비스를 가미한다. 이 기업은 데이터를 세밀하게 골라내는 작업을 자동화한 후, 고객 개인에게 맞는 맞춤 서비스를 제공함으로써 고객을 내 편으로 만든다. 적절한 조합과 균형이 이 기업 성공의 공식이다. 스티치 픽스는 소매업 경쟁사들이 고군분투하고 있을 때 오히려 성장했다. 데이터를 기반으로 사람이 직접 다듬은 "저를 잘 아시잖아요" 경험을 제공해 단 6년 만에 매출 7억 3,000만 달러가 넘는 매출을 기록했다.

- 우리 고객은 우리가 고객을 잘 알고 있다고 느끼는가?
- 우리의 모든 데이터는 고객의 요구를 파악하고 이에 대응할 수 있도록 연결되어 있는가?
- 우리의 직원은 고객에게 맞춤 서비스를 제공할 수 있도록 교육받고 실제로 활용하는가?
- 우리의 답변이나 상품 제안, 표현 방식은 "저희는 고객님을 잘 알고 있어요"라는 메시지를 나타내는가?

고객 만족 측정기

맙소사. ☐ ☐ ☐ ☐ ☐ 마음에 쏙 들어!

마케터의 질문

우리가 존재하는 이유는 무엇인가?

고객이 원하는 바를 달성할 수 있도록 도움으로써 기업의 목표를 달성한다.

고객을 내 편으로 만드는 기업은 우리들의 어머니처럼 고객의 이익을 최우선으로 여기는 마음을 행동으로 증명한다. 이런 마음가짐이야말로 기업 성장의 근간이 되는 열렬한 팬을 만들어갈 수 있는 핵심이다. 이러한 태도가 고객의 삶을 개선하는 결과로 이어지면서 우리는 시장에서 더 큰 파이를 얻을 수 있게 되는 것이다.

이 내용을 이해하기는 쉽지만, 실행으로 옮기기는 매우 어렵다. "자신의 목표를 달성하기 위해서는 다른 사람들의 목표를 달성할 수 있도록 도와야 한다"는 역설적인 현실을 깨달아야만 이런 방식으로 운영할 수 있게 될 것이다.

고객을 내 편으로 만드는 질문

* 우리는 고객의 삶을 개선하고 있는가?

* 우리는 고객이 목표를 달성할 수 있게 도움으로써 우리의 목표를 달성하는가?

마케팅은 질문으로 점검하라!

321

우리는 기업의 존재 목적을 명확히 하는가?

고객의 삶을 개선하려는 목적을 위해 기업 전체가 통합되어 있는가?

이케아는 "대중을 위해 존재한다"는 존재 목적에 절대 흔들림이 없다. 이케아는 고객에게 어떤 방식으로 기업을 일구어 나갈 것인지 알려줌으로써 고객을 내 편으로 만든다. 그리고 그들은 조직 사일로를 모두 없애고 오직 이케아를 경험하는 고객들이 무엇을 얻고자 하는지에만 몰두한다. 기업 존재의 이유와 목적을 이처럼 명확히 하는 태도가 이케아를 전 세계에서 가장 규모가 큰 가구 업체로 만들고 성공으로 이끌었다.

- 우리는 존재 이유, 즉 고객의 삶을 개선하려는 목적을 명확하게 나타내는가?
- 우리는 이케아처럼 기업의 목적을 실제 운영 방식과 행동에 반영하는가?
- 고객이 우리 기업의 존재 목적을 제대로 알고 있는가?

고객 만족 측정기

맙소사. ☐ ☐ ☐ ☐ ☐ 마음에 쏙 들어!

절차나 시스템이 아닌 사람에게 집중하고 있는가?

업무 목록 대신 고객의 삶으로부터 고민하고 고객을 존중하는가?

메이페어 영상진단센터는 "안녕하세요"에 담긴 정서에 집중해 고객을 맞이하는 방식을 새롭게 디자인했다. 이 병원은 문을 열고 들어서는 사람들의 눈을 바라보며, 그저 절차를 따르는 것이 아니라 눈앞에 서 있는 사람을 소중히 하는 행동으로 고객을 내 편으로 만든다. 다른 무엇보다도 메이페어의 개인화 서비스인 고객 맞이 방식 덕분에 새롭게 디자인한 병원에 수익이 크게 늘어나는 결과를 얻었다.

- 우리의 "안녕하세요"는 눈앞에 서 있는 사람을 존중하는 마음에서 우러나오는가?
- 우리가 고객을 응대할 때 가장 중요한 것은 사람인가, 아니면 서류와 절차인가?
- 우리에겐 고객을 알아보고 환영할 수 있는 시간과 능력이 주어지는가?

고객 만족 측정기

맙소사. ☐ ☐ ☐ ☐ ☐ 마음에 쏙 들어!

마케터의 질문

322

우리는 인간적인 실수에 얼마나 관대한가?

운영과 절차, 규정에는 고객에게 공감하는 태도가 반영되어 있는가?

고객을 내 편으로 만드는 기업은 고객이 필요로 할 때 공감하며 응답하는 태도로 다른 기업보다 돋보인다. 와비 파커는 안경을 판매하고 30일 이내라면 고객이 사용을 했더라도 반품해 주는 관대한 태도로 고객을 내 편으로 만든다. 이 같은 운영 절차로 인한 좋은 입소문과 고객 추천을 통해 와비 파커는 착한 성장을 이루며 나아간다.

- 우리는 인간으로서 저지를 수 있는 고객의 실수를 포용하는 융통성을 발휘하는가?
- 우리는 직원이 보기에 필요하다고 생각될 때 고객에게 관대하게 베풀 수 있는 권한을 주었는가?
- 우리는 고객이 겪을 수 있는 취약한 순간을 파악하고, 그런 상황에 처한 고객을 돕기 위해 서비스와 행동을 디자인하는가?

고객 만족 측정기

맙소사.　☐　☐　☐　☐　☐　마음에 쏙 들어!

우리는 고객에게 행복한 이야깃거리가 되는가?

우리가 선사하는 고객 경험이 정말로 고객의 삶을 개선하고 있는가?

당신이 사람들의 삶에 가치를 더하는 데 집중하면 사람들은 당신을 기억할 것이다. 뉴욕 지역 걸스카우트는 노숙 소녀들에게 스카우트의 혜택을 제공함으로써 이들의 삶에 도움을 주기로 결정했다. 뉴욕 지역 걸스카우트는 이타적인 태도로 기금을 마련하고, 소녀들이 평생 지닐 경험을 만들어주고, 이 활동을 꾸준히 이어가려는 방법을 찾아 고객을 내 편으로 만든다.

- 고객의 기억에 남기를 바라는 경험을 찾았는가?
- 우리 조직에 있는 모든 구성원은 고객 경험 여정 전반에서 서로 협력하고 있는가?
- 우리는 고객에게 제공하는 경험의 일부로 기억을 디자인하는가?

고객 만족 측정기

맙소사.　☐　☐　☐　☐　☐　마음에 쏙 들어!

마케팅은 질문으로 점검하라!

우리는 고객의 정서를 파악하고 있는가?

긍정적 정서 반응을 얻기 위해 고객 경험을 디자인하는가?

스타라이트 어린이 재단은 찍어낸 듯한 환자복을 입은 아픈 청소년들에게 잃어버린 정체성을 되돌려주기 위해 완전히 새로운 형태의 멋진 환자복을 찾아냈다. 이 재단은 청소년들의 정서를 이해했을 뿐 아니라 부정적 정서를 긍정적 정서로 바꾸는 행동으로 고객을 내 편으로 만든다. 스타라이트 어린이 재단은 미국과 캐나다, 호주, 영국에서 6,000만 명이 넘는 아픈 청소년들의 삶을 개선하며 성장하고 있다.

- 우리는 고객이 우리와 함께 있을 때 어떤 기분을 느끼는지 파악하는가?
- 우리는 고객의 정서를 바탕으로 기존 경험을 다시 디자인하는가?
- 우리는 고객의 정서를 바탕으로 새롭게 더 나은 경험을 하도록 혁신하는가?

고객 만족 측정기

맙소사. ☐ ☐ ☐ ☐ ☐ 마음에 쏙 들어!

우리는 고객이 문제에서 벗어날 수 있도록 안내하고 있는가?

고객은 문제가 생기면 우리를 믿고 의지할 수 있는가?

알래스카 항공은 고객에게 머피의 법칙이 찾아들었을 때 그것을 타파할 행동을 취할 준비가 되어 있다. 이 기업은 모든 직원이 상사의 허락을 구할 필요 없이 고객을 어려운 상황에서 끌어내는 데 도움을 줄 수 있는 툴키트와 일련의 행동 방침을 제공한다. 고객을 보살피면 성장은 따라온다. 알래스카 항공은 많은 업계 지표를 바탕으로 미국 최고 항공사로 자주 꼽힌다.

- 우리는 단골 고객의 문제점을 적극적으로 파악하고 있는가?
- 우리는 직원이 고객의 문제를 즉시 해결할 수 있는 행동을 취하도록 되어 있는가?
- 우리 기업은 고객을 문제가 없는 상태로 되돌려 주었을 때 직원에게 보상하는가?

고객 만족 측정기

맙소사. ☐ ☐ ☐ ☐ ☐ 마음에 쏙 들어!

마케터의 질문

우리는 늘 해오던 관행을 다시 검토할 용기가 있는가?

고객의 요구와 삶을 바탕으로 경험을 다시 디자인하고 있는가?

도체스터 호텔 컬렉션은 고객이 옷을 중요하게 생각하고 신경을 많이 쓴다는 사실에 자신들의 세탁 서비스가 전혀 적절하지 않다고 판단했다. 이 호텔은 의류를 유지하고 보존하려는 고객의 목표를 충족시키기 위해 의류 관리 경험을 새롭게 디자인할 때까지 쉬지 않으며 고객을 내 편으로 만든다.

- 우리는 고객 여정 전반에 걸쳐 고객이 이루고자 하는 바를 명확하게 파악하고 있는가?
- 우리는 고객에게 무엇을 제공하고, 어떻게 고객을 만날 것인지 방향을 정했는가?
- 우리의 목표는 제품과 서비스, 운영의 혁신을 이끌 수 있는가?
- 우리는 늘 해오던 방식이라는 이유로 계속해서 같은 제도를 고집하고 있진 않은가?

고객 만족 측정기

맙소사. ☐ ☐ ☐ ☐ ☐ 마음에 쏙 들어!

우리는 고객의 삶에 잘 어울리는 선택권을 주는가?

고객에게 제품을 제공할 때 고객 선호도에 맞추는가?

세포라는 고객이 무엇을 원하는지 알고, 고객이 제품이나 서비스를 받을 때 선호하는 여러 가지 방식을 모두 알고 있다. 이 기업은 고객의 모든 욕구를 존중하고 이 욕구를 서비스와 판매, 고객 경험, 소통 등 전 과정에 반영함으로써 고객을 내 편으로 만든다. 1,000만 명이 넘는 세포라의 열성 고객은 계속해서 매장을 다시 찾는 것으로 보답한다.

- 우리는 고객이 우리와 소통하는 방식을 선택할 수 있게 해주는가?
- 우리는 고객이 필요로 하는 메시지를 전달하고 있는가?
- 고객은 우리와 손쉽게 소통할 수 있는가?

고객 만족 측정기

맙소사. ☐ ☐ ☐ ☐ ☐ 마음에 쏙 들어!

마케팅은 질문으로 점검하라!

325

지금 가는 그 길은 올바른가?

**어떤 방식으로 성장하고
어떤 방식으로는 성장하지 않을지 선택한다.**

고객을 내 편으로 만드는 기업은 업계에 굳어진 비즈니스 관행을 거스르기로 선택한다. 이들은 고객과 기업 양쪽 모두에게 이득이 되는 좀 더 균형 있는 관계를 맺기 위해 기업과 리더의 행동 지침을 기꺼이 수정한다. 이 같은 행동은 고객과 기업이 함께 원원하는 결과로 이어진다.

고객을 내 편으로 만드는 질문

* 우리는 올바른 길을 선택하는가?
* 우리는 성장하기 위해서 무엇을 하고, 무엇을 하지 않을지
세심하고 꾸준하게 계획하는가?

리더는 기업이 추구하는 가치와 일치하게 행동하는가?

목적과 행동을 일치시키는가?

REI의 목적은 사람들을 야외로 내보내는 것이다. 이 기업은 목적과 일관되게 블랙프라이데이에 매장 문을 닫고 가족이나 친구들과 함께 야외로 나가라고 촉구한다. REI는 일반적인 기업과 다르게 성장하기 위해 의도적으로 위험을 감수하는 태도로 고객을 내 편으로 만든다. REI의 명확한 목적과 이에 따른 행동은 가치 있는 직원을 끌어모으고 유지하는 자석과도 같다. REI는 19년 연속(21년 연속 – 편집자주) 〈포춘〉의 일하기 좋은 100대 기업에 선정됐다.

- 우리의 리더도 REI의 대표이사처럼 조직의 존재 목적에 생기를 불어넣는가?
- 직원들은 기업의 존재 목적에 부합하는 행동이 무엇인지 정의하는 과정에 참여하는가?
- 우리는 기업의 존재 목적과 일치하는 태도와 행동을 보이고 있는가?

고객 만족 측정기

맙소사. ☐ ☐ ☐ ☐ ☐ 마음에 쏙 들어!

우리는 고객을 소중한 자산으로 존중하는가?

고객을 당연히 주어진 존재로 여기지 않고, 고객을 기억하고, 고객의 가치를 알아보는가?

보노보스는 고객을 최고로 관리하고 대우할 수 있도록 돕는 첨단기술을 기꺼이 채택한다. 이 기업은 고객을 당연히 주어진 것으로 여기지 않고 고객을 절대 잊지 않으며 고객을 내 편으로 만든다. 보노보스는 지속적으로 성장하고 신규 고객의 생애가치를 20% 늘리기 위해 고객을 파악하는 데 필요한 기술과 서비스, 경험을 조합한다.

- 우리는 보노보스처럼 고객생애가치를 파악하고 관리하는가?
- 우리는 고객을 응대하는 직원이 고객의 가치를 알아보고 적절한 행동을 취할 수 있게 하는가?
- 우리는 단골 고객을 특별히 대우하기 위한 행동을 취하고 있는가?
- 단골 고객에게 하지 않지만 신규 고객에게 하는 행동이 하나라도 있는가?

고객 만족 측정기

맙소사. ☐ ☐ ☐ ☐ ☐ 마음에 쏙 들어!

마케팅은 질문으로 점검하라!

양방향 신뢰를 바탕으로 행동하는가?

고객을 신뢰함으로써 고객의 신뢰를 얻는가?

레모네이드 보험은 보험 업계에서 빈번하게 문제로 지적되곤 하는 정보의 불균형을 없애고 싶었다. 이 기업은 신뢰를 기반으로 하는 절차를 만들어 고객을 내 편으로 만든다. 예를 들어 보험금 청구 절차 중에 고객이 하는 말을 믿기로 한 정직 서약이라는 것이 있다. 레모네이드는 신뢰를 기반으로 고객을 끌어들이며 성장한다.

● 우리는 고객과 양방향으로 신뢰하는가?
● 우리는 고객과 우리 모두에게 이득이 되는 관계를 형성하는가?
● 고객은 우리와의 서류 작업이나 계약 과정에서 존중과 신뢰를 받고 있다고 느끼는가? 어려운 용어나 작은 글씨로 빼곡하게 적힌 약관 때문에 상호 신뢰를 놓치고 있진 않은가?

고객 만족 측정기

맙소사. ☐ ☐ ☐ ☐ ☐ 마음에 쏙 들어!

고객을 '호구'로 만드는 순간이 있지는 않은가?

대신 "당신 뒤는 우리가 봐 드릴게요" 순간으로 바꿀 수 있는가?

콜럼버스 메트로폴리탄 도서관은 연체료 때문에 고객이 호구가 된 것 같은 느낌을 받게 하지 않겠다고 결정했다. 그들은 이 행동을 통해 어린 영혼이 성장하는 데 도움을 주고 사람들에게 배울 기회를 제공한다는 설립 이념에 충실하기로 하면서 고객을 내 편으로 만든다. 대형 도서관으로서는 미국 최초로 연체료를 없애 '좋은 습관을 길러주는 도서관' 운동을 펼치며 사람들이 연체료를 걱정하지 않고 독서를 계속할 수 있도록 한다.

● 우리가 제공하는 고객 경험에 "~한다면"이나 "그리고", "하지만"과 같은 조건이 있는가?
● 고객은 우리의 제품이나 서비스의 요금과 할인 정책 등에 당황하진 않는가?
● 우리는 "호구 됐다!" 순간을 "당신 뒤는 우리가 봐 드릴게요" 순간으로 바꾸기 위해 노력하고 있는가?

고객 만족 측정기

맙소사. ☐ ☐ . ☐ ☐ ☐ 마음에 쏙 들어!

마케터의 질문

몰라서 지불하는 억울한 비용이 있는가?

고객이 결정할 수 있도록 모든 사실을 알리는가?

샌프란시스코에 있는 루셔스 게라지는 두렵고 걱정되는 자동차 수리 경험을 확실하게 믿음이 가는 경험으로 바꿨다. 이 기업은 정보를 투명하게 공개하고 소통함으로써 게라지의 기술자와 고객 사이에 좋은 파트너십이 형성되도록 노력했다. 고객은 모든 서비스에 있어서 항상 선택권을 갖고 있으며, 몰라서 비용을 지불하는 억울한 상황은 절대로 만들지 않는다. 이러한 노력 덕분에 루셔스 게라지에 대한 리뷰는 전부 별 다섯 개 만점이다.

- 우리의 고객 경험에는 몰라서 지불해야 하는 억울한 비용이 있는가?
- 우리 고객이 강매 당했다고 느낀 적은 없는가?
- 고객에게 적절한 제품을 당당하게 안내하는가?
- 우리는 고객에게 가장 적절한 제품을 판매하도록 권장하는 보상 체계를 갖추고 있는가?

고객 만족 측정기

맙소사. ☐ ☐ ☐ ☐ ☐ 마음에 쏙 들어!

우리는 추가 가격이나 기회비용을 적용하는가?

이익만 얻는 금액이 아니라, 정당한 금액을 부과하고 있는가?

버진 호텔은 미니바 제품에 과도한 요금을 부과하는 관행을 과감히 깨기로 결정했다. 그들의 공정성과 정당한 가격 정책은 수많은 고객을 내 편으로 만들었다. 미니바 제품 비용을 호텔 바깥의 마트에서 파는 가격과 똑같이 만든 행동은 이 호텔을 〈컨데 내스트 트래블러〉 독자 선정 미국 최고의 호텔로 끌어올렸다.

- 고객에게 추가로 부과하는 비용이 얼마나 있는가?
- 우리는 재무적으로 성장하기 위해 수수료와 요금 인상에 의존하고 있진 않은가?
- 우리는 비즈니스에서 이런 관행을 없애기 위해 어떤 노력을 하고 있는가?

고객 만족 측정기

맙소사. ☐ ☐ ☐ ☐ ☐ 마음에 쏙 들어!

마케팅은 질문으로 점검하라!

우리는 황금 시간대에 사과하는가?

인간미를 보여주어 고객의 마음을 다시 제자리로 돌려놓는가?

포시즌스의 직원은 매일 근무가 끝날 때마다 고객에게 일어났던 사소한 문제를 파악한다. 이 호텔은 '누구'가 아니라 '왜'에 초점을 두는 행동으로 고객을 내 편으로 만든다. 고객의 가장 가까이에 있는 직원이 직접 문제의 원인에 파고들어 제거함으로써 고객에게 만족감을 선사한다. 직원들은 자주성을 갖고 일하며 성장하고, 포시즌스는 18년 연속으로 〈포춘〉에서 선정하는 일하기 좋은 100대 기업에 선정됐다.

- 우리도 포시즌스처럼 고객에게 일어나는 사소한 문제를 날마다 체크하고 있는가?
- 우리에게는 큰 실수가 발생했을 때 대처할 복구 계획이 있는가?
- 우리는 직원이 주인의식을 갖고 문제를 없애도록 지도하고 환경을 조성하는가?

고객 만족 측정기

맙소사.　☐　☐　☐　☐　☐　마음에 쏙 들어!

솔직하고 투명하게 판매하고 서비스를 제공하는가?

판매를 성사시키는 일보다 관계를 맺는 일에 집중하는가?

오보 에너지는 판매와 서비스 방식에서 고객에게 믿음 가는 친구로 자리매김하기로 결정했다. 이 기업은 비즈니스 운영에 들어가는 실제 비용만 가격에 반영해 고객이 늘 좋은 가격에 거래하고 있다고 느끼게 함으로써 고객을 내 편으로 만든다. 덕분에 이 기업은 성장하고 고객의 신뢰를 얻어 트러스트파일럿에서 평점 10점 만점에 8.8점을 받으며 성장하고 있다.

- 우리는 가격 정책이나 상품 제작을 늘 투명하게 운영하는가?
- 우리의 판매 과정은 복잡하지 않고 명확한가?
- 우리의 가격 정책은 이해하기 쉬운가?
- 고객은 우리가 제공하는 경험이 진실되고 투명하다고 이야기하는가?

고객 만족 측정기

맙소사.　☐　☐　☐　☐　☐　마음에 쏙 들어!

마케터의 질문

WOULD YOU DO THAT TO
YOUR MOTHER?

얼마만큼의 파이를 얻을 것인가

지금까지 고객을 내 편으로 만든 기업의 사례를 소개하며 그 기업이 고객과 직원의 찬사를 얻고 성장하기 위해 택한 결정과 행동을 살펴봤다. 한 장 한 장 읽어가는 동안, 고객을 내 편으로 만드는 기업의 결정을 이해하고, 그 결정을 당신의 결정과 비교해보며 당신의 행동과 결정이 이들과 얼마나 다르거나 비슷한지 파악하게 됐을 것이다.

기업을 운영하며 내리는 결정은 인간미의 깊이, 즉 아주 간단한 황금률을 적용하는 능력을 나타낸다. 잘못된 것을 바로잡기 위해 어떤 선택을 할 것인지와, 변함없이 품질이 보증된 상품을 제공하는지, 직원들이 인간미를 보일 수 있도록 필요한 것을 마련해주는지가 당신이 가치 있게 바라보는 것이 무엇인지를 보여준다. 이런 결정에서 흘러나온 행동은 당신이 어떤 유형의 사람인지 알려준다. 고객과 직원을 존중할 때 이들은 비로소 진솔한 이야기를 들려주고 당신의 편이 되어준다. 그리고 이들은 매일 당신의 제품과 서비스를 시장에 알리는 군대가 될 것이다.

우리는 사랑이 비이성적이라는 사실을 알고 있다. 고객의 사랑은 어떤 면에서는 비이성적으로 보이는 비즈니스 행동에 대한 보상이다. 고객을 내 편으로 만드는 기업은 매번 결정을 내릴 때마다 어깨 너머로 어떤 이득이 있을지 살피지 않기 때문에 파격적인 크기의 파이를 얻는다. 또한 집에서 어머니와 함께 있을 때 할 만한 행동을 비즈니스 과정에서도 똑같이 하면서 성장하기로 한다.

그러니 당신이 물건을 보낼 때마다, 트윗을 올릴 때마다, "안녕하세요"나 "안녕히 가세요"라고 말할 때마다, 좋을 때나 어려울 때나, 시장에 당신의 기업이 어떻게 보이기를 원하는지 선택하기 바란다. 고객과 직원에게 어떤 사람으로 보이고 싶은지, 어떤 것에 가치를 두는 사람이 되고 싶은지 당신이 업무에 임하는 태도를 바탕으로 결정하기 바란다. 실천은 당신이 어떻게 성장하기로 선택하느냐에서 시작된다. 준비되었는가?

"어머니에게 전화해라. 그리고 어머니에게 사랑한다고 전해라. 당신은 어머니의 심장 소리가 어떻게 들리는지 알고 있는 유일한 사람이라는 사실을 기억해라."

– 레이첼 월친Rachel Wolchin

에필로그

감사의 말

　당신의 삶에 제 이야기를 허락해주어 감사하다는 인사를 먼저 전합니다. 전 세계 모든 분야의 기업에서 용감하게 고객을 위해 힘 쓰고 있는 여러분께 감사드립니다. 여러분과 함께 저 멀리 언덕을 향해 달려가는 일은 제 커리어에서도 영광입니다.

　저는 이 일을 하는 동안 당신에 대해서, 그리고 당신의 열정과 그것을 품고 달려가는 여정, 성공과 실패를 배웁니다. 이것은 나만의 특권이라고도 할 수 있습니다. 파트너이자 친구인 여러분이 들려준 이야기와 내게 베풀어준 너그러운 마음 덕분에 이 일에만 전념한지 35년이 지난 지금까지도 열정이 타오르고 있습니다.

　저는 차별화된 고객 경험을 제공하기 위한 실무자로 일하면서 발을 헛디디기도 했고 여기저기 부딪치느라 긁힌 상처도 제법 많습니다. 그럼에도 이 경험들이 없었다면 이 책을 쓸 수 없었을 겁니다. 그래서인지 기이하게도 고객의 입장으로 겪었던 우여곡절에 감사한 마음이 듭니다. 이 경험은 고객이라는 조건에서 느꼈던 경험을 토대로 고객을 응대해야 한다는 어쩌면 당연한 이치로 우리 모두를 하나로 묶어주기 때문입니다.

저를 다시 한 번 믿어준 포트폴리오 출판사의 레아와 헬렌, 윌, 애드리언, 알리사에게 감사하다는 말을 전합니다. 존티와 브랜다이스, 우리의 파트너십은 정말 최고였어요. 마크 팀과 켄 팀에게는 이 책을 들고 우리가 함께 한다면 못할 일이 없겠다는 낙관적인 제 생각을 전하고 싶습니다.

남편 빌에게, 나와 이 여정을 함께 해주어 고맙다는 말을 끊임없이 해야 할 것 같아요. 고마운 마음조차 요구하지 않는 점도 고맙게 생각하지만, 무엇보다 책을 쓰는 동안 쏟아준 '전폭적인 지원'에 고마운 마음이 크답니다. 당신은 어떤 이유에서든 최고의 남편상을 받을 자격이 있어요. 나의 여자들 린다와 리디아, 두 분은 늘 제 마음 속에 있어요. 감사해요.

마지막으로, 항상 생각에서 떠나지 않는 아버지에게, 아버지가 어디에 계시든 감사의 마음을 보냅니다. 그리고 어머니, 제가 어머니의 딸로서 자랑스럽기를 소망합니다.

마케터의 질문

Would you do that your Mother?

초판 발행 | 2019년 7월 17일

지은이 | 진 블리스
옮긴이 | 강예진
발행인 | 이종원
발행처 | (주)도서출판 길벗
브랜드 | 더퀘스트
출판사 등록일 | 1990년 12월 24일
주소 | 서울시 마포구 월드컵로 10길 56(서교동)
대표 전화 · 02)332-0931 | 팩스 · 02)323-0586
홈페이지 · www.gilbut.co.kr | 이메일 · gilbut@gilbut.co.kr

기획 · 김세원(gim@gilbut.co.kr) | 책임편집 · 조진희(cho_jh@gilbut.co.kr) | 디자인 · 책은우주다
제작 · 이준호, 손일순, 이진혁 | 영업마케팅 · 정경원, 최명주 | 웹마케팅 · 이정, 김선영
영업관리 · 김명자 | 독자지원 · 송혜란, 홍혜진

CTP 출력 및 인쇄 · 예림인쇄 | 제본 · 예림바인딩

ISBN 979-11-6050-840-6 03320
(길벗 도서번호 090130)

정가 : 16,500원

독자의 1초를 아껴주는 정성 길벗출판사

(주)도서출판 길벗 IT실용, IT/일반 수험서, 경제경영, 취미실용, 인문교양(더퀘스트), 자녀교육 www.gilbut.co.kr
길벗이지톡 어학단행본, 어학수험서 www.eztok.co.kr
길벗스쿨 국어학습, 수학학습, 어린이교양, 주니어 어학학습, 교과서 www.gilbutschool.co.kr

이 도서의 국립중앙도서관 출판예정도서목록(CIP)은 서지정보유통지원시스템 홈페이지(http://seoji.nl.go.kr)와
국가자료종합목록 구축시스템(http://kolis-net.nl.go.kr)에서 이용하실 수 있습니다. (CIP제어번호 : CIP2019024270)